Das große bunte Märchenbuch

Die schönsten und bekanntesten Märchen
von den Brüdern Grimm, von Hans Christian Andersen
und Ludwig Bechstein,
ausgewählt von Jürgen Weidenbach,
mit vielen farbigen Zeichnungen von Rolf Rettich

Loewe

ISBN 3-7855-2255-X – 3. Auflage 1991

Umschlag: Rolf Rettich
Satz: VORO, Rödental
Gesamtherstellung: Svoboda, Prag
Printed in Czechoslovakia

CIP-Titelaufnahme der Deutschen Bibliothek
Das große bunte Märchenbuch: die schönsten und bekanntesten Märchen von den Brüdern Grimm, von Hans Christian Andersen und Ludwig Bechstein/ ausgew. von Jürgen Weidenbach.
3. Aufl. – Bindlach: Loewe, 1991 – ISBN 3-7855-2255-X

Inhaltsverzeichnis

Märchen der Brüder Grimm

Märchen von Ludwig Bechstein

Märchen von Hans Christian Andersen

Vorwort

„Und wenn sie nicht gestorben sind, dann leben sie noch heute ...“ Und sie leben wirklich noch, denn sie sind bei jung und alt genauso beliebt wie vor hundert und aberhundert Jahren: Schneewittchen und die Bremer Stadtmusikanten, der standhafte Zinnsoldat und der kleine Däumling ...

Dem Zauber der Märchen kann sich niemand entziehen. Er fängt uns immer wieder von neuem ein, wenn wir sie lesen, hören oder andere erzählen. Märchen versetzen uns in eine Welt der Wunder und phantastischen Begebenheiten. Voller Spannung folgen wir den Helden auf ihren abenteuerlichen Wegen, bestehen mit ihnen Gefahren, lernen Gut und Böse, Not und Glück kennen.

Märchen werden niemals altmodisch. In ihnen sind Erfahrungen und Weisheiten vieler Generationen verborgen, die auch heute noch wahr und gültig sind. Was Aschenputtel und der Froschkönig, die Prinzessin und der arme Müllerbursche erleben, wird für euch zur Gegenwart. Und so war es auch bei euren Eltern und Großeltern. Das „Große Leselöwen-Märchenbuch“ bietet euch eine breite Auswahl der schönsten Märchen von den Brüdern Grimm, von Ludwig Bechstein und Hans Christian Andersen. Natürlich durften die bekanntesten nicht fehlen, aber vielleicht begegnet ihr auch einer ganzen Reihe von Märchen, die ihr noch nicht kennt. Nun schlagt das Buch auf und laßt euch entführen in die spannende und aufregende Märchenwelt. Laßt euch verzaubern beim Lesen und Vorlesen – und beim Betrachten der wunderschönen Bilder, in denen Rolf Rettich diese magische Welt liebevoll wiedergegeben hat.

Märchen der Brüder Grimm

Der arme Müllerbursch und das Kätzchen

In einer Mühle lebte ein alter Müller, der hatte weder Frau noch Kinder, und drei Müllerburschen dienten bei ihm. Wie sie nun etliche Jahre bei ihm gewesen waren, sagte er eines Tages zu ihnen: „Ich bin alt und will mich hinter den Ofen setzen. Zieht aus, und wer mir das beste Pferd nach Haus bringt, dem will ich die Mühle geben, und er soll mich dafür bis an meinen Tod pflegen."

Der dritte von den Burschen war aber der Kleinknecht, der ward von den andern für albern gehalten, dem gönnten sie die Mühle nicht; und er wollte sie hernach nicht einmal.

Da zogen sie alle drei miteinander aus, und wie sie vor das Dorf kamen, sagten die zwei zu dem albernen Hans: „Du kannst nur hierbleiben, du kriegst dein Lebtag keinen Gaul." Hans aber ging doch mit, und als es Nacht war, kamen sie an eine Höhle, da hinein legten sie sich schlafen. Die zwei Klugen warteten, bis Hans eingeschlafen war, dann stiegen sie auf, machten sich fort und ließen Hänschen liegen und meinten's recht fein gemacht zu haben. Ja, es wird euch doch nicht gutgehen!

Wie nun die Sonne kam und Hans aufwachte, lag er in einer tiefen Höhle. Er guckte sich überall um und rief: „Ach Gott, wo bin ich!" Da erhob er sich und krabbelte die Höhle hinauf, ging in den Wald und dachte: Ich bin hier ganz allein und verlassen, wie soll ich nun zu einem Pferd kommen!

Indem er so in Gedanken dahinging, begegnete ihm ein kleines buntes Kätzchen, das sprach ganz freundlich: „Hans, wohin willst du?"

„Ach, du kannst mir doch nicht helfen."

„Was dein Begehren ist, weiß ich wohl", sprach das Kätzchen, „du willst einen hübschen Gaul haben. Komm mit mir und sei sieben Jahre lang mein treuer Knecht, so will ich dir einen geben, schöner als du dein Lebtag einen gesehen hast."

Nun, das ist eine wunderliche Katze, dachte Hans, aber sehen will ich doch, ob das wahr ist, was sie sagt. Da nahm sie ihn mit in ihr verwünschtes Schlößchen und hatte da lauter Kätzchen, die ihr dienten. Die sprangen flink die Treppe auf und ab, waren lustig und guter Dinge. Abends, als sie sich zu Tische setzten, mußten drei Musik machen: Eins strich den Baß, das andere die Geige, das dritte setzte die Trompete an und blies die Backen auf, so sehr es nur konnte. Als sie gegessen hatten, wurde der Tisch weggetragen, und die Katze sagte: „Nun komm, Hans, und tanz mit mir."

„Nein", antwortete er, „mit einer Miezekatze tanze ich nicht, das habe ich noch niemals getan."

„So bringt ihn ins Bett", sagte sie zu den Kätzchen. Da leuchtete ihm eins in seine Schlafkammer, eins zog ihm die Schuhe aus, eins die Strümpfe, und zuletzt blies eins das Licht aus. Am andern Morgen kamen sie wieder und halfen ihm aus dem Bett. Eins zog ihm die Strümpfe an, eins band ihm die Strumpfbänder, eins holte die Schuhe, eins wusch ihn, und eins trocknete ihm mit dem Schwanz das Gesicht ab. „Das tut recht sanft", sagte Hans.

Er mußte aber auch der Katze dienen und alle Tage Holz kleinmachen; dazu kriegte er eine Axt von Silber und die Keile und Säge von Silber, und der Schläger war von Kupfer. Nun, da machte er's klein, blieb da im Haus, hatte sein gutes Essen und Trinken, sah aber niemanden als die bunte Katze und ihr Gesinde.

Einmal sagte sie zu ihm: „Geh hin und mäh meine Wiese und mach das Gras trocken", und gab ihm von Silber eine Sense und von Gold einen Wetzstein, hieß ihn aber auch alles wieder richtig abliefern. Da ging Hans hin und tat, was ihm geheißen war. Nach vollbrachter Arbeit trug er Sense, Wetzstein und Heu nach Haus und fragte, ob sie ihm noch nicht seinen Lohn geben wollte. „Nein", sagte die Katze, „du sollst mir erst noch einerlei tun: Da ist Bauholz von Silber, Zimmeraxt, Winkeleisen und was nötig ist, alles von Silber, daraus bau mir erst ein kleines Häuschen."

Da baute Hans das Häuschen fertig und sagte, er hätte nun alles getan und hätte noch kein Pferd. Doch waren ihm die sieben Jahre herumgegangen wie ein halbes.

Fragte die Katze, ob er ihre Pferde sehen wollte?

„Ja", sagte Hans.

Da machte sie ihm das Häuschen auf, und wie sie die Tür so aufmachte, da stehen zwölf Pferde, ach, die waren ganz stolz, die hatten geblänkt und gespiegelt, daß sich sein Herz im Leibe darüber freute.

Nun gab sie ihm zu essen und zu trinken und sprach: „Geh heim, dein Pferd geb' ich dir nicht mit. In drei Tagen aber komm' ich und bringe dir's nach."

Also machte Hans sich auf, und sie zeigte ihm den Weg zur Mühle. Sie hatte ihm aber nicht einmal ein neues Kleid gegeben, sondern er mußte sein altes lumpiges Kittelchen behalten, das er mitgebracht hatte und das ihm in den sieben Jahren überall zu kurz geworden war.

Wie er nun heimkam, so waren die beiden andern Müllerburschen auch wieder da. Jeder hatte zwar sein Pferd mitgebracht, aber des einen seins war blind, des andern seins lahm. Sie fragten: „Hans, wo hast du dein Pferd?"

„In drei Tagen wird's nachkommen."

Da lachten sie und sagten: „Ja, du Hans, woher willst du ein Pferd kriegen, das wird was Rechtes sein!"

Hans ging in die Stube, der Müller sagte aber, er sollte nicht an den Tisch kommen, er wäre so zerrissen und zerlumpt, man müßte sich schämen, wenn jemand hereinkäme. Da gaben sie ihm ein bißchen Essen hinaus, und wie sie abends schlafen gingen, wollten ihm die zwei andern kein Bett geben, und er mußte endlich ins Gänseställchen kriechen und sich auf ein wenig hartes Stroh legen.

Am Morgen, wie er aufwachte, sind schon die drei Tage herum, und es kommt eine Kutsche mit sechs Pferden, ei, die glänzten, daß es schön war, und ein Bedienter, der brachte noch ein siebentes, das war für den armen Müllerbursch. Aus der Kutsche aber stieg eine prächtige Königstochter und ging in die Mühle hinein, und die Königstochter war das kleine bunte Kätzchen, dem der arme Hans sieben Jahre gedient hatte. Sie fragte den Müller, wo der Mahlbursch, der Kleinknecht, wäre.

Da sagte der Müller: „Den können wir nicht in die Mühle nehmen, der ist so verrissen und liegt im Gänsestall."

Da sagte die Königstochter, sie sollten ihn gleich holen.

Also holten sie ihn heraus, und er mußte sein Kittelchen zusammenpakken, um sich zu bedecken. Da schnallte der Bediente prächtige Kleider aus und mußte ihn waschen und anziehen, und wie er fertig war, konnte kein König schöner aussehen. Danach verlangte die Jungfrau die Pferde zu sehen, welche die andern Mahlburschen mitgebracht hatten, eins war blind, das andere lahm. Da ließ sie den Bedienten das siebente Pferd bringen. Wie der Müller das sah, sprach er, so eins wär' ihm noch nicht auf den Hof gekommen.

„Und das ist für den dritten Mahlbursch", sagte sie.

„Da muß er die Mühle haben", sagte der Müller.

Die Königstochter aber sprach, da wäre das Pferd, er sollte seine Mühle auch behalten. Und nahm ihren treuen Hans und setzte ihn in die Kutsche und fuhr mit ihm fort. Sie fuhren zuerst nach dem kleinen Häuschen, das er mit dem silbernen Werkzeug gebaut hatte; da war es ein großes Schloß, und war alles drin von Silber und Gold; und da hat sie ihn geheiratet und war er reich, so reich, daß er für sein Lebtag genug hatte. Darum soll keiner sagen, daß, wer albern ist, deshalb nichts Rechtes werden könne.

Der Arme und der Reiche

Vor alten Zeiten, als der liebe Gott noch selber auf Erden unter den Menschen wandelte, trug es sich zu, daß er eines Abends müde war und ihn die Nacht überfiel, bevor er zu einer Herberge kommen konnte. Nun standen auf dem Weg vor ihm zwei Häuser einander gegenüber, das eine groß und schön, das andere klein und ärmlich anzusehen, und das große gehörte einem Reichen, das kleine einem armen Manne. Da dachte unser Herrgott: „Dem Reichen werde ich nicht beschwerlich fallen, bei ihm will ich übernachten."

Der Reiche, als er an seine Tür klopfen hörte, machte das Fenster auf und fragte den Fremdling, was er suche. Der Herr antwortete ihm: „Ich bitte Euch um ein Nachtlager." Der Reiche guckte den Wandersmann vom Haupt bis zu den Füßen an, und weil der liebe Gott schlichte Kleider trug und nicht aussah wie einer, der viel Geld in der Tasche hat, schüttelte er mit dem Kopfe und sprach: „Ich kann Euch nicht aufnehmen, meine Kammern liegen voll Kräuter und Samen, und sollte ich einen jeden beherbergen, der an meine Tür klopft, so könnte ich selber den Bettelstab in die Hand nehmen. Sucht Euch anderswo ein Unterkommen." Schlug damit sein Fenster zu und ließ den lieben Gott stehen. Also kehrte ihm der liebe Gott den Rücken und ging hinüber zu dem kleinen Hause.

Kaum hatte er angeklopft, so klinkte der Arme schon sein Türchen auf und bat den Wandersmann einzutreten. „Bleibt die Nacht über bei mir", sagte er, „es ist schon finster, und heute könnt Ihr doch nicht weiterkommen." Das gefiel dem lieben Gott, und er trat zu ihm ein. Die Frau des Armen reichte ihm die Hand, hieß ihn willkommen und sagte, er möchte sich's bequem machen und vorliebnehmen; sie hätten nicht viel, aber was es wäre, gäben sie von Herzen gern. Dann setzte sie Kartoffeln ans Feuer, und derweil sie kochten, melkte sie ihre Ziege, damit sie ein wenig Milch dazu hätten. Und als der Tisch gedeckt war, setzte sich der liebe Gott nieder und aß mit ihnen, und die schlichte Kost schmeckte ihm gut, denn es waren vergnügte Gesichter dabei. Nachdem sie gegessen hatten und Schlafenszeit war, rief die Frau heimlich ihren Mann und sprach: „Hör, lieber Mann, wir wollen uns heute nacht eine Streu machen, damit sich der arme Wanderer in unser Bett legen und ausruhen kann; er ist den ganzen Tag über gegangen, da wird einer müde." – „Von Herzen gern", antwortete er, „ich will's ihm anbieten", ging zu dem lieben Gott und bat ihn, wenn's ihm recht wäre, möchte er sich in ihr Bett legen und seine Glieder ordentlich ausruhen. Der liebe Gott wollte den beiden Alten ihr Lager nicht nehmen, aber sie ließen nicht ab, bis er es endlich tat und sich in ihr Bett legte; sich selbst aber machten sie eine Streu auf die Erde.

Am andern Morgen standen sie vor Tag schon auf und kochten dem Gast ein Frühstück, so gut sie es hatten. Als nun die Sonne durchs Fensterlein schien und der liebe Gott aufgestanden war, aß er wieder mit ihnen und wollte dann seines Weges ziehen. Als er in der Tür stand, kehrte er sich um und sprach: „Weil ihr so mitleidig und fromm seid, so wünscht euch dreierlei, das will ich euch erfüllen." Da sagte der Arme: „Was soll ich mir sonst wünschen als die ewige Seligkeit und daß wir zwei, solange wir leben, gesund dabei bleiben und unser notdürftiges tägliches Brot haben; fürs dritte weiß ich mir nichts zu wünschen." Der liebe Gott sprach: „Willst du dir nicht ein neues Haus für das alte wünschen?" – „O ja", sagte der Mann, „wenn ich das auch noch erhalten kann, so wär' mir's wohl lieb." Da erfüllte der Herr ihre Wünsche, gab ihnen nochmals seinen Segen und zog weiter.

Es war schon voller Tag, als der Reiche aufstand. Er legte sich ins Fenster und sah gegenüber ein neues, reinliches Haus mit roten Ziegeln, wo sonst eine alte Hütte gestanden hatte. Da machte er große Augen, rief seine Frau herbei und sprach: „Sag mir, was ist geschehen? Gestern abend stand noch die alte, elende Hütte, und heute steht da ein schönes, neues Haus. Lauf hinüber und höre, wie das gekommen ist." Die Frau ging und fragte den Armen aus. Er erzählte ihr: „Gestern abend kam ein Wanderer, der suchte Nachtherberge, und heute morgen beim Abschied hat er uns drei Wünsche gewährt, die ewige Seligkeit, Gesundheit in diesem Leben und das notdürftige tägliche Brot dazu und zuletzt noch statt unserer alten Hütte ein schönes, neues Haus." Die Frau des Reichen lief eilig zurück und erzählte, wie alles gekommen war. Der Mann sprach: „Ich möchte mich zerreißen und zerschlagen, hätte ich das nur gewußt! Er ist zuvor hier gewesen und hat bei uns übernachten wollen, ich habe ihn aber abgewiesen." – „Eil dich", sprach die Frau, „und setze dich auf dein Pferd, so kannst du den Mann noch einholen, und dann mußt du dir auch drei Wünsche gewähren lassen."

Der Reiche befolgte den guten Rat, jagte mit seinem Pferde davon und holte den lieben Gott noch ein. Er redete fein und lieblich und bat, er möcht's nicht übelnehmen, daß er nicht gleich wäre eingelassen worden, er hätte den Schlüssel zur Haustür gesucht, derweil wäre er weggegangen; wenn er des Weges zurückkäme, müßte er bei ihm einkehren. „Ja", sprach der liebe Gott, „wenn ich einmal zurückkomme, will ich es tun." Da fragte der Reiche, ob er nicht auch drei Wünsche tun dürfte, wie sein Nachbar. Ja, sagte der liebe Gott, das dürfte er wohl; es wäre aber nicht gut für ihn, und er sollte sich lieber nichts wünschen. Der Reiche meinte, er wollte sich schon etwas aussuchen, das zu seinem Glück gereiche, wenn er nur wüßte, daß es erfüllt würde. Sprach der liebe Gott: „Reit heim, und drei Wünsche, die du tust, die sollen in Erfüllung gehen."

Nun hatte der Reiche, was er verlangte, ritt heimwärts und fing an nachzusinnen, was er sich wünschen sollte. Wie er sich so bedachte und die Zügel fallen

ließ, fing das Pferd an zu springen, so daß er immerfort in seinen Gedanken gestört wurde und sie gar nicht zusammenbringen konnte. Er klopfte ihm an den Hals und sagte: „Sei ruhig, Liese"; aber das Pferd machte aufs neue Männerchen. Da ward er zuletzt ärgerlich und rief ganz ungeduldig: „So wollt' ich, daß du den Hals zerbrächst!" Wie er das Wort ausgesprochen hatte, plumps, fiel er auf die Erde, und das Pferd lag tot da und regte sich nicht mehr; damit war der erste Wunsch erfüllt. Weil er aber von Natur geizig war, wollte er das Sattelzeug nicht im Stich lassen, schnitt's ab, hängte es auf seinen Rücken und mußte nun zu Fuß gehen. „Du hast noch zwei Wünsche übrig", dachte er und tröstete sich damit. Wie er nun langsam durch den Sand dahinging und zu Mittag die Sonne heiß brannte, ward's ihm so warm und verdrießlich zumute: der Sattel drückte ihn auf den Rücken, auch war ihm noch immer nicht eingefallen, was er sich wünschen sollte. „Wenn ich mir auch alle Reiche und Schätze der Welt wünsche", sprach er zu sich selbst, „so fällt mir hernach noch allerlei ein, dieses und jenes, das weiß ich im voraus; ich will's aber so einrichten, daß mir gar nichts mehr zu wünschen übrigbleibt." Dann seufzte er und sprach: „Ja, wenn ich der bayrische Bauer wäre, der auch drei Wünsche frei hatte, der wußte sich zu helfen, der wünschte sich zuerst recht viel Bier, und zweitens so viel Bier, als er trinken könnte, und drittens noch ein Faß Bier dazu." Manchmal meinte er, jetzt hätte er's gefunden, aber hernach schien's ihm doch noch zu wenig. Da kam ihm so in die Gedanken, was es seine Frau jetzt gut hätte, die säße daheim in einer kühlen Stube und ließe sich's wohl schmecken. Das ärgerte ihn ordentlich, und ohne daß er's wußte, sprach er so hin: „Ich wollte, die säße daheim auf dem Sattel und könnte nicht herunter, statt daß ich ihn da auf meinem Rücken schleppe!" Und wie das letzte Wort aus seinem Munde kam, war der Sattel von seinem Rücken verschwunden, und er merkte, daß sein zweiter Wunsch auch in Erfüllung gegangen war. Da ward ihm erst recht heiß; er fing an zu laufen und wollte sich daheim ganz einsam in seine Kammer hinsetzen und auf etwas Großes für den letzten Wunsch sinnen. Wie er aber ankommt und die Stubentür aufmacht, sitzt da seine Frau mittendrin auf dem Sattel und kann nicht herunter, jammert und schreit. Da sprach er: „Gib dich zufrieden, ich will dir alle Reichtümer der Welt herbeiwünschen, nur bleib da sitzen!" Sie schalt ihn aber einen Schafskopf und sprach: „Was helfen mir alle Reichtümer der Welt, wenn ich auf dem Sattel sitze! Du hast mich darauf gewünscht, du mußt mir auch wieder herunterhelfen." Er mochte wollen oder nicht, er mußte den dritten Wunsch tun, daß sie vom Sattel ledig wäre und heruntersteigen könnte; und der Wunsch ward alsbald erfüllt. Also hatte er nichts davon als Ärger, Mühe, Scheltworte und ein verlorenes Pferd; die Armen aber lebten vergnügt, still und fromm bis an ihr seliges Ende.

Aschenputtel

Einem reichen Manne wurde seine Frau krank, und als sie fühlte, daß ihr Ende herankam, rief sie ihr einziges Töchterlein zu sich ans Bett und sprach: „Liebes Kind, bleibe fromm und gut, so wird dir der liebe Gott immer beistehen, und ich will vom Himmel auf dich herabblicken und will um dich sein." Darauf tat sie die Augen zu und verschied. Das Mädchen ging jeden Tag hinaus zu dem Grabe der Mutter und weinte und blieb fromm und gut. Als der Winter kam, deckte der Schnee ein weißes Tüchlein auf das Grab, und als die Sonne im Frühjahr es wieder herabgezogen hatte, nahm sich der Mann eine andere Frau.

Die Frau hatte zwei Töchter mit ins Haus gebracht, die schön und weiß von Angesicht waren, aber garstig und schwarz von Herzen. Da ging eine schlimme Zeit für das arme Stiefkind an. „Soll die dumme Gans bei uns in der Stube sitzen?" sprachen sie; „wer Brot essen will, muß es verdienen; hinaus mit der Küchenmagd!" Sie nahmen ihm seine schönen Kleider weg, zogen ihm einen grauen, alten Kittel an und gaben ihm hölzerne Schuhe. „Seht einmal die stolze Prinzessin, wie sie geputzt ist!" riefen sie, lachten und führten es in die Küche. Da mußte es von Morgen bis Abend schwere Arbeit tun, früh vor Tag aufstehen, Wasser tragen, Feuer anmachen, kochen und waschen. Obendrein taten ihm die Schwestern alles ersinnliche Herzeleid an, verspotteten es und schütteten ihm die Erbsen und Linsen in die Asche, so daß es sitzen und sie wieder auslesen mußte. Abends, wenn es sich müde gearbeitet hatte, kam es in kein Bett, sondern mußte sich neben den Herd in die Asche legen. Und weil es darum immer staubig und schmutzig aussah, nannten sie es Aschenputtel.

Es trug sich zu, daß der Vater einmal auf die Messe ziehen wollte, da fragte er die beiden Stieftöchter, was er ihnen mitbringen sollte. „Schöne Kleider", sagte die eine; „Perlen und Edelsteine", die zweite. „Aber du, Aschenputtel", sprach er, „was willst du haben?" – „Vater, das erste Reis, das Euch auf Eurem Heimweg an den Hut stößt, das brecht für mich ab." Er kaufte nun für die beiden Stiefschwestern schöne Kleider, Perlen und Edelsteine, und auf dem Rückweg, als er durch einen grünen Busch ritt, streifte ihn ein Haselreis und stieß ihm den Hut ab. Da brach er das Reis ab und nahm es mit. Als er nach Hause kam, gab er den Stieftöchtern, was sie sich gewünscht hatten, und dem Aschenputtel gab er das Reis von dem Haselbusch. Aschenputtel dankte ihm, ging zu seiner Mutter Grab und pflanzte das Reis darauf und weinte so sehr, daß die Tränen darauf niederfielen und es begossen. Es wuchs aber und ward ein schöner Baum. Aschenputtel ging alle Tage dreimal darunter, weinte und betete, und allemal kam ein weißes Vöglein auf den Baum, und wenn es einen Wunsch aussprach, so warf ihm das Vöglein herab, was es sich gewünscht hatte.

Es begab sich aber, daß der König ein Fest anstellte, das drei Tage dauern sollte, und wozu alle schönen Jungfrauen im Lande eingeladen wurden, damit sich sein Sohn eine Braut aussuchen möchte. Die zwei Stiefschwestern, als sie hörten, daß sie auch dabei erscheinen sollten, waren guter Dinge, riefen Aschenputtel und sprachen: „Kämm uns die Haare, bürste uns die Schuhe und mache uns die Schnallen fest, wir gehen zur Hochzeit auf des Königs Schloß!" Aschenputtel gehorchte, weinte aber, weil es auch gern zum Tanz mitgegangen wäre, und bat die Stiefmutter, sie möchte es ihm erlauben. „Du, Aschenputtel", sprach sie, „bist voll Staub und Schmutz und willst zur Hochzeit? Du hast keine Kleider und Schuhe und willst tanzen?" Als es aber mit Bitten anhielt, sprach sie endlich:

„Da habe ich dir eine Schüssel Linsen in die Asche geschüttet, wenn du die Linsen in zwei Stunden wieder ausgelesen hast, so sollst du mitgehen." Das Mädchen ging durch die Hintertür nach dem Garten und rief: „Ihr zahmen Täubchen, ihr Turteltäubchen, all ihr Vöglein unter dem Himmel, kommt und helft mir lesen!

Die guten ins Töpfchen,
Die schlechten ins Kröpfchen!"

Da kamen zum Küchenfenster zwei weiße Täubchen herein und danach die Turteltäubchen, und endlich schwirrten und schwärmten alle Vöglein unter dem Himmel herein und ließen sich um die Asche nieder. Und die Täubchen nickten mit den Köpfchen und fingen an pik, pik, pik, pik, und da fingen die übrigen auch an pik, pik, pik, pik und lasen alle guten Körnlein in die Schüssel. Kaum war eine Stunde herum, so waren sie schon fertig und flogen alle wieder hinaus. Da brachte das Mädchen die Schüssel der Stiefmutter, freute sich und glaubte, es dürfte nun mit auf die Hochzeit gehen. Aber die sprach: „Nein, Aschenputtel, du hast keine Kleider und kannst nicht tanzen; du wirst nur ausgelacht!" Als es nun weinte, sprach sie: „Wenn du mir zwei Schüsseln voll Linsen in einer Stunde aus der Asche reinlesen kannst, so sollst du mitgehen", und dachte: „Das kann es ja nimmermehr." Als sie die zwei Schüsseln Linsen in die Asche geschüttet hatte, ging das Mädchen durch die Hintertür nach dem Garten und rief: „Ihr zahmen Täubchen, ihr Turteltäubchen, all ihr Vöglein unter dem Himmel, kommt und helft mir lesen!

Die guten ins Töpfchen,
Die schlechten ins Kröpfchen!"

Da kamen zum Küchenfenster zwei weiße Täubchen herein und danach die Turteltäubchen, und endlich schwirrten und schwärmten alle Vögel unter dem Himmel herein und ließen sich um die Asche nieder. Und die Täubchen nickten mit ihren Köpfchen und fingen an pik, pik, pik, pik, und da fingen die übrigen auch an pik, pik, pik, pik und lasen alle guten Körner in die Schüsseln. Und ehe eine halbe Stunde herum war, waren sie schon fertig und flogen alle wieder hinaus. Da trug das Mädchen die Schüsseln zu der Stiefmutter, freute sich und glaubte, nun dürfte es mit auf die Hochzeit gehen. Aber diese sprach: „Es hilft dir alles nichts; du kommst nicht mit, denn du hast keine Kleider und kannst nicht tanzen; wir müßten uns deiner schämen." Darauf kehrte sie ihm den Rücken zu und eilte mit ihren zwei stolzen Töchtern fort.

Als nun niemand mehr daheim war, ging Aschenputtel zu seiner Mutter Grab unter dem Haselbaum und rief:

„Bäumchen, rüttel dich
und schüttel dich,
Wirf Gold und Silber über mich!"

Da warf ihm der Vogel ein golden und silbern Kleid herunter und mit Silber und Seide ausgestickte Pantoffeln. In aller Eile zog es das Kleid an und ging zur Hochzeit. Seine Schwestern aber und die Stiefmutter kannten es nicht und meinten, es müsse eine fremde Königstochter sein, so schön sah es in dem goldenen Kleide aus. An Aschenputtel dachten sie gar nicht und dachten, es säße daheim im Schmutz und suchte die Linsen aus der Asche. Der Königssohn kam ihm entgegen, nahm es bei der Hand und tanzte mit ihm. Er wollte auch sonst mit niemand tanzen, also daß er ihm die Hand nicht losließ, und wenn ein anderer kam, es aufzufordern, sprach er: „Das ist meine Tänzerin."

Es tanzte, bis es Abend war, da wollte es nach Hause gehen. Der Königssohn aber sprach: „Ich gehe mit und begleite dich", denn er wollte sehen, wem das schöne Mädchen angehörte. Es entwischte ihm aber und sprang in das Taubenhaus. Nun wartete der Königssohn, bis der Vater kam, und sagte ihm, das fremde Mädchen wäre in das Taubenhaus gesprungen. Der Alte dachte: „Sollte es Aschenputtel sein?" Und sie mußten ihm Axt und Hacken bringen, damit er das Taubenhaus entzweischlagen konnte; aber es war niemand darin. Und als sie ins Haus kamen, lag Aschenputtel in seinen schmutzigen Kleidern in der Asche, und ein trübes Öllämpchen brannte im Schornstein; denn Aschenputtel war geschwind aus dem Taubenhaus hinten herabgesprungen und war zu dem Haselbäumchen gelaufen; da hatte es die schönen Kleider abgezogen und aufs Grab gelegt, und der Vogel hatte sie wieder weggenommen, und dann hatte es sich in seinem grauen Kittelchen in die Küche zur Asche gesetzt. Am andern Tag, als das Fest von neuem anhob und die Eltern und Stiefschwestern wieder fort waren, ging Aschenputtel zu dem Haselbaum und sprach:

„Bäumchen, rüttel dich
und schüttel dich,
Wirf Gold und Silber über mich!"

Da warf der Vogel ein noch viel stolzeres Kleid herab als am vorigen Tag. Und als es mit diesem Kleide auf der Hochzeit erschien, erstaunte jedermann über seine Schönheit. Der Königssohn aber hatte gewartet, bis es kam, nahm es gleich bei der Hand und tanzte nur allein mit ihm. Wenn die andern kamen und es aufforderten, sprach er: „Das ist meine Tänzerin." Als es nun Abend war, wollte es fort, und der Königssohn ging ihm nach und wollte sehen, in welches Haus es ginge; aber es sprang ihm fort und in den Garten hinter dem Hause. Darin stand ein schöner großer Baum, an dem die herrlichsten Birnen hingen; es kletterte so behend wie ein Eichhörnchen zwischen die Äste, und der Königssohn wußte nicht, wo es hingekommen war. Er wartete aber, bis der Vater kam, und sprach zu ihm: „Das fremde Mädchen ist mir entwischt, und ich glaube, es ist auf den Birnbaum gesprungen." Der Vater dachte: „Sollte es Aschenputtel sein?", ließ sich die Axt holen und hieb den Baum um, aber es war niemand darauf. Und als sie in die Küche kamen, lag Aschenputtel da in der Asche, wie sonst auch, denn es war auf der andern Seite vom Baum herabgesprungen, hatte dem Vogel auf dem Haselbäumchen die schönen Kleider zurückgebracht und sein graues Kittelchen wieder angezogen.

Am dritten Tag, als die Eltern und Schwestern fort waren, ging Aschenputtel wieder zu seiner Mutter Grab und sprach zu dem Bäumchen:

„Bäumchen, rüttel dich
und schüttel dich,
Wirf Gold und Silber über mich!"

Nun warf ihm der Vogel ein Kleid herab, das war so prächtig und glänzend, wie es noch keins gehabt hatte, und die Pantoffeln waren ganz golden. Als es in dem Kleide zu der Hochzeit kam, wußten sie alle nicht, was sie vor Verwunderung sagen sollten. Der Königssohn tanzte ganz allein mit ihm, und wenn es einer aufforderte, sprach er: „Das ist meine Tänzerin."

Als es nun Abend war, wollte Aschenputtel fort, und der Königssohn wollte es begleiten, aber es entsprang ihm so geschwind, daß er nicht folgen konnte. Der Königssohn hatte aber eine List gebraucht und die ganze Treppe mit Pech bestreichen lassen; da war, als es hinabsprang, der linke Pantoffel des Mädchens hängengeblieben. Der Königssohn hob ihn auf, und er war klein und zierlich und ganz golden. Am nächsten Morgen ging er damit zu dem Manne und sagte zu ihm: „Keine andere soll meine Gemahlin werden als die, an deren Fuß dieser goldene Schuh paßt." Da freuten sich die beiden Schwestern, denn sie hatten schöne Füße. Die älteste ging mit dem Schuh in die Kammer und wollte ihn anprobieren, und die Mutter stand dabei. Aber sie konnte mit der großen Zehe nicht hineinkommen, und der Schuh war ihr zu klein; da reichte ihr die Mutter ein Messer und sprach: „Hau die Zehe ab! Wenn du Königin bist, so brauchst du nicht mehr zu Fuß zu gehen." Das Mädchen hieb die Zehe ab, zwängte den Fuß in den Schuh, verbiß den Schmerz und ging hinaus zum Königssohn. Da nahm er sie als seine Braut aufs Pferd und ritt mit ihr fort. Sie mußten aber an dem Grabe vorbei, da saßen die zwei Täubchen auf dem Haselbäumchen und riefen:

„Rucke di guh, rucke di guh,
Blut ist im Schuh:
Der Schuh ist zu klein,
Die rechte Braut sitzt noch daheim."

Da blickte er auf ihren Fuß und sah, wie das Blut herausquoll. Er wendete sein Pferd um, brachte die falsche Braut wieder nach Hause und sagte, das wäre nicht die rechte, die andere Schwester solle den Schuh anziehen. Da ging diese in die Kammer und kam mit den Zehen glücklich in den Schuh, aber die Ferse war zu groß. Da reichte ihr die Mutter ein Messer und sprach: „Hau ein Stück von der Ferse ab! Wenn du Königin bist, brauchst du nicht mehr zu Fuß zu gehen." Das Mädchen hieb ein Stück von der Ferse ab, zwängte den Fuß in den Schuh, verbiß den Schmerz und ging hinaus zum Königssohn. Da nahm er sie als seine Braut aufs Pferd und ritt mit ihr fort. Als sie an dem Haselbäumchen vorbeikamen, saßen die beiden Täubchen darauf und riefen:

„Rucke di guh, rucke di guh,
Blut ist im Schuh:
Der Schuh ist zu klein,
Die rechte Braut sitzt noch daheim."

Er blickte nieder auf ihren Fuß und sah, wie das Blut aus dem Schuh quoll und an den weißen Strümpfen ganz rot heraufgestiegen war. Da wendete er sein Pferd und brachte die falsche Braut wieder nach Hause. „Das ist auch nicht die rechte", sprach er, „habt Ihr keine andere Tochter?" – „Nein", sagte der Mann, „nur von meiner verstorbenen Frau ist noch ein kleines, garstiges Aschenputtel da; das kann unmöglich die Braut sein." Der Königssohn sprach, er sollte es heraufschicken; die Mutter aber antwortete: „Ach nein, das ist viel zu schmutzig, das darf sich nicht sehen lassen." Er wollte es aber durchaus haben, und Aschenputtel mußte gerufen werden. Da wusch es sich erst Hände und Angesicht rein, ging dann hin und neigte sich vor dem Königssohn, der ihm den goldenen Schuh reichte. Dann setzte es sich auf einen Schemel, zog den Fuß aus dem schweren Holzschuh und steckte ihn in den Pantoffel, der war wie angegossen. Und als es sich in die Höhe richtete und der Königssohn ihm ins Gesicht sah, so erkannte er das schöne Mädchen, das mit ihm getanzt hatte, und rief: „Das ist die rechte Braut!" Die Stiefmutter und die beiden Schwestern erschraken und wurden bleich, aber der Prinz führte Aschenputtel fort und hob es in den Wagen. Und als sie durchs Tor fuhren, da riefen die Tauben auf dem Haselbäumchen:

„Rucke di guh, rucke di guh,
Kein Blut im Schuh:
Der Schuh ist nicht zu klein,
Die rechte Braut, die führt er heim."

Das blaue Licht

Es war einmal ein Soldat, der hatte dem König lange Jahre treu gedient. Als der Krieg aber zu Ende war und der Soldat der vielen Wunden wegen, die er empfangen hatte, nicht weiter dienen konnte, sprach der König zu ihm: „Du kannst heimgehen, ich brauche dich nicht mehr. Geld bekommst du weiterhin nicht, denn Lohn erhält nur der, welcher mir Dienste dafür leistet."

Da wußte der Soldat nicht, womit er sein Leben fristen sollte. Ging voll Sorgen fort und ging den ganzen Tag, bis er abends in einen Wald kam. Als die Finsternis einbrach, sah er ein Licht, dem näherte er sich und kam zu einem Haus, darin wohnte eine Hexe. „Gib mir doch ein Nachtlager und ein wenig Essen und Trinken", sprach er zu ihr, „ich verschmachte sonst."

„Oho!" antwortete sie, „wer gibt einem verlaufenen Soldaten etwas? Doch will ich barmherzig sein und dich aufnehmen, wenn du tust, was ich verlange."

„Was verlangst du?" fragte der Soldat.

„Daß du mir morgen meinen Garten umgräbst."

Der Soldat willigte ein und arbeitete den folgenden Tag aus allen Kräften, konnte aber vor Abend nicht fertig werden. „Ich sehe wohl", sprach die Hexe, „daß du heute nicht weiterkannst. Ich will dich noch eine Nacht behalten, dafür sollst du mir morgen ein Fuder Holz spalten und kleinmachen."

Der Soldat brauchte dazu den ganzen Tag, und abends machte ihm die Hexe den Vorschlag, noch eine Nacht zu bleiben. „Du sollst mir morgen nur eine geringe Arbeit tun. Hinter meinem Hause ist ein alter, wasserleerer Brunnen, in den ist mir mein Licht gefallen, es brennt blau und verlischt nicht, das sollst du mir wieder heraufholen."

Den andern Tag führte ihn die Alte zu dem Brunnen und ließ ihn in einem Korb hinab. Er fand das blaue Licht und machte ein Zeichen, daß sie ihn wieder hinaufziehen sollte. Sie zog ihn auch in die Höhe. Als er aber dem Rande nahe war, reichte sie die Hand hinab und wollte ihm das blaue Licht abnehmen.

„Nein", sagte er und merkte ihre bösen Gedanken, „das Licht gebe ich dir nicht eher, als bis ich mit beiden Füßen auf dem Erdboden stehe." Da geriet die Hexe in Wut, ließ ihn wieder hinab in den Brunnen fallen und ging fort.

Der arme Soldat fiel, ohne Schaden zu nehmen, auf den feuchten Boden, und das blaue Licht brannte fort. Aber was konnte ihm das helfen? Er sah wohl, daß er dem Tod nicht entgehen würde. Er saß eine Weile ganz traurig, da griff er zufällig in seine Tasche und fand seine Tabakspfeife, die noch halb gestopft war. Das soll dein letztes Vergnügen sein, dachte er, zog sie heraus, zündete sie an dem blauen Licht an und fing an zu rauchen. Als der Dampf in der Höhle umhergezogen war, stand auf einmal ein kleines schwarzes Männchen vor ihm und fragte: „Herr, was befiehlst du?"

„Was habe ich dir zu befehlen?" erwiderte der Soldat ganz verwundert.

„Ich muß alles tun", sagte das Männchen, „was du verlangst."

„Gut", sprach der Soldat, „so hilf mir zuerst aus dem Brunnen."

Das Männchen nahm ihn bei der Hand und führte ihn durch einen unterirdischen Gang. Der Soldat vergaß aber nicht, das blaue Licht mitzunehmen. Es zeigte ihm unterwegs die Schätze, welche die Hexe zusammengebracht und da versteckt hatte, und der Soldat nahm soviel Gold, als er tragen konnte.

Als er oben war, sprach er zu dem Männchen: „Nun geh hin, bind die alte Hexe und führ sie vor das Gericht."

Nicht lange, so kam sie auf einem wilden Kater mit furchtbarem Geschrei schnell wie der Wind vorbeigeritten, und es dauerte abermals nicht lang, so war das Männchen zurück. „Es ist alles ausgerichtet", sprach es, „und die Hexe hängt schon am Galgen."

„Herr, was befiehlst du weiter?" fragte der Kleine.

„In diesem Augenblick nichts", antwortete der Soldat, „du kannst nach Haus gehen. Sei nur gleich bei der Hand, wenn ich dich rufe."

„Es ist nicht nötig", sprach das Männchen, „als daß du deine Pfeife an dem blauen Licht anzündest, dann stehe ich gleich vor dir." Darauf verschwand es vor seinen Augen.

Der Soldat kehrte in die Stadt zurück, aus der er gekommen war. Er ging in den besten Gasthof und ließ sich schöne Kleider machen, dann befahl er dem Wirt, ihm ein Zimmer so prächtig als möglich einzurichten. Als es fertig war und der Soldat es bezogen hatte, rief er das schwarze Männchen und sprach: „Ich habe dem König treu gedient, er hat mich fortgeschickt und mich hungern lassen, dafür will ich jetzt Rache nehmen."

„Was soll ich tun?" fragte der Kleine.

„Spätabends, wenn die Königstochter im Bett liegt, so bring sie schlafend hierher; sie soll Mägdedienste bei mir tun."

Das Männchen sprach: „Für mich ist das ein leichtes, für dich aber ein gefährliches Ding; wenn das herauskommt, wird es dir schlimm ergehen."

Als es zwölf geschlagen hatte, sprang die Tür auf, und das Männchen trug die Königstochter herein.

„Aha, bist du da?" rief der Soldat. „Frisch an die Arbeit! Geh, hol den Besen und kehr die Stube." Als sie fertig war, hieß er sie zu seinem Sessel kommen, streckte ihr die Füße entgegen und sprach: „Zieh mir die Stiefel aus", warf sie ihr dann ins Gesicht, und sie mußte sie aufheben, reinigen und glänzend machen. Sie tat aber alles, was er ihr befahl, ohne Widerstreben, stumm und mit halb geschlossenen Augen. Bei dem ersten Hahnenschrei trug sie das Männchen wieder in das königliche Schloß und in ihr Bett zurück.

Am andern Morgen, als die Königstochter aufgestanden war, ging sie zu ihrem Vater und erzählte ihm, sie hätte einen wunderlichen Traum gehabt: „Ich ward durch die Straßen mit Blitzesschnelle fortgetragen und in das Zimmer eines Soldaten gebracht, dem mußte ich als Magd dienen und aufwarten und alle gemeine Arbeit tun, die Stube kehren und die Stiefel putzen. Es war nur ein Traum, und doch bin ich so müde, als wenn ich wirklich alles getan hätte."

„Der Traum könnte wahr gewesen sein", sprach der König, „ich will dir einen Rat geben: Steck deine Taschen voll Erbsen und mach ein kleines Loch in die Tasche; wirst du wieder abgeholt, so fallen sie heraus und lassen die Spur auf der Straße."

Als der König so sprach, stand das Männchen unsichtbar dabei und hörte alles mit an. Nachts, als es die schlafende Königstochter wieder durch die Straßen trug, fielen zwar einzelne Erbsen aus der Tasche, aber sie konnten keine Spur machen, denn das listige Männchen hatte vorher in allen Straßen Erbsen verstreut. Die Königstochter aber mußte wieder bis zum Hahnenschrei Mägdedienste tun.

Der König schickte am folgenden Morgen seine Leute aus, welche die Spur suchen sollten. Aber es war vergeblich, denn in allen Straßen saßen die armen Kinder und lasen Erbsen auf und sagten: „Es hat heut nacht Erbsen geregnet."

„Wir müssen etwas anderes aussinnen", sprach der König, „behalt deine Schuhe an, wenn du dich zu Bett legst, und ehe du von dort zurückkehrst, versteck einen davon; ich will ihn schon finden."

Das schwarze Männchen vernahm den Anschlag, und als der Soldat abends verlangte, er sollte die Königstochter wieder herbeitragen, riet es ihm ab und sagte, gegen diese List wüßte es kein Mittel, und wenn der Schuh bei ihm gefunden würde, so könnte es ihm schlimm ergehen.

„Tu, was ich dir sage", erwiderte der Soldat, und die Königstochter mußte auch in der dritten Nacht wie eine Magd arbeiten. Sie versteckte aber, ehe sie zurückgetragen wurde, einen Schuh unter dem Bett.

Am andern Morgen ließ der König in der ganzen Stadt den Schuh seiner Tochter suchen. Er ward bei dem Soldaten gefunden, und der Soldat selbst, der sich auf Bitten des Kleinen zum Tor hinausgemacht hatte, ward bald eingeholt und ins Gefängnis geworfen. Er hatte sein Bestes bei der Flucht vergessen, das blaue Licht und das Gold, und hatte nur noch einen Dukaten in der Tasche. Als er nun mit Ketten belastet an dem Fenster seines Gefängnisses stand, sah er einen seiner Kameraden vorbeigehen. Er klopfte an die Scheibe, und als er herbeikam, sagte er: „Sei so gut und hol mir das kleine Bündelchen, das ich in dem Gasthaus habe liegenlassen, ich gebe dir dafür einen Dukaten."

Der Kamerad lief hin und brachte ihm das Verlangte. Sobald der Soldat wieder allein war, steckte er seine Pfeife an und ließ das schwarze Männchen kommen. „Sei ohne Furcht", sprach es zu seinem Herrn, „geh hin, wohin sie dich führen, und laß alles geschehen, nimm nur das blaue Licht mit."

Am andern Tag ward Gericht über den Soldaten gehalten, und obgleich er nichts Böses getan hatte, verurteilte ihn der Richter doch zum Tode.

Als er nun hinausgeführt wurde, bat er den König um eine letzte Gnade. „Was für eine?" fragte der König.

„Daß ich auf dem Weg noch eine Pfeife rauchen darf."

„Du kannst drei rauchen", antwortete der König, „aber glaub nicht, daß ich dir das Leben schenke."

Da zog der Soldat seine Pfeife heraus und zündete sie an dem blauen Licht an, und wie ein paar Ringel vom Rauch aufgestiegen waren, so stand schon das Männchen da, hatte einen kleinen Knüppel in der Hand und sprach: „Was befiehlt mein Herr?"

„Schlag mir da die falschen Richter und ihre Häscher zu Boden und verschon auch den König nicht, der mich so schlecht behandelt hat."

Da fuhr das Männchen wie der Blitz, zickzack, hin und her, und wen es mit seinem Knüppel nur anrührte, der fiel schon zu Boden und getraute sich nicht mehr zu regen. Dem König ward angst, er verlegte sich auf das Bitten, und um nur das Leben zu behalten, gab er dem Soldaten das Reich und seine Tochter zur Frau.

Die Bremer Stadtmusikanten

Es hatte ein Mann einen Esel, der schon lange Jahre die Säcke unverdrossen zur Mühle getragen hatte, dessen Kräfte aber nun zu Ende gingen, so daß er zur Arbeit immer untauglicher wurde. Da dachte der Herr daran, ihn aus dem Futter zu schaffen; aber der Esel merkte, daß kein guter Wind wehte, lief fort und machte sich auf den Weg nach Bremen; dort, meinte er, könnte er ja Stadtmusikant werden.

Als er ein Weilchen fortgegangen war, fand er einen Jagdhund auf dem Wege liegen, der japste wie einer, der sich müde gelaufen hat. „Nun, was japst du so, Packan?" fragte der Esel. – „Ach", sagte der Hund, „weil ich alt bin und jeden Tag schwächer werde, auch auf der Jagd nicht mehr fortkann, hat mich mein Herr wollen totschlagen, da hab' ich Reißaus genommen; aber womit soll ich nun mein Brot verdienen?" – „Weißt du was", sprach der Esel, „ich gehe nach Bremen und werde dort Stadtmusikant, geh mit und laß dich auch bei der Musik annehmen. Ich spiele die Laute, und du schlägst die Pauke." Der Hund war's zufrieden, und zu zweit gingen sie weiter.

Es dauerte nicht lange, so saß eine Katze am Weg und machte ein Gesicht wie drei Tage Regenwetter. „Nun, was ist dir in die Quere gekommen, Bartputzer?" fragte der Esel. – „Wer kann da lustig sein, wenn's einem an den Kragen geht?" antwortete die Katze. „Weil ich nun zu Jahren komme, meine Zähne stumpf werden und ich lieber hinter dem Ofen sitze und spinne, als nach Mäusen herumjage, hat mich meine Frau ersäufen wollen; ich habe mich zwar noch fortgemacht, aber nun ist guter Rat teuer; wo soll ich hin?" – „Geh mit uns nach Bremen; du verstehst dich doch auf die Nachtmusik, da kannst du ein Stadtmusikant werden." Die Katze hielt das für gut und ging mit. Darauf kamen die drei Landesflüchtigen an einem Hofe vorbei, da saß auf dem Tor der Haushahn und schrie aus Leibeskräften. „Du schreist einem durch Mark und Bein", sprach der Esel, „was hast du vor?" – „Da hab' ich gut Wetter prophezeit", sprach der Hahn, „weil Unserer Lieben Frauen Tag ist, wo sie dem Christkindlein die Hemdchen gewaschen hat und sie trocknen will; aber weil morgen zum Sonntag Gäste kommen, so hat die Hausfrau doch kein Erbarmen und hat der Köchin gesagt, sie wollte mich morgen in der Suppe essen, und da soll ich mir heute abend den Kopf abschneiden lassen. Nun schrei' ich aus vollem Halse, solang ich noch kann." – „Ei was, du Rotkopf", sagte der Esel, „zieh lieber mit uns fort, wir gehen nach Bremen, etwas Besseres als den Tod findest du überall; du hast eine gute Stimme, und wenn wir zusammen musizieren, so muß es eine Art haben." Der Hahn ließ sich den Vorschlag gefallen, und sie gingen alle viere zusammen fort.

Sie konnten aber die Stadt Bremen in einem Tag nicht erreichen und kamen abends in einen Wald, wo sie übernachten wollten. Der Esel und der Hund legten sich unter einen großen Baum, die Katze und der Hahn machten sich in die Äste, der Hahn aber flog bis in die Spitze, wo es am sichersten für ihn war. Ehe er einschlief, sah er sich noch einmal nach allen vier Winden um; da deuchte ihn, er sähe in der Ferne ein Fünkchen brennen, und er rief seinen Gesellen zu, es müßte nicht gar weit ein Haus sein, denn es scheine ein Licht. Sprach der Esel: „So müssen wir uns aufmachen und noch hingehen, denn hier ist die Herberge schlecht." Der Hund meinte, ein paar Knochen und etwas Fleisch dran täten ihm auch gut. Also machten sie sich auf den Weg nach der Gegend, wo das Licht war, und sahen es bald heller schimmern, und es ward immer größer, bis sie vor ein hell erleuchtetes Räuberhaus kamen. Der Esel, als der größte, näherte sich dem Fenster und schaute hinein. „Was siehst du, Grauschimmel?" fragte der Hahn. – „Was ich sehe?" antwortete der Esel; „einen gedeckten Tisch mit schönem Essen und Trinken, und Räuber sitzen daran und

lassen sich's wohl sein." – „Das wäre was für uns", sprach der Hahn. „Ja, ja, ach, wären wir da!" sagte der Esel. Da ratschlagten die Tiere, wie sie es anfangen müßten, um die Räuber hinauszujagen, und fanden endlich ein Mittel. Der Esel mußte sich mit den Vorderfüßen auf das Fenster stellen, der Hund auf des Esels Rücken springen, die Katze auf den Hund klettern, und endlich flog der Hahn hinauf und setzte sich der Katze auf den Kopf. Wie das geschehen war, fingen sie auf ein Zeichen insgesamt an, ihre Musik zu machen: Der Esel schrie, der Hund bellte, die Katze miaute, und der Hahn krähte; dann stürzten sie durch das Fenster in die Stube hinein, daß die Scheiben klirrten. Die Räuber fuhren bei dem entsetzlichen Geschrei in die Höhe, meinten nicht anders, als ein Gespenst käme herein, und flohen in größter Furcht in den Wald hinaus. Nun setzten sich die vier Gesellen an den Tisch, nahmen mit dem vorlieb, was übriggeblieben war, und aßen, als wenn sie vier Wochen hungern sollten.

Wie die vier Spielleute fertig waren, löschten sie das Licht aus und suchten sich eine Schlafstätte, jeder nach seiner Natur und Bequemlichkeit. Der Esel legte sich auf den Mist, der Hund hinter die Tür, die Katze auf den Herd bei der warmen Asche, und der Hahn setzte sich auf den Hahnenbalken; und weil sie müde waren von ihrem langen Weg, schliefen sie auch bald ein. Als Mitternacht vorbei war und die Räuber von weitem sahen, daß kein Licht mehr im Haus brannte, auch alles ruhig schien, sprach der Hauptmann: „Wir hätten uns doch nicht sollen ins Bockshorn jagen lassen", und hieß einen hingehen und das Haus untersuchen. Der Abgeschickte fand alles still und ging in die Küche, ein Licht anzuzünden, und weil er die glühenden, feurigen Augen der Katze für lebendige Kohlen ansah, hielt er ein Schwefelhölzchen daran, daß es Feuer fangen sollte. Aber die Katze verstand keinen Spaß, sprang ihm ins Gesicht, spie und kratzte. Da erschrak er gewaltig, lief und wollte zur Hintertür hinaus, aber der Hund, der da lag, sprang auf und biß ihn ins Bein; und als er über den Hof an dem Miste vorbeirannte, gab ihm der Esel noch einen tüchtigen Schlag mit dem Hinterfuß; der Hahn aber, der vom Lärmen aus dem Schlaf geweckt und munter geworden war, rief vom Balken herab „kikeriki!" Da lief der Räuber, was er konnte, zu seinem Hauptmann zurück und sprach: „Ach, in dem Hause sitzt eine greuliche Hexe, die hat mich angehaucht und mir mit ihren langen Fingern das Gesicht zerkratzt. Und vor der Tür steht ein Mann mit einem Messer, der hat mich ins Bein gestochen, und auf dem Hofe liegt ein schwarzes Ungetüm, das hat mit einer Holzkeule auf mich losgeschlagen; und oben auf dem Dache, da sitzt der Richter, der rief: bringt mir den Schelm her! Da machte ich, daß ich fortkam." Von nun an getrauten sich die Räuber nicht weiter in das Haus; den vier Bremer Stadtmusikanten gefiel's aber so wohl darin, daß sie nicht wieder herauswollten. Und der das zuletzt erzählt hat, dem ist der Mund noch warm.

Brüderchen und Schwesterchen

Brüderchen nahm sein Schwesterchen an der Hand und sprach: „Seit die Mutter tot ist, haben wir keine gute Stunde mehr; die Stiefmutter schlägt uns alle Tage, und wenn wir zu ihr kommen, stößt sie uns mit den Füßen fort. Die harten Brotkrusten, die übrigbleiben, sind unsere Speise, und dem Hündlein unter dem Tische geht's besser, dem wirft sie noch manchmal einen guten Bissen zu. Daß Gott erbarm', wenn das unsere Mutter wüßte! Komm, wir wollen miteinander in die weite Welt gehen." Sie gingen den ganzen Tag über Wiesen, Felder und Steine, und wenn es regnete, sprach das Schwesterchen: „Gott und unsere Herzen, die weinen zusammen!" Abends kamen sie in einen großen Wald und waren so müde von Jammer, Hunger und dem langen Wege, daß sie sich in einen hohlen Baum setzten und einschliefen.

Am andern Morgen, als sie aufwachten, stand die Sonne schon hoch am Himmel und schien heiß in den Baum hinein. Da sprach das Brüderchen: „Schwesterchen, mich dürstet. Wenn ich ein Brünnlein wüßte, ich ging' und tränk' einmal! Ich mein', ich hört' eins rauschen." Brüderchen stand auf, nahm Schwesterchen an der Hand, und sie wollten das Brünnlein suchen. Die böse Stiefmutter aber war eine Hexe und hatte wohl gesehen, wie die beiden Kinder fortgegangen waren, war ihnen nachgeschlichen, heimlich, wie die Hexen schleichen, und hatte alle Brunnen im Walde verwünscht. Als sie nun ein Brünnlein fanden, das so glitzerig über die Steine sprang, wollte das Brüderchen daraus trinken; aber das Schwesterchen hörte, wie es im Rauschen sprach: „Wer aus mir trinkt, wird ein Tiger; wer aus mir trinkt, wird ein Tiger."

Da rief das Schwesterchen: „Ich bitte dich, Brüderchen, trink nicht, sonst wirst du ein wildes Tier und zerreißest mich." Das Brüderchen trank nicht, ob es gleich so großen Durst hatte, und sprach: „Ich will warten bis zur nächsten Quelle." Als sie zum zweiten Brünnlein kamen, hörte das Schwesterchen, wie auch dieses sprach: „Wer aus mir trinkt, wird ein Wolf; wer aus mir trinkt, wird ein Wolf." Da rief das Schwesterchen: „Brüderchen, ich bitte dich, trink nicht, sonst wirst du ein Wolf und frissest mich." Das Brüderchen trank nicht und sprach: „Ich will warten, bis wir zur nächsten Quelle kommen, aber dann muß ich trinken, du magst sagen, was du willst; mein Durst ist gar zu groß." Und als sie zum dritten Brünnlein kamen, hörte das Schwesterchen, wie es im Rauschen sprach: „Wer aus mir trinkt, wird ein Reh; wer aus mir trinkt, wird ein Reh." Das Schwesterchen sprach: „Ach, Brüderchen, ich bitte dich, trinke nicht, sonst wirst du ein Reh und läufst mir fort." Aber das Brüderchen hatte sich gleich beim Brünnlein niedergekniet, hinabgebeugt und von dem Wasser getrunken, und wie die ersten Tropfen auf seine Lippen gekommen waren, lag es da als ein Rehkälbchen.

Nun weinte das Schwesterchen über das arme verwünschte Brüderchen, und das Rehchen weinte auch und saß traurig neben ihm. Da sprach das Mädchen endlich: „Sei still, liebes Rehchen, ich will dich ja nimmermehr verlassen." Dann band es sein goldenes Strumpfband ab und tat es dem Rehchen um den Hals und rupfte Binsen und flocht ein weiches Seil daraus. Daran band es das Tierchen und führte es weiter und ging immer tiefer in den Wald hinein. Und als sie lange, lange gegangen waren, kamen sie endlich an ein kleines Haus, und das Mädchen schaute hinein, und weil es leer war, dachte es: „Hier können wir bleiben und wohnen." Da suchte es dem Rehchen Laub und Moos zu einem weichen Lager, und jeden Morgen ging es aus und sammelte sich Wurzeln, Beeren und Nüsse, und für das Rehchen brachte es zartes Gras mit, das fraß es ihm aus der Hand, war vergnügt und spielte vor ihm herum. Abends, wenn Schwesterchen müde war und sein Gebet gesagt hatte, legte es seinen Kopf auf den Rücken des Rehkälbchens, das war sein Kissen, darauf es sanft einschlief. Und hätte das Brüderchen nur seine menschliche Gestalt gehabt, so wäre es ein herrliches Leben gewesen.

Das dauerte eine Zeitlang, daß sie allein in der Wildnis waren. Es trug sich aber zu, daß der König des Landes eine große Jagd in dem Walde hielt. Da schallte das Hörnerblasen, Hundegebell und das lustige Geschrei der Jäger durch die Bäume, und das Rehlein hörte es und wäre gar zu gern dabeigewesen. „Ach", sprach es zum Schwesterchen, „laß mich hinaus in die Jagd, ich kann's nicht länger mehr aushalten", und bat so lange, bis es einwilligte. „Aber", sprach es zu ihm, „komm mir ja abends wieder, vor den wilden Jägern schließ' ich mein Türlein; und damit ich dich kenne, so klopf und sprich: ‚Mein Schwesterlein, laß mich herein!‘, und wenn du nicht so sprichst, schließ' ich mein Türlein nicht auf." Nun sprang das Rehchen hinaus, und war ihm so wohl und war so lustig in freier Luft. Der König und seine Jäger sahen das schöne Tier und setzten ihm nach; aber sie konnten es nicht einholen, und wenn sie meinten, sie hätten es gewiß, da sprang es über das Gebüsch weg und war verschwunden. Als es dunkel war, lief es zu dem Häuschen, klopfte und sprach: „Mein Schwesterlein, laß mich hinein!" Da ward ihm die kleine Tür aufgetan, es sprang hinein und ruhte sich die ganze Nacht auf seinem weichen Lager aus. Am andern Morgen ging die Jagd von neuem an, und als das Rehlein wieder das Hifthorn hörte und das Hallo der Jäger, da hatte es keine Ruhe und sprach: „Schwesterlein, mach mir auf, ich muß hinaus!" Das Schwesterchen öffnete ihm die Tür und sprach: „Aber zu Abend mußt du wieder dasein und dein Sprüchlein sagen."

Als der König und seine Jäger das Rehlein mit dem goldenen Halsband wieder sahen, jagten sie ihm alle nach, aber es war ihnen zu schnell und behend. Das währte den ganzen Tag, endlich aber hatten es die Jäger abends umzingelt, und einer verwundete es ein wenig am Fuß, so daß es hinken mußte und langsam fortlief. Da schlich ihm ein Jäger nach bis zu dem Häuschen und hörte, wie es rief: „Mein Schwesterlein, laß mich hinein!", und sah, daß die Tür ihm aufgetan und alsbald wieder zugeschlossen wurde. Der Jäger behielt das alles wohl im Sinn, ging zum König und erzählte ihm, was er gesehen und gehört hatte. Da sprach der König: „Morgen soll noch einmal gejagt werden."

Das Schwesterchen aber erschrak gewaltig, als es sah, daß sein Rehkälbchen verwundet war. Es wusch ihm das Blut ab, legte Kräuter auf und sprach: „Geh auf dein Lager, lieb Rehchen, daß du wieder heil wirst." Die Wunde war aber so gering, daß das Rehchen am Morgen nichts mehr davon spürte. Und als es die Jagdlust wieder draußen hörte, sprach es: „Ich kann's nicht aushalten, ich muß dabeisein; so bald soll mich keiner kriegen." Das Schwesterchen weinte und sprach: „Nun werden sie dich töten, und ich bin hier allein im Wald und bin verlassen von aller Welt – ich lass' dich nicht hinaus." – „So sterb' ich dir hier vor Betrübnis", antwortete das Rehchen, „wenn ich das Hifthorn höre, so mein' ich, ich müßt' aus den Schuhen springen!" Da konnte das Schwesterchen nicht anders und schloß ihm mit schwe-

rem Herzen die Tür auf, und das Rehchen sprang gesund und fröhlich in den Wald. Als es der König erblickte, sprach er zu seinen Jägern: „Nun jagt ihm nach den ganzen Tag bis in die Nacht, aber daß ihm keiner etwas zuleide tut!" Sobald die Sonne untergegangen war, sprach der König zum Jäger: „Nun komm und zeige mir das Waldhäuschen." Und als er vor dem Türlein war, klopfte er an und rief: „Lieb Schwesterlein, laß mich hinein!" Da ging die Tür auf, und der König trat hinein, und da stand ein Mädchen, das war so schön, wie er noch keins gesehen hatte. Das Mädchen erschrak, als es sah, daß nicht sein Rehlein, sondern ein Mann hereinkam, der eine goldene Krone auf dem Haupte hatte. Aber der König sah es freundlich an, reichte ihm die Hand und sprach: „Willst du mit mir gehen auf mein Schloß und meine liebe Frau sein?" – „Ach ja", antwortete das Mädchen, „aber das Rehchen muß auch mit, das verlass' ich nicht." Sprach der König: „Es soll bei dir bleiben, solange du lebst, und soll ihm an nichts fehlen." Indem kam es hereingesprungen, da band es das Schwesterchen wieder an das Binsenseil, nahm es selbst in die Hand und ging mit dem Rehchen aus dem Waldhäuschen fort.

Der König nahm das schöne Mädchen auf sein Pferd und führte es in sein Schloß, wo die Hochzeit mit großer Pracht gefeiert wurde, und es war nun die Königin, und sie lebten lange Zeit vergnügt zusammen; das Rehlein wurde gehegt und gepflegt und sprang in dem Schloßgarten herum. Die böse Stiefmutter aber, um deretwillen die Kinder in die Welt hineingegangen waren, die meinte nicht anders, als Schwesterchen wäre von den wilden Tieren im Walde zerrissen worden und Brüderchen als ein Rehkalb von den Jägern totgeschossen. Als sie nun hörte, daß sie so glücklich waren und es ihnen so wohl ging, da wurden Neid und Mißgunst in ihrem Herzen rege und ließen ihr keine Ruhe, und sie hatte keinen andern Gedanken, als wie sie die beiden doch noch ins Unglück bringen könnte. Ihre rechte Tochter, die häßlich war wie die Nacht und nur ein Auge hatte, die machte ihr Vorwürfe und sprach: „Eine Königin zu werden, das Glück hätte mir gebührt!" – „Sei nur still", sagte die Alte und sprach sie zufrieden. „Wenn's Zeit ist, will ich schon bei der Hand sein." Als nun die Zeit herangerückt war und die Königin ein schönes Knäblein bekommen hatte

und der König gerade auf der Jagd war, nahm die alte Hexe die Gestalt der Kammerfrau an, trat in die Stube, wo die Königin lag, und sprach zu der Kranken: „Kommt, das Bad ist fertig, das wird Euch wohltun und frische Kräfte geben – geschwind, ehe es kalt wird!“ Ihre Tochter war auch bei der Hand, sie trugen die schwache Königin in die Badestube und legten sie in die Wanne; dann schlossen sie die Tür ab und liefen davon. In der Badestube aber hatten sie ein rechtes Höllenfeuer angemacht, daß die schöne junge Königin bald ersticken mußte.

Als das vollbracht war, nahm die Alte ihre Tochter, setzte ihr eine Haube auf und legte sie ins Bett an der Königin Stelle. Sie gab ihr auch die Gestalt und das Ansehen der Königin, nur das verlorene Auge konnte sie ihr nicht wiedergeben. Damit es aber der König nicht merkte, mußte sie sich auf die Seite legen, wo sie kein Auge hatte. Am Abend, als er heimkam und hörte, daß ihm ein Söhnlein geschenkt war, freute er sich herzlich und wollte ans Bett seiner lieben Frau gehen und sehen, was sie machte. Da rief die Alte geschwind: „Beileibe nicht! Laßt die Vorhänge zu, die Königin darf nicht ins Licht sehen und muß Ruhe haben!“ Der König ging und wußte nicht, daß eine falsche Königin da lag.

Als es aber Mitternacht war und alles schlief, da sah die Kinderfrau, die in der Kinderstube neben der Wiege saß und allein noch wachte, wie die Tür aufging und die rechte Königin hereintrat. Die nahm das Kind aus der Wiege, legte es in ihren Arm und gab ihm zu trinken. Dann schüttelte sie ihm sein Kißchen, legte es wieder hinein und deckte es mit dem Deckbettchen zu. Sie vergaß aber auch das Rehchen nicht, ging in die Ekke, wo es lag, und streichelte ihm über den Rücken. Darauf ging sie ganz stillschweigend zur Tür hinaus, und die Kinderfrau fragte am andern Morgen die Wächter, ob jemand während der Nacht ins Schloß gekommen wäre; aber sie antworteten: „Nein, wir haben niemand gesehen.“ So kam sie viele Nächte und sprach nie ein Wort dabei; die Kinderfrau sah sie immer, aber sie getraute sich nicht, jemand etwas davon zu sagen.

Als nun so eine Zeit verflossen war, da hob die Königin in der Nacht zu reden an und sprach:

„Was macht mein Kind? Was macht mein Reh? Nun komm' ich noch zweimal und dann nimmermehr.“

Die Kinderfrau antwortete ihr nicht, aber als sie wieder verschwunden war, ging sie zum König und erzählte ihm alles. Sprach der König: „Ach Gott, was ist das! Ich will in der nächsten Nacht bei dem Kinde wachen.“ Abends ging er in die Kinderstube, aber um Mitternacht erschien die Königin wieder und sprach:

„Was macht mein Kind? Was macht mein Reh? Nun komm' ich noch einmal und dann nimmermehr.“

Und pflegte dann des Kindes, wie sie gewöhnlich tat, ehe sie verschwand. Der König getraute sich nicht, sie anzureden, aber er wachte auch in der folgenden Nacht. Sie sprach abermals:

„Was macht mein Kind? Was macht mein Reh? Nun komm' ich noch diesmal und dann nimmermehr.“

Da konnte sich der König nicht zurückhalten, sprang zu ihr hin und sprach: „Du kannst niemand anders sein als meine liebe Frau.“ Da antwortete sie: „Ja, ich bin deine liebe Frau“, und hatte in dem Augenblick durch Gottes Gnade das Leben wiedererhalten, war frisch, rot und gesund. Darauf erzählte sie dem König den Frevel, den die böse Hexe und ihre Tochter an ihr verübt hatten. Der König ließ beide vor Gericht führen, und es ward ihnen das Urteil gesprochen. Die Tochter ward in den Wald geführt, wo sie die wilden Tiere zerrissen, die Hexe aber ward ins Feuer gelegt und mußte jammervoll verbrennen. Und wie sie zu Asche verbrannt war, verwandelte sich das Rehkälbchen und erhielt seine menschliche Gestalt wieder; Schwesterchen und Brüderchen aber lebten glücklich bis an ihr Ende.

Daumerlings Wanderschaft

Ein Schneider hatte einen Sohn, der war klein geraten und nicht größer als ein Daumen, darum hieß er auch der Daumerling. Er hatte aber Mut im Leibe und sagte zu seinem Vater: „Vater, ich soll und muß in die Welt hinaus.“ – „Recht, mein Sohn“, sprach der Alte, nahm eine lange Stopfnadel und machte am Licht einen Knoten von Siegellack daran, „da hast du auch einen Degen mit auf den Weg.“ Nun wollte das Schneiderlein noch einmal mitessen und hüpfte in die Küche, um zu sehen, was die Frau Mutter zu guter Letzt gekocht hätte. Es war aber eben angerichtet, und die Schüssel stand auf dem Herd. Da sprach es: „Frau Mutter, was gibt's heute zu essen?“ – „Sieh du selber zu“, sagte die Mutter. Da sprang Daumerling auf den Herd und guckte in die Schüssel; weil er aber den Hals zu weit hineinsteckte, faßte ihn der Dampf von der Speise und trieb ihn zum Schornstein hinaus. Eine Weile ritt er in der Luft herum, bis er endlich wieder auf die Erde herabsank.

Nun war das Schneiderlein draußen in der Welt, zog umher, ging auch bei einem Meister in die Arbeit, aber das Essen war ihm nicht gut genug. „Frau Meisterin, wenn Sie uns kein besser Essen gibt“, sagte Daumerling, „so gehe ich fort und schreibe morgen früh mit der Kreide an Ihre Haustür: Kartoffel zu viel, Fleisch zu wenig, adies, Herr Kartoffelkönig.“ – „Was willst du wohl, Grashüpfer?“ sagte die Meisterin, ward bös, ergriff einen Lappen und wollte nach ihm schlagen; aber mein Schneiderlein kroch behende unter den Fingerhut, guckte unten hervor und streckte der Frau Meisterin die Zunge heraus. Sie hob den Fingerhut auf und wollte ihn packen, aber der kleine Daumerling hüpfte in die Lappen, und als die Meisterin sie auseinanderwarf, machte er sich in den Tischritz. „He, he, Frau Meisterin!“ rief er und streckte den Kopf in die Höhe, und wenn sie zuschlagen wollte, sprang er in die Schublade hinunter. Endlich aber erwischte sie ihn doch und jagte ihn zum Haus hinaus.

Das Schneiderlein wanderte und kam in einen großen Wald; da begegnete ihm ein Haufen Räuber, die hatten vor, des Königs Schatz zu bestehlen. Als sie das Schneiderlein sahen, dachten sie: „So ein kleiner Kerl kann durch ein Schlüsselloch kriechen und uns als Dietrich dienen.“ – „Heda!“ rief einer, „du Riese Goliath, willst du mit zur Schatzkammer gehen? Du kannst dich hineinschleichen und das Geld herauswerfen.“ Der Daumerling besann sich; endlich sagte er: „ja“, und ging mit zu der Schatzkammer. Da besah er die Tür oben und unten, ob kein Ritz darin wäre. Nicht lange, so entdeckte er einen, der breit genug war, ihn einzulassen. Er wollte auch gleich hindurch, aber eine von den beiden Schildwachen, die vor der Tür standen, bemerkte ihn und sprach zu der andern: „Was kriecht da für eine häßliche Spinne? Ich will sie tottreten.“ – „Laß das arme Tier gehen“, sagte die andere, „es hat dir ja nichts getan.“ Nun kam der Daumerling durch den Ritz glücklich in die Schatzkammer, öffnete das Fenster, unter dem die Räuber standen, und warf ihnen einen Taler nach dem anderen hinaus. Als das Schneiderlein in der besten Arbeit war, hörte es den König kommen, der seine Schatzkammer besehen wollte, und es verkroch sich eilig. Der König merkte, daß viele harte Taler fehlten, konnte aber nicht begreifen, wer sie sollte gestohlen haben, da alle Schlösser und Riegel in gutem Stand waren und alles wohl verwahrt schien. Da ging er wieder fort und sprach zu den zwei Wachen: „Habt acht, es ist einer hinter dem Gelde.“ Als der Daumerling nun seine Arbeit von neuem anfing, hörten sie das Geld drinnen sich regen und klingeln, klipp, klapp, klipp, klapp. Sie sprangen geschwind hinein und wollten den Dieb greifen. Aber das Schneiderlein, das sie kommen hörte, war noch geschwinder, sprang in eine Ecke, deckte einen Taler über sich, so daß nichts von ihm zu sehen war; dabei neckte es noch die Wachen und rief: „Hier bin ich!“ Die Wachen liefen dahin, als sie aber ankamen, war es schon in eine andere Ecke unter einen Taler gehüpft und rief: „He, hier bin ich!“ Die Wachen sprangen eilends herbei, Daumerling aber war längst in einer dritten Ecke und rief: „He, hier bin ich!“ Und so hatte er sie zu Narren und trieb sie so lange in der Schatzkammer herum, bis sie müde waren und davongingen. Nun warf er die Taler nach und nach alle hinaus; den letzten schnellte er mit aller Macht, hüpfte dann selber noch behendiglich darauf und flog mit ihm durchs Fenster hinab. Die Räuber machten ihm große Lobsprüche: „Du bist ein gewaltiger Held“, sagten sie, „willst du unser Hauptmann werden?“ Daumerling bedankte sich aber und sag-

te, er wollte erst die Welt sehen. Sie teilten nun die Beute, das Schneiderlein aber verlangte nur einen Kreuzer, weil es nicht mehr tragen konnte.

Darauf schnallte der Daumerling seinen Degen wieder um den Leib, sagte den Räubern guten Tag und nahm den Weg zwischen die Beine. Er ging bei einigen Meistern in Arbeit, aber sie wollte ihm nicht schmecken; endlich verdingte er sich als Hausknecht in einem Gasthof. Die Mägde aber konnten ihn nicht leiden, denn ohne daß sie ihn sehen konnten, sah er alles, was sie heimlich taten, und gab bei der Herrschaft an, was sie sich von den Tellern genommen und aus dem Keller für sich weggeholt hatten. Da sprachen sie: „Wart, wir wollen dir's eintränken!“ und verabredeten untereinander, ihm einen Schabernack anzutun. Als die eine Magd bald hernach im Garten mähte und den Daumerling da herumspringen und an den Kräutern auf und ab kriechen sah, mähte sie ihn mit dem Gras schnell zusammen, band alles in ein großes Tuch und warf es heimlich den Kühen vor. Nun war eine große schwarze darunter, die schluckte ihn mit hinab, ohne ihm weh zu tun. Unten gefiel's ihm aber schlecht, denn es war da ganz finster und brannte auch kein Licht. Als die Kuh bemelkt wurde, da rief er:

„Stripp, strapp, stroll,
Ist der Eimer bald voll?“

Doch bei dem Geräusch des Melkens wurde er nicht verstanden. Hernach trat der Hausherr in den Stall und sprach: „Morgen soll die Kuh da geschlachtet werden.“ Da ward dem Daumerling angst, daß er mit heller Stimme rief: „Laßt mich erst heraus, ich sitze ja drin!“ Der Herr hörte das wohl, wußte aber nicht, wo die Stimme herkam. „Wo bist du?“ fragte er. „In der schwarzen“, antwortete er, aber der Herr verstand nicht, was das heißen sollte, und ging fort.

Am andern Morgen wurde die Kuh geschlachtet. Glücklicherweise traf bei dem Zerhacken und Zerlegen den Daumerling kein Hieb, aber er geriet unter das Wurstfleisch. Wie nun der Metzger herbeitrat und seine Arbeit anfing, schrie er aus Leibeskräften: „Hackt nicht zu tief, hackt nicht zu tief, ich stecke ja drunter!“ Von dem Lärmen der Hackmesser hörte das kein Mensch. Nun hatte der arme Daumerling seine Not, aber die Not macht Beine, und da sprang er so behend zwischen den Hackmessern durch, daß ihn keins anrührte und er mit heiler Haut davonkam. Aber entspringen konnte er nicht: Es war kein anderer Ausweg, er mußte sich mit den Speckbrocken in eine Blutwurst hinunterstopfen lassen. Da war das Quartier etwas eng, und dazu ward er noch in den Schornstein zum Räuchern aufgehängt, wo ihm Zeit und Weile gewaltig lang wurden. Endlich im Winter wurde er heruntergeholt, weil die Wurst einem Gast vorgesetzt werden sollte. Als nun die Frau Wirtin die Wurst in Scheiben schnitt, nahm er sich in acht, daß er den Kopf nicht zu weit vorstreckte, damit ihm nicht etwa der Hals mit abgeschnitten würde; endlich ersah er seinen Vorteil, machte sich Luft und sprang heraus.

In dem Hause aber, wo es ihm so übel ergangen war, wollte das Schneiderlein nicht länger mehr bleiben, sondern begab sich gleich wieder auf die Wanderschaft. Doch seine Freiheit dauerte nicht lange. Auf dem offenen Felde kam es einem Fuchs in den Weg, der schnappte es in Gedanken auf. „Ei, Herr Fuchs", rief's Schneiderlein, „ich bin's ja, der in Eurem Halse steckt, laßt mich wieder frei!" – „Du hast recht", antwortete der Fuchs, „an dir habe ich doch soviel wie nichts; versprichst du mir die Hühner in deines Vaters Hof, so will ich dich loslassen." – „Von Herzen gern", antwortete der Daumerling, „die Hühner sollst du alle haben, das gelob' ich dir." Da ließ ihn der Fuchs wieder los und trug ihn selber heim. Als der Vater sein liebes Söhnlein wieder sah, gab er dem Fuchs gern alle die Hühner, die er hatte. – „Dafür bring' ich dir auch ein schön Stück Geld mit", sprach der Daumerling und reichte ihm den Kreuzer, den er auf seiner Wanderschaft erworben hatte.

„Warum hat aber der Fuchs die armen Piephühner zu fressen gekriegt?" – „Ei, du Narr, deinem Vater wird ja wohl sein Kind lieber sein als die Hühner auf dem Hof!"

Dornröschen

Vorzeiten war ein König und eine Königin, die sprachen jeden Tag: „Ach, wenn wir doch ein Kind hätten!", und kriegten immer keins. Da trug sich zu, als die Königin einmal im Bade saß, daß ein Frosch aus dem Wasser ans Land kroch und zu ihr sprach: „Dein Wunsch wird erfüllt werden; ehe das Jahr vergeht, wirst du eine Tochter bekommen." Was der Frosch gesagt hatte, das geschah, und die Königin bekam ein Mädchen, das war so schön, daß sich der König vor Freude nicht zu lassen wußte und ein großes Fest anstellte. Er lud nicht bloß seine Verwandten, Freunde und Bekannten, sondern auch die weisen Frauen dazu ein, damit sie dem Kinde hold und gewogen wären. Es waren ihrer dreizehn in seinem Reiche; weil er aber nur zwölf goldene Teller hatte, von welchen sie essen sollten, so mußte eine von ihnen daheim bleiben. Das Fest ward mit aller Pracht gefeiert, und als es zu Ende war, beschenkten die weisen Frauen das Kind mit ihren Wundergaben; die eine mit Tugend, die andere mit Schönheit, die dritte mit Reichtum, und so mit allem, was auf der Welt zu wünschen ist. Als elf ihre Sprüche eben getan hatten, trat plötzlich die dreizehnte herein. Sie wollte sich dafür rächen, daß sie nicht eingeladen war, und ohne jemand zu grüßen oder nur anzusehen, rief sie mit lauter Stimme: „Die Königstochter soll sich in ihrem fünfzehnten Jahr an einer Spindel stechen und tot hinfallen!" Und ohne ein Wort weiter zu sprechen, kehrte sie um und verließ den Saal. Alle waren erschrocken, da trat die zwölfte hervor, die ihren Wunsch noch übrig hatte, und weil sie den bösen Spruch nicht aufheben, sondern ihn nur mildern konnte, so sagte sie: „Es soll aber kein Tod sein, sondern ein hundertjähriger tiefer Schlaf, in den die Königstochter fällt."

Der König, der sein liebes Kind vor dem Unglück gern bewahren wollte, ließ den Befehl ausgeben, daß alle Spindeln im ganzen Königreiche sollten verbrannt werden. An dem Mädchen aber wurden die Gaben der weisen Frauen sämtlich erfüllt, denn es war so schön, sittsam, freundlich und verständig, daß es jedermann, der es ansah, liebhaben mußte. Es geschah, daß an dem Tage, wo es gerade fünfzehn Jahr' alt wurde, der König und die Königin nicht zu Hause waren und das Mädchen ganz allein im Schlosse zurückblieb. Da ging es allerorten herum, besah Stuben und Kammern, wie es Lust hatte, und kam endlich auch an einen alten Turm. Es stieg die enge Wendeltreppe hinauf und gelangte zu einer kleinen Tür. In dem Schlosse steckte ein verrosteter Schlüssel, und als es umdrehte, sprang die Tür auf, und da saß in einem kleinen Stübchen eine alte Frau mit einer Spindel und spann emsig Flachs. „Guten Tag, du altes Mütterlein", sprach die Königstochter, „was machst du da?" – „Ich spinne", sagte die Alte und nickte mit dem Kopfe. „Was ist das für ein Ding, das so lustig herumspringt?" fragte das Mädchen, nahm die Spindel und wollte auch spinnen. Kaum hatte sie aber die Spindel angerührt, so ging der Zauberspruch in Erfüllung, und sie stach sich damit in den Finger.

In dem Augenblick aber, als sie den Stich empfand, fiel sie auf das Bett nieder, das dastand, und lag in einem tiefen Schlafe. Und dieser Schlaf verbreitete sich über das ganze Schloß: Der König und die Königin, die eben heimgekommen und in den Saal getreten waren, fingen an einzuschlafen, und der ganze Hofstaat mit ihnen. Da schliefen auch die Pferde im Stalle, die Hunde im Hofe, die Tauben auf dem Dache, die Fliegen an der Wand, ja das Feuer, das auf dem Herde flackerte, ward still und schlief ein, und der Braten hörte auf zu brutzeln, und der Koch, der den Küchenjungen, weil er etwas versehen hatte, an den Haaren ziehen wollte, ließ ihn los und schlief. Und der Wind legte sich, und auf den Bäumen vor dem Schlosse regte sich kein Blättchen mehr.

Rings um das Schloß aber begann eine Dornenhecke zu wachsen, die jedes Jahr höher ward und endlich das ganze Schloß umzog, ja darüber hinauswuchs, daß gar nichts mehr davon zu sehen war, selbst nicht die Fahne auf dem Dache. Es ging aber im Lande die Sage von dem schönen schlafenden Dornröschen, denn so wurde die Königstochter genannt, also daß von Zeit zu Zeit Königssöhne kamen und durch die Hecke in das Schloß dringen wollten. Es war ihnen aber nicht möglich, denn die Dornen, als hätten sie Hände, hielten fest zusammen, und die Jünglinge blieben darin hängen, konnten sich nicht wieder losmachen und starben eines jämmerlichen Todes. Nach langen, langen Jahren kam wieder einmal ein Königssohn in das Land und hörte, wie ein alter Mann von der Dornenhecke erzählte, es sollte ein Schloß dahinter stehen,

worin eine wunderschöne Königstochter, Dornröschen genannt, schon seit hundert Jahren schliefe, und mit ihr schliefen der König und die Königin und der ganze Hofstaat. Er wußte auch von seinem Großvater, daß schon viele Königssöhne gekommen wären und versucht hätten, durch die Dornenhecke zu dringen, aber sie wären darin hängengeblieben und eines traurigen Todes gestorben. Da sprach der Jüngling: „Ich fürchte mich nicht, ich will hinaus und das schöne Dornröschen sehen." Der gute Alte mochte ihm abraten, wie er wollte, er hörte nicht auf seine Worte.

Nun waren aber gerade die hundert Jahre verflossen, und der Tag war gekommen, an dem Dornröschen wieder erwachen sollte. Als sich der Königssohn der Dornenhecke näherte, waren es lauter schöne, große Blumen, die taten sich von selbst auseinander und ließen ihn unbeschädigt hindurch, und hinter ihm taten sie sich wieder als eine Hecke zusammen. Im Schloßhof sah er die Pferde und scheckigen Jagdhunde liegen und schlafen, auf dem Dache saßen die Tauben und hatten das Köpfchen unter den Flügel gesteckt. Und als er ins Haus kam, schliefen die Fliegen an der Wand, der Koch in der Küche hielt noch die Hand, als wollte er den Jungen anpakken, und die Magd saß vor dem schwarzen Huhn, das gerupft werden sollte. Da ging er weiter und sah im Saale den ganzen Hofstaat liegen und schlafen, und oben bei dem Throne lagen der König und die Königin. Da ging er noch weiter, und alles war so still, daß er seinen Atem hören konnte, und endlich kam er zu dem Turme und öffnete die Tür zu der kleinen Stube, worin Dornröschen schlief. Da lag es und war so schön, daß er die Augen nicht abwenden konnte, und er bückte sich und gab ihm einen Kuß. Wie er es mit dem Kusse berührt hatte, schlug Dornröschen die Augen auf, erwachte und blickte ihn ganz freundlich an. Da gingen sie zusammen hinab, und der König erwachte und die Königin und der ganze Hofstaat, und sahen einander mit großen Augen an. Und die Pferde im Hofe standen auf und rüttelten sich, die Jagdhunde sprangen und wedelten, die Tauben auf dem Dache zogen das Köpfchen unterm Flügel hervor, sahen umher und flogen ins Feld, die Fliegen an den Wänden krochen weiter, das Feuer in der Küche erhob sich, flackerte und kochte das Essen, der Braten fing wieder an zu brutzeln, und der Koch gab dem Jungen eine Ohrfeige, daß er schrie, und die Magd rupfte das Huhn fertig. Und nun wurde die Hochzeit des Königssohnes mit dem Dornröschen in aller Pracht gefeiert, und sie lebten vergnügt bis an ihr Ende.

Von dem Fischer und seiner Frau

Es war einmal ein Fischer und seine Frau, die wohnten zusammen in einem alten Topfe, dicht an der See, und der Fischer ging alle Tage hin und angelte; und er angelte und angelte. So saß er auch einst bei der Angel und sah immer in das klare Wasser hinein; und er saß und saß.

Da ging die Angel auf den Grund, tief hinunter, und als er sie heraufholte, zog er einen großen Butt heraus. Da sagte der Fisch zu ihm: „Hör einmal, Fischer, ich bitte dich, laß mich leben, ich bin kein rechter Fisch, ich bin ein verwünschter Prinz. Was hilft es dir, wenn du mich totmachst? Ich würde dir doch nicht recht schmecken; setze mich wieder ins Wasser und laß mich schwimmen." – „Nun", sagte der Mann, „du brauchst nicht so viele Worte zu machen; einen Fisch, der sprechen kann, hätte ich so schon schwimmen lassen." Damit setzte er ihn wieder ins klare Wasser; da ging der Fisch auf den Grund und zog einen langen Streifen Blut nach sich. Nun stand der Fischer auf und ging zu seiner Frau in den Topf. „Mann", sagte die Frau, „hast du heute nichts gefangen?" – „Nein", sagte der Mann, „ich fing einen Fisch, der sagte, er wäre ein verwünschter Prinz, da hab' ich ihn wieder schwimmen lassen." – „Hast du dir denn nichts gewünscht?" fragte die Frau. „Nein", sagte der Mann, „was sollt' ich mir wünschen?" – „Ach", sagte die Frau, „das ist doch schlimm, hier immer so im Topfe zu wohnen: Es ist eklig und stinkt. Du hättest uns doch eine kleine Hütte wünschen können. Geh noch einmal hin und rufe ihn; sag ihm, wir möchten gern eine kleine Hütte haben, er tut es gewiß." – „Ach", sagte der Mann, „was sollt' ich noch einmal hingehen?" – „Ei", sagte die Frau, „du hattest ihn doch gefangen und hast ihn wieder schwimmen lassen, er tut es gewiß. Geh gleich hin." Der Mann wollte noch nicht recht, wollte aber seiner Frau nicht zuwider sein und ging hin an die See. – Als er dort ankam, war die See ganz grün und gelb und gar nicht mehr so klar. So stellte er sich hin und sagte:

„Manntje, Manntje, Timpe Te,
Buttje, Buttje in der See,
Meine Frau, die Ilsebill,
Will nicht so, wie ich gern will."

Da kam der Fisch angeschwommen und sagte: „Na, was will sie denn?" – „Ach", sagte der Mann, „ich hatte dich doch gefangen gehabt, und meine Frau sagt, ich hätte mir auch etwas wünschen sollen. Sie mag nicht mehr in einem Topfe wohnen, sie möchte gern eine Hütte haben." – „Geh nur hin", sagte der Fisch, „sie hat sie schon."

Da ging der Mann hin, und seine Frau saß nicht mehr in einem Topfe, aber eine kleine Hütte stand da, und seine Frau saß vor der Tür auf einer Bank. Da nahm ihn seine Frau bei der Hand und sagte zu ihm: „Komm nur herein, sieh, nun ist's doch viel besser." Da gingen sie hinein, und in der Hütte war ein kleiner Vorplatz und eine herrliche Stube und Kammer, wo für jeden ein Bett stand, und Küche und Speisekammer, alles aufs beste mit Gerätschaften und aufs schönste aufgeputzt, Zinnzeug und Messing, was da hineingehörte. Hinten war auch ein kleiner Hof mit Hühnern und Enten und ein kleiner Garten mit Gemüse und Obst. „Sieh", sagte die Frau, „ist das nicht nett?" – „Ja", sagte der Mann, „so soll's bleiben, nun wollen wir recht vergnügt leben." – „Das wollen wir uns bedenken", sagte die Frau. Und dann aßen sie und gingen zu Bett.

So ging das wohl acht oder vierzehn Tage, da sagte die Frau: „Höre, Mann, die Hütte ist doch gar zu eng, und der Hof und der Garten sind gar so klein; der Fisch hätte uns auch wohl ein größeres Haus schenken können. Ich möchte gern in einem großen steinernen Schlosse wohnen. Geh hin zum Fisch, er soll uns ein Schloß schenken." – „Ach, Frau", sagte der Mann, „die Hütte ist ja gut genug, was wollen wir in einem Schlosse wohnen!" – „Ei was", sagte die Frau, „geh du nur hin, der Fisch kann das tun." – „Nein, Frau", sagte der Mann, „der Fisch hat uns erst die Hütte gegeben, ich mag nun nicht schon wieder kommen, es möchte den Fisch verdrießen." – „Geh nur", sagte die Frau, „er kann's recht gut und tut's gern; geh nur hin." Dem Mann war sein Herz so schwer, und er sagte bei sich selber: „Das ist nicht recht"; er ging aber doch hin.

Als er an die See kam, war das Wasser ganz violett und dunkelblau und grau und dick und gar nicht mehr so grün und gelb, doch war es noch ruhig. Da stellte er sich hin und sagte:

„Manntje, Manntje, Timpe Te,
Buttje, Buttje in der See,
Meine Frau, die Ilsebill,
Will nicht so, wie ich gern will."

„Na, was will sie denn?" fragte der Fisch. „Ach", sagte der Mann halb betrübt,

„sie will in einem großen steinernen Schlosse wohnen.“ – „Geh nur hin, sie steht vor der Tür“, sagte der Fisch.

Da ging der Mann hin und dachte, er wolle nach Hause gehen, als er aber dort ankam, da stand ein großer, steinerner Palast, und seine Frau stand oben auf der Treppe und wollte hineingehen; da nahm sie ihn bei der Hand und sagte: „Komm nur herein.“ Und so ging er mit ihr hinein, und in dem Schlosse war ein großer Flur mit marmornem Estrich, und da waren so viele Bediente, die rissen die großen Türen auf, und die Wände waren alle blank und mit schönen Tapeten, und in den Zimmern standen lauter goldene Stühle und Tische, und kristallene Kronleuchter hingen von der Decke herab, und in all den Stuben und Kammern lagen Fußdecken, und Essen und die allerbesten Weine standen auf den Tischen, als wollten sie brechen. Und hinter dem Hause war auch ein großer Hof mit Pferde- und Kuhstall und Kutschen aufs allerbeste, auch war dort ein großer, herrlicher Garten mit den schönsten Blumen und feinsten Obstbäumen, und ein Lustwald, wohl eine halbe Meile lang, mit Hirschen und Rehen und Hasen darin und allem, was man sich wünschen mag. „Na“, sagte die Frau, „ist das nun nicht schön?“ – „Ach ja“, sagte der Mann, „so soll es auch bleiben, nun wollen wir auch in dem schönen Schlosse wohnen und wollen zufrieden sein.“ – „Das wollen wir uns bedenken“, sagte die Frau, „und wollen's beschlafen.“ Damit gingen sie zu Bett.

Am anderen Morgen wachte die Frau zuerst auf, es war eben Tag geworden, und jeder sah von seinem Bett aus das herrliche Land vor sich liegen. Der Mann reckte sich noch, da stieß sie ihn mit dem Ellbogen in die Seite und sagte: „Mann, steh auf und guck einmal aus dem Fenster! Sieh, können wir nicht König werden über all dies Land? Geh hin zum Fisch, wir wollen König sein.“ – „Ach, Frau“, sagte der Mann, „was wollen wir König sein! Ich mag nicht König sein.“ – „Ei“, sagte die Frau, „willst du nicht König sein, so will ich König sein. Geh hin zum Fisch, ich will König sein.“ – „Ach, Frau“, sagte der Mann, „was willst du König sein, das mag ich ihm nicht sagen.“ – „Warum nicht?“ sagte die Frau, „geh sogleich hin, ich muß König sein.“ Da ging der Mann hin und war ganz betrübt, daß seine Frau König werden wollte. „Das ist nicht recht und ist nicht recht“, dachte der Mann. Er wollte nicht hingehen, ging aber doch hin.

Und als er an die See kam, da war die See ganz schwarzgrau, und das Wasser gärte so von innen und roch ganz faul. Da stellte er sich hin und sagte:

„Manntje, Manntje, Timpe Te,
Buttje, Buttje in der See,
Meine Frau, die Ilsebill,
Will nicht so, wie ich gern will.“

„Nun, was will sie denn?“ fragte der Fisch. „Ach“, sagte der Mann, „sie will König werden.“ – „Geh nur hin, sie ist es schon“, sagte der Fisch.

Da ging der Mann hin, und als er an den Palast kam, war das Schloß viel grö-

ßer geworden, mit einem großen Turm und herrlichem Zierat daran; und die Schildwache stand vor dem Tor, und da waren so viele Soldaten mit Pauken und Trompeten. Und als er in das Haus kam, war alles von purem Marmor mit Gold und samtenen Decken und großen, goldenen Quasten. Da gingen die Türen von dem Saal auf, wo der ganze Hofstaat war, und seine Frau saß auf einem hohen Thron von Gold und Diamanten und hatte eine große, goldene Krone auf und das Zepter in der Hand, von purem Gold und Edelstein, und ihr zu beiden Seiten standen sechs Jungfrauen in einer Reihe, immer eine einen Kopf kleiner als die andere. Da stellte er sich hin und sagte: „Ach, Frau, bist du nun König?“ – „Ja“, sagte die Frau, „nun bin ich König.“ Da stand er und sah sie an, und als er sie eine Zeitlang so angesehen hatte, sagte er: „Ach, Frau, was ist das schön, wenn du König bist! Nun wollen wir auch nichts mehr wünschen.“ – „Nein, Mann“, sagte die Frau und war ganz unruhig, „mir wurde die Zeit und Weile so lang, ich kann das nicht mehr aushalten. Geh hin zum Fisch, König bin ich, nun muß ich auch Kaiser werden." – „Ach, Frau", sagte der Mann, „was willst du Kaiser werden?" – „Mann", sagte sie, „geh zum Fisch, ich will Kaiser sein." – „Ach, Frau", sagte der Mann, „Kaiser kann er nicht machen, ich mag dem Fisch das nicht sagen; ein Kaiser ist nur einmal im Reich. Kaiser kann ja der Fisch nicht machen, das kann und kann er nicht." – „Was", sagte die Frau, „ich bin König, und du bist mein Mann, willst du gleich hingehen? Geh gleich hin; kann er Könige machen, so kann er auch Kaiser machen, ich will nun Kaiser sein. Gleich geh hin!" Da mußte er hingehen. Als der Mann aber hinging, war ihm ganz bange, und als er so ging, dachte er bei sich: „Das geht und geht nicht gut, Kaiser ist zu unverschämt, der Fisch wird's am Ende müd'."

Damit kam er an die See; da war die See noch ganz schwarz und dick und begann so von innen herauf zu gären, daß es nur so Blasen warf, und es ging ein Windstoß drüber hin, der sie aufwühlte, und den Mann kam ein Grausen an. Da stellte er sich hin und sagte:

„Manntje, Manntje, Timpe Te,
Buttje, Buttje in der See,
Meine Frau, die Ilsebill,
Will nicht so, wie ich gern will."

„Nun, was will sie denn?" fragte der Fisch. „Ach, Fisch", sagte er, „meine Frau will Kaiser werden." – „Geh nur hin", sagte der Fisch, „sie ist es schon."

Da ging der Mann hin, und als er dort ankam, war das ganze Schloß von poliertem Marmor mit alabasternen Figuren und goldenen Zieraten. Vor dem Tor marschierten die Soldaten, und sie bliesen Trompeten und schlugen Pauken und Trommeln. Aber in dem Hause, da gingen die Barone und Grafen und Herzöge nur so als Bediente herum, da machten sie ihm die Türen auf, die von lauter Gold waren. Und als er hineinkam, da saß seine Frau auf einem Thron, der war von einem Stück Gold, und war sechs Ellen hoch, und sie hatte eine mächtige, große goldene Krone auf, die war mit Brillanten und Karfunkelsteinen besetzt. In der einen Hand hatte sie das Zepter und in der anderen Hand den Reichsapfel, und ihr zu beiden Seiten standen die Trabanten in zwei Reihen, immer einer kleiner als der andere, von dem allergrößten Riesen, der war über sechs Ellen hoch, bis zum allerkleinsten Zwerg, der war nur so groß wie mein kleiner Finger. Und vor ihr standen so viele Fürsten und Herzöge. Da stellte sich der Mann schüchtern hin und sagte: „Frau, bist du nun Kaiser?" – „Ja", sagte sie, „ich bin Kaiser." Da ging er näher hin und besah sie sich so recht, und als er sie eine Zeitlang so angesehen hatte, sagte er: „Ach, Frau, was ist das schön, wenn du Kaiser bist!" – „Mann", sagte sie, „was stehst du dort? Ich bin nun Kaiser, nun will ich aber auch Papst werden; geh hin zum Fisch." – „Ach, Frau", sagte der Mann, „was willst du nicht alles! Papst kannst du nicht werden, Papst ist nur einmal in der Christenheit, das kann er doch nicht machen." – „Mann", sagte sie, „ich will

Papst werden; geh gleich hin, ich muß heut' Papst werden." – „Nein, Frau", sagte der Mann, „das mag ich nicht sagen, das geht nicht gut, das ist zu grob, zum Papst kann der Fisch nicht machen." – „Mann, was für Schnack!" sagte die Frau, „kann er Kaiser machen, kann er auch Papst machen. Geh sofort hin, ich bin Kaiser, und du bist nur mein Mann. Willst du wohl hingehen!" Da wurde er bange und ging hin, es war ihm aber ganz elend zumute, er zitterte und bebte, und Knie und Waden schlotterten ihm. Und da strich ein Wind übers Land, und die Wolken flogen, als es düster wurde gegen Abend. Die Blätter wehten von den Bäumen, und das Wasser rauschte und brauste, als ob es kochte, und platschte an das Ufer, und in der Ferne sah er die Schiffe, die schossen in der Not und tanzten und sprangen auf den Wellen. Doch war der Himmel noch so ein bißchen blau in der Mitte, aber an den Seiten zog es herauf wie ein schweres Gewitter. Da stellte er sich in der Angst recht verzagt hin und sagte:

„Manntje, Manntje, Timpe Te,
Buttje, Buttje in der See,
Meine Frau, die Ilsebill,
Will nicht so, wie ich gern will."

„Nun, was will sie denn?" fragte der Fisch. „Ach", sagte der Mann, „sie will Papst werden." – „Geh nur hin, sie ist es schon."

Da ging er hin, und als er dort ankam, war es wie eine große Kirche, von lauter Palästen umgeben. Dort drängte er sich durch das Volk. Inwendig war aber alles mit tausend und tausend Lichtern erleuchtet, und seine Frau war in lauter Gold gekleidet und saß auf einem noch viel höheren Thron und hatte drei große goldene Kronen auf und um sie her so viel vom geistlichen Staat, und zu ihren beiden Seiten standen zwei Reihen Lichter, das größte so dick und groß wie der allergrößte Turm, bis zum allerkleinsten Küchenlicht; und alle Kaiser und Könige lagen vor ihr auf den Knien und küßten ihr den Pantoffel. „Frau", fragte der Mann und sah sie so recht an, „bist du nun Papst?" – „Ja", sagte sie, „ich bin Papst." Da stellte er sich hin und sah sie so recht an, und das war, als wenn er in die helle Sonne sähe. Als er sie eine Zeitlang so angesehen hatte, sagte er: „Ach, Frau, was ist das schön, wenn du Papst bist!" Sie saß aber ganz steif wie ein Klotz und rührte und regte sich nicht. Da sagte er: „Frau, nun sei zufrieden, jetzt bist du Papst, nun kannst du nichts mehr werden." – „Das will ich mir bedenken", sagte die Frau. Damit gingen sie beide zu Bett, aber sie war nicht zufrieden, und die Gier ließ sie nicht schlafen, sie dachte immer, was sie noch werden wollte.

Der Mann schlief recht gut und fest, er war den Tag viel gelaufen; die Frau aber konnte nicht einschlafen und warf sich die ganze Nacht von einer Seite auf die andere und dachte nur immer, was sie wohl noch werden könnte, und konnte sich doch auf nichts mehr besinnen. Mittlerweile wollte die Sonne aufgehen, und als sie das Morgenrot sah, richtete sie sich auf im Bett und sah dort hinein, und als sie aus dem Fenster die Sonne so heraufkommen sah – „ha“, dachte sie, „kann ich nicht auch die Sonne und den Mond aufgehen lassen?“ – „Mann“, sagte sie und stieß ihn mit dem Ellbogen in die Rippen, „wach auf, geh hin zum Fisch, ich will werden wie der liebe Gott.“ Der Mann war noch halb im Schlaf, aber er erschrak so sehr, daß er aus dem Bette fiel. Er meinte, er hätte sich verhört, und rieb sich die Augen aus und fragte: „Ach, Frau, was sagtest du?“ – „Mann“, sagte sie, „wenn ich nicht die Sonne und den Mond kann aufgehen lassen und muß das so mit ansehen, daß die Sonne und der Mond aufgehen, ich kann das nicht aushalten und hab' keine ruhige Stunde mehr, wenn ich sie nicht selbst aufgehen lassen kann.“ Da sah sie ihn so recht groß an, daß ihn ein Schauder überlief. „Gleich geh hin, ich will werden wie der liebe Gott.“ – „Ach, Frau“, sagte der Mann und fiel vor ihr auf die Knie, „das kann der Fisch nicht, Kaiser und Papst kann er machen; ich bitte dich, geh in dich und bleibe Papst.“ Da kam sie in helle Wut, die Haare flogen ihr so wild um den Kopf, sie riß sich das Mieder auf, gab ihm eins mit dem Fuß und schrie: „Ich halt's nicht aus und halt's nicht länger aus. Willst du gleich hingehen.“ Da schlüpfte er in seine Hosen und lief weg wie von Sinnen.

Draußen aber ging der Sturm und brauste, daß er kaum auf den Füßen stehen konnte. Die Häuser und die Bäume wurden umgeweht, und die Berge bebten, und die Felsen rollten in die See, und der Himmel war ganz pechschwarz, und es donnerte und blitzte, und die See ging in so hohen schwarzen Wellen wie Kirchtürme und wie Berge und hatten oben alle eine weiße Krone von Schaum auf. Da schrie er und konnte sein eigen Wort nicht hören:

„Manntje, Manntje, Timpe Te,
Buttje, Buttje in der See,
Meine Frau, die Ilsebill,
Will nicht so, wie ich gern will.“

„Nun, was will sie denn?“ fragte der Fisch. „Ach“, sagte der Mann, „sie will nun werden wie der liebe Gott.“ – „Geh nur hin, sie sitzt schon wieder im alten Topfe.“

Dort sitzen sie noch beide bis auf den heutigen Tag.

Frau Holle

Eine Witwe hatte zwei Töchter, davon war die eine schön und fleißig, die andere häßlich und faul. Sie hatte aber die häßliche und faule, weil sie ihre rechte Tochter war, viel lieber, und die andere mußte alle Arbeit tun und das Aschenputtel im Hause sein. Das arme Mädchen mußte sich täglich auf die große Straße bei einem Brunnen setzen und so viel spinnen, daß ihm das Blut aus den Fingern sprang. Nun trug es sich zu, daß die Spule einmal ganz blutig war, da bückte es sich damit in den Brunnen und wollte sie abwaschen; sie sprang ihm aber aus der Hand und fiel hinab. Es weinte, lief zur Stiefmutter und erzählte ihr das Unglück. Sie schalt es aber so heftig und war so unbarmherzig, daß sie sprach: „Hast du die Spule hinunterfallen lassen, so hol sie auch wieder herauf." Da ging das Mädchen zu dem Brunnen zurück und wußte nicht, was es anfangen sollte, und in seiner Herzensangst sprang es in den Brunnen hinein, um die Spule zu holen. Es verlor die Besinnung, und als es erwachte und wieder zu sich selber kam, war es auf einer schönen Wiese, wo die Sonne schien und vieltausend Blumen standen. Auf dieser Wiese ging es fort und kam zu einem Backofen, der war voller Brot; das Brot aber rief: „Ach, zieh mich raus, zieh mich raus, sonst verbrenn' ich, ich bin schon längst ausgebacken!" Da trat es hinzu und holte mit dem Brotschieber alles nacheinander heraus. Danach ging es weiter und kam zu einem Baume, der hing voll Äpfel und rief ihm zu: „Ach, schüttle mich, schüttle mich, wir Äpfel sind alle miteinander reif!" Da schüttelte es den Baum, daß die Äpfel fielen, als regneten sie, und schüttelte, bis keiner mehr oben war; und als es alle in einem Haufen zusammengelegt hatte, ging es wieder weiter. Endlich kam es zu einem kleinen Hause, daraus guckte eine alte Frau; weil sie aber so große Zähne hatte, ward ihm angst, und es wollte fortlaufen. Die alte Frau aber rief ihm nach: „Was fürchtest du dich, liebes Kind? Bleib bei mir; wenn du alle Arbeit im Hause ordentlich tun willst, soll dir's gutgehen. Du mußt nur achtgeben, daß du mein Bett gut machst und es fleißig aufschüttelst, daß die Federn fliegen, dann schneit es in der Welt*; ich bin die Frau Holle." Weil die Alte ihm so gut zusprach, faßte sich das Mädchen ein Herz, willigte ein und begab sich in ihren Dienst. Es besorgte auch alles nach ihrer Zufriedenheit und schüttelte ihr das Bett immer gewaltig auf, daß die Federn wie Schneeflocken umherflogen; dafür hatte es auch ein gut Leben bei ihr, kein böses Wort und alle Tage Gesottenes und Gebratenes. Nun war es eine Zeitlang bei der Frau Holle, da ward es traurig und wußte es anfangs selbst nicht, was ihm fehlte, endlich merkte es, daß es Heimweh hatte; ob es ihm hier gleich vieltausendmal besser ging als zu Hause, so hatte es doch ein Verlangen dahin. Endlich sagte es zu ihr: „Ich habe den Jammer nach Hause gekriegt, und wenn es mir auch noch so gut hier unten geht, so kann ich doch nicht länger bleiben, ich muß wieder hinauf zu den Meinigen." Die Frau Holle sagte: „Es gefällt mir, daß du wieder nach Hause verlangst, und weil du mir so treu gedient hast, so will ich dich selber wieder hinaufbringen." Sie nahm es darauf bei der Hand und führte es vor ein großes Tor. Das Tor ward aufgetan, und wie das Mädchen gerade darunter stand, fiel ein gewaltiger Goldregen, und alles

* Darum sagt man in Hessen, wenn es schneit: „Die Frau Holle macht ihr Bett."

Gold blieb an ihm hängen, so daß es über und über davon bedeckt war. „Das sollst du haben, weil du fleißig gewesen bist", sprach die Frau Holle und gab ihm auch die Spule wieder, die ihm in den Brunnen gefallen war. Darauf wurde das Tor verschlossen, und das Mädchen befand sich oben auf der Welt, nicht weit von seiner Mutter Haus; und als es in den Hof kam, saß der Hahn auf dem Brunnen und rief:

„Kikeriki,
Unsere goldene Jungfrau
ist wieder hie!"

Da ging es hinein zu seiner Mutter, und weil es so mit Gold gedeckt ankam, ward es von ihr und der Schwester gut aufgenommen.

Das Mädchen erzählte alles, was ihm begegnet war, und als die Mutter hörte, wie es zu dem großen Reichtum gekommen war, wollte sie der andern häßlichen und faulen Tochter gern dasselbe Glück verschaffen. Sie mußte sich an den Brunnen setzen und spinnen; und damit ihre Spule blutig ward, stach sie sich in den Finger und stieß sich die Hand in die Dornenhecke. Dann warf sie die Spule in den Brunnen und sprang selbst hinein. Sie kam, wie die andere, auf die schöne Wiese und ging auf demselben Pfade weiter. Als sie zu dem Backofen gelangte, schrie das Brot: „Ach, zieh mich raus, sonst verbrenn' ich, ich bin schon längst ausgebacken!" Die Faule aber antwortete: „Da hätt' ich Lust, mich schmutzig zu machen!" und ging fort. Bald kam sie zu dem Apfelbaum, der rief: „Ach, schüttle mich, schüttle mich, wir Äpfel sind alle miteinander reif!" Sie antwortete aber: „Du kommst mir recht, es könnte mir einer auf den Kopf fallen!" und ging damit weiter. Als sie vor der Frau Holle Haus kam, fürchtete sie sich nicht, weil sie von ihren großen Zähnen schon gehört hatte, und verdingte sich gleich zu ihr. Am ersten Tag tat sie sich Gewalt an, war fleißig und folgte der Frau Holle, wenn sie ihr etwas sagte, denn sie dachte an das viele Gold, das sie ihr schenken würde; am zweiten Tag aber fing sie schon an zu faulenzen, am dritten noch mehr, da wollte sie morgens gar nicht aufstehen. Sie machte auch der Frau Holle das Bett nicht, wie sich's gebührte, und schüttelte es nicht, daß die Federn aufflogen. Das ward die Frau Holle bald müde und sagte ihr den Dienst auf. Die Faule war das wohl zufrieden und meinte, nun würde der Goldregen kommen; die Frau Holle führte sie auch zu dem Tor, als sie aber darunter stand, ward statt des Goldes ein großer Kessel Pech ausgeschüttet. „Das ist zur Belohnung deiner Dienste", sagte die Frau Holle und schloß das Tor zu. Da kam die Faule heim, aber sie war ganz mit Pech bedeckt, und der Hahn auf dem Brunnen, als er sie sah, rief:

„Kikeriki,
Unsere schmutzige Jungfrau
ist wieder hie!"

Das Pech aber blieb fest an ihr hängen und wollte, solange sie lebte, nicht abgehen.

Der Froschkönig oder der eiserne Heinrich

In den alten Zeiten lebte ein König, dessen Töchter waren alle schön; aber die jüngste war so schön, daß sich die Sonne selber, die doch schon so vieles gesehen hat, verwunderte, sooft sie ihr ins Gesicht schien. Nahe bei dem Schlosse des Königs lag ein großer, dunkler Wald, und in dem Walde unter einer alten Linde war ein Brunnen. Wenn nun der Tag sehr heiß war, ging das Königskind hinaus in den Wald und setzte sich an den Rand des kühlen Brunnens, und wenn sie Langeweile hatte, nahm sie eine goldene Kugel, warf sie in die Höhe und fing sie wieder; und das war ihr liebstes Spielwerk.

Nun trug es sich einmal zu, daß die goldene Kugel der Königstochter nicht in ihr Händchen fiel, das sie in die Höhe gehalten hatte, sondern vorbei auf die Erde schlug und geradezu ins Wasser hineinrollte. Die Königstochter folgte ihr mit den Augen nach, aber die Kugel verschwand, und der Brunnen war tief, so tief, daß man keinen Grund sah. Da fing sie an zu weinen und weinte immer lauter und konnte sich gar nicht trösten. Und wie sie so klagte, rief ihr jemand zu: „Was hast du vor, Königstochter? Du schreist ja, daß sich ein Stein erbarmen möchte.“ Sie sah sich um, woher die Stimme kam, da erblickte sie einen Frosch, der seinen dicken, häßlichen Kopf aus dem Wasser streckte. „Ach, du bist's, alter Wasserpatscher?“ sagte sie. „Ich weine über meine goldene Kugel, die mir in den Brunnen hinabgefallen ist.“ – „Sei still und weine nicht“, antwortete der Frosch, „ich kann wohl Rat schaffen; aber was gibst du mir, wenn ich dein Spielwerk wieder heraufhole?“ – „Was du haben willst, lieber Frosch“, sagte sie, „meine Kleider, meine Perlen und Edelsteine, auch noch die goldene Krone, die ich trage.“ Der Frosch antwortete: „Deine Kleider, deine Perlen und Edelsteine und deine goldene Krone, die mag ich nicht; aber wenn du mich liebhaben willst, und ich soll dein Geselle und Spielkamerad sein, an deinem Tischlein neben dir sitzen, von deinem goldenen Tellerlein essen, in deinem Bettlein schlafen – wenn du mir das versprichst, so will ich hinunterspringen und dir die goldene Kugel wieder heraufholen.“ – „Ach ja“, sagte sie, „ich verspreche dir alles, was du willst, wenn du mir nur die Kugel wiederbringst.“ Sie dachte aber: „Was der einfältige Frosch schwätzt! Der sitzt im Wasser bei seinesgleichen und quakt und kann keines Menschen Geselle sein.“

Der Frosch, als er die Zusage erhalten hatte, tauchte unter, sank hinab, und über ein Weilchen kam er wieder heraufgerudert, hatte die Kugel im Maul und warf sie ins Gras. Die Königstochter war voll Freude, als sie ihr schönes Spielwerk wieder erblickte, hob es auf und sprang damit fort. „Warte, warte“, rief der Frosch, „nimm mich mit, ich kann nicht so laufen wie du!“ Aber was half es ihm, daß er ihr sein „Quak Quak“ so laut nachschrie, als er konnte! Sie hörte nicht darauf, eilte nach Hause und hatte den armen Frosch vergessen, der wieder in seinen Brunnen hinabsteigen mußte.

Am anderen Tage, als sie sich mit dem König und allen Hofleuten zur Tafel gesetzt hatte und von ihrem goldenen Tellerlein aß, da kam, plitsch, platsch, plitsch, platsch, etwas die Marmortreppe heraufgekrochen, und als es oben angelangt war, klopfte es an die Tür und rief: „Königstochter, jüngste, mach mir auf!“ Sie lief und wollte sehen, wer draußen wäre; als sie aber aufmachte, saß der Frosch davor. Da warf sie die Tür hastig zu, setzte sich wieder an den Tisch, und war ihr ganz angst. Der König sah wohl, daß ihr das Herz gewaltig klopfte, und sprach: „Mein Kind, was fürchtest du dich? Steht etwa ein Riese vor der Tür und will dich holen?“ – „Ach nein“, antwortete sie, „es ist kein Riese, sondern ein garstiger Frosch.“ – „Was will der Frosch von dir?“ – „Ach, lieber Vater, als ich gestern im Wald bei dem Brunnen saß und spielte, da fiel meine goldene Kugel ins Wasser. Und weil ich so weinte, hat sie der Frosch wieder heraufgeholt, und weil er es durchaus verlangte, so versprach ich ihm, er solle mein Geselle werden; ich dachte aber nimmermehr, daß er aus seinem Wasser herauskönnte. Nun ist er draußen und will zu mir herein.“ Indem klopfte es zum zweitenmal und rief:

„Königstochter, jüngste,
Mach mir auf!
Weißt du nicht, was gestern
Du zu mir gesagt
Bei dem kühlen Brunnenwasser?
Königstochter, jüngste,
Mach mir auf!“

Da sagte der König: „Was du versprochen hast, das mußt du auch halten; geh nur und mach ihm auf.“ Sie ging und öffnete die Tür; da hüpfte der

Frosch herein, ihr immer auf dem Fuße nach, bis zu ihrem Stuhl. Da saß er und rief: „Heb mich hinauf zu dir!“ Sie zauderte, bis es endlich der König befahl. Als der Frosch erst auf dem Stuhle war, wollte er auf den Tisch, und als er da saß, sprach er: „Nun schieb mir dein goldenes Tellerlein näher, damit wir zusammen essen.“ Das tat sie zwar, aber man sah wohl, daß sie's nicht gern tat. Der Frosch ließ sich's gut schmecken, aber ihr blieb fast jedes Bißlein im Halse. Endlich sprach er: „Ich habe mich satt gegessen und bin müde, nun trag mich in dein Kämmerlein und mach dein seiden Bettlein zurecht, da wollen wir uns schlafen legen.“ Die Königstochter fing an zu weinen und fürchtete sich vor dem kalten Frosch, den sie sich nicht anzurühren getraute und der nun in ihrem schönen, reinen Bettlein schlafen sollte. Der König aber ward zornig und sprach: „Wer dir geholfen hat, als du in der Not warst, den sollst du hernach nicht verachten.“ Da packte sie ihn mit zwei Fingern, trug ihn hinauf und setzte ihn in eine Ecke. Als sie aber im Bette lag, kam er gekrochen und sprach: „Ich bin müde, ich will schlafen so gut wie du; heb mich hinauf, oder ich sag's deinem Vater.“ Da ward sie erst bitterböse, holte ihn herauf, warf ihn aus allen Kräften wider die Wand und sagte: „Nun wirst du Ruhe haben, du garstiger Frosch!“

Als er aber herabfiel, war er kein Frosch, sondern ein Königssohn mit schönen, freundlichen Augen. Der war nun nach ihres Vaters Willen ihr lieber Geselle und Gemahl. Da erzählte er ihr, er wäre von einer bösen Hexe verwünscht worden, und niemand hätte ihn aus dem Brunnen erlösen können als sie allein, und morgen wollten sie zusammen in sein Reich gehen. Dann schliefen sie ein, und am andern Morgen kam ein Wagen gefahren mit acht weißen Pferden bespannt, die hatten weiße Straußenfedern auf dem Kopfe und gingen in goldenen Ketten, und hinten stand der Diener des jungen Königs, das war der treue Heinrich. Der treue Heinrich hatte sich so betrübt, als sein Herr in einen Frosch verwandelt worden war, daß er drei eiserne Bande hatte um sein Herz legen lassen, damit es ihm nicht vor Weh und Traurigkeit zerspränge. Der Wagen aber sollte den jungen König in sein Reich abholen; der treue Heinrich hob beide hinein, stellte sich wieder hinten auf und war voller Freude über die Erlösung. Und als sie ein Stück Wegs gefahren waren, hörte der Königssohn, daß es hinter ihm krachte, als wäre etwas zerbrochen. Da drehte er sich um und rief: „Heinrich, der Wagen bricht!“

„Nein, Herr, der Wagen nicht,
Es ist ein Band von meinem Herzen,
Das da lag in großen Schmerzen,
Als Ihr in dem Brunnen saßt,
Als Ihr eine Fretsche (Frosch) wast
(wart).“

Noch einmal und noch einmal krachte es auf dem Wege, und der Königssohn meinte immer, der Wagen bräche, und es waren doch die Bande, die vom Herzen des treuen Heinrich absprangen, weil sein Herr erlöst und glücklich war.

Fundevogel

Es war einmal ein Förster, der ging in den Wald auf die Jagd, und wie er in den Wald kam, hörte er schreien, als ob's ein kleines Kind wäre. Er ging dem Schreien nach und kam endlich zu einem hohen Baum, und oben darauf saß ein kleines Kind. Es war aber die Mutter mit dem Kinde unter dem Baum eingeschlafen, und ein Raubvogel hatte das Kind in ihrem Schoße gesehen, da war er hinzugeflogen, hatte es mit seinem Schnabel weggenommen und auf den hohen Baum gesetzt.

Der Förster stieg hinauf, holte das Kind herunter und dachte: „Du willst das Kind mit nach Hause nehmen und mit deinem Lenchen zusammen aufziehn." Er brachte es also heim, und die zwei Kinder wuchsen miteinander auf. Das aber, das auf dem Baum gefunden worden war, und weil es ein Vogel weggetragen hatte, wurde Fundevogel geheißen. Fundevogel und Lenchen hatten sich so lieb, nein so lieb, daß, wenn eins das andere nicht sah, ward es traurig.

Der Förster hatte aber eine alte Köchin, die nahm eines Abends zwei Eimer und fing an, Wasser zu schleppen, und ging nicht einmal, sondern vielemal hinaus an den Brunnen. Lenchen sah es und sprach: „Hör einmal, alte Sanne, was trägst du denn so viel Wasser zu?" – „Wenn du's keinem Menschen wiedersagen willst, so will ich dir's wohl sagen." Da sagte Lenchen, nein, sie wollte es keinem Menschen wiedersagen; so sprach die Köchin: „Morgen früh, wenn der Förster auf der Jagd ist, da koche ich das Wasser, und wenn's im Kessel siedet, werfe ich den Fundevogel 'nein und will ihn darin kochen."

Des andern Morgens in aller Frühe stand der Förster auf und ging auf die

Jagd, und als er weg war, lagen die Kinder noch im Bett. Da sprach Lenchen zum Fundevogel: „Verläßt du mich nicht, so verlass' ich dich auch nicht!", so sprach der Fundevogel: „Nun und nimmermehr." – Da sprach Lenchen: „Ich will es dir nur sagen, die alte Sanne schleppte gestern abend so viel Eimer Wasser ins Haus, da fragte ich sie, warum sie das täte, so sagte sie, wenn ich's keinem Menschen sagen wollte, so wollte sie es mir wohl sagen: sprach ich, ich wollte es gewiß keinem Menschen sagen, da sagte sie, morgen früh, wenn der Vater auf die Jagd wäre, wollte sie den Kessel voll Wasser sieden, dich hineinwerfen und kochen. Wir wollen aber geschwind aufstehen, uns anziehen und zusammen fortgehen."

Also standen die beiden Kinder auf, zogen sich geschwind an und gingen fort. Wie nun das Wasser im Kessel kochte, ging die Köchin in die Schlafkammer, wollte den Fundevogel holen und ihn hineinwerfen. Aber als sie hineinkam und zu den Betten trat, waren die Kinder alle beide fort, da wurde ihr grausam angst, und sie sprach vor sich: „Was will ich nun sagen, wenn der Förster heimkommt und sieht, daß die Kinder weg sind? Geschwind hintennach, daß wir sie wiederkriegen!"

Da schickte die Köchin drei Knechte nach, die sollten laufen und die Kinder einfangen. Die Kinder aber saßen vor dem Wald, und als sie die drei Knechte von weitem laufen sahen, sprach Lenchen zum Fundevogel: „Verläßt du

mich nicht, so verlass' ich dich auch nicht." – So sprach Fundevogel: „Nun und nimmermehr." – Da sprach Lenchen: „Werde du zum Rosenstöckchen und ich zum Röschen darauf."

Wie nun die drei Knechte vor den Wald kamen, so war nichts da als ein Rosenstrauch und ein Röschen oben darauf, die Kinder aber nirgend. Da sprachen sie: „Hier ist nichts zu machen", und gingen heim und sagten der Köchin, sie hätten nichts in der Welt gesehen als nur ein Rosenstöckchen und ein Röschen oben darauf. Da schalt die alte Köchin: „Ihr Einfaltspinsel, ihr hättet das Rosenstöckchen sollen entzweischneiden und das Röschen abbrechen und mit nach Hause bringen, geschwind und tut's." Sie mußten also zum zweitenmal hinaus und suchen. Die Kinder sahen sie aber von weitem kommen, da sprach Lenchen: „Fundevogel, verläßt du mich nicht, so verlass' ich dich auch nicht." – Fundevogel sagte: „Nun und nimmermehr." – Sprach Lenchen: „So werde du eine Kirche und ich die Krone darin." Wie nun die drei Knechte dahin kamen, war nichts da als eine Kirche und eine Krone darin. Sie sprachen also zueinander: „Was sollen wir hier machen? Laßt uns nach Hause gehen." Wie sie nach Hause kamen, fragte die Köchin, ob sie nichts gefunden hätten, so sagten sie, nein, sie hätten nichts gefunden als eine Kirche, da wäre eine Krone darin gewesen. „Ihr Narren", schalt die Köchin, „warum habt ihr nicht die Kirche zerbrochen und die Krone mit heimgebracht?" Nun machte sich die alte Köchin selbst auf die Beine und ging mit den drei Knechten den Kindern nach. Die Kinder sahen aber die drei Knechte von weitem kommen, und die Köchin wackelte hintennach. Da sprach Lenchen: „Fundevogel, verläßt du mich nicht, so verlass' ich dich auch nicht." – Da sprach Fundevogel: „Nun und nimmermehr." – Sprach Lenchen: „Werde zum Teich und ich die Ente drauf." Die Köchin aber kam herzu, und als sie den Teich sah, legte sie sich drüber hin und wollte ihn aussaufen. Aber die Ente kam schnell geschwommen, faßte sie mit ihrem Schnabel beim Kopf und zog sie ins Wasser hinein, da mußte die alte Hexe ertrinken. Da gingen die Kinder zusammen nach Hause und waren herzlich froh; und wenn sie nicht gestorben sind, leben sie heute noch.

Der gestiefelte Kater

Ein Müller hatte drei Söhne, seine Mühle, einen Esel und einen Kater; die Söhne mußten mahlen, der Esel Getreide holen und Mehl forttragen und die Katz Mäuse wegfangen. Als der Müller starb, teilten sich die drei Söhne in die Erbschaft. Der älteste bekam die Mühle, der zweite den Esel, der dritte den Kater, weiter blieb nichts für ihn übrig. Da war er traurig und sprach zu sich selbst: „Ich habe es doch am allerschlimmsten gekriegt. Mein ältester Bruder kann mahlen, mein zweiter kann auf seinem Esel reiten, was kann ich mit einem Kater anfangen? Lass' ich mir ein paar Pelzhandschuhe aus seinem Fell machen, so ist's vorbei." – „Hör", fing der Kater an, der alles verstanden, was Hans gesagt hatte, „du brauchst mich nicht zu töten, um ein Paar schlechte Handschuhe aus meinem Pelz zu kriegen. Laß mir nur ein Paar Stiefel machen, daß ich ausgehen und mich unter den Leuten sehen lassen kann, dann soll dir bald geholfen sein." Der Müllerbursch verwunderte sich, daß der Kater so sprach, weil aber eben der Schuster vorbeiging, rief er ihn herein und ließ dem Kater ein Paar Stiefel anmessen. Als sie fertig waren, nahm der Kater einen Sack, füllte den Boden mit Korn, oben aber machte er eine Schnur daran, womit man ihn zuziehen konnte. Dann warf er ihn auf den Rükken und ging auf zwei Beinen wie ein Mensch zur Tür hinaus.

Dazumal regierte ein König in dem Land, der aß Rebhühner so gerne. Es war aber eine Not, daß keine zu kriegen waren. Der ganze Wald war voll, aber sie waren so scheu, daß kein Jäger sie erreichen konnte. Das wußte der Kater und gedachte, seine Sache besser zu machen. Als er in den Wald kam, machte er den Sack auf, breitete das Korn auseinander, die Schnur aber legte er ins Gras und leitete sie hinter eine Hecke. Da versteckte er sich, schlich herum und lauerte. Die Rebhühner kamen bald gelaufen, fanden das Korn, und eins nach dem andern hüpfte in den Sack hinein. Als eine gute Anzahl darin war, zog der Kater den Sack zu, lief herzu und drehte ihnen den Hals um. Dann ging er mit dem Sack auf dem Rücken geradewegs nach des Königs Schloß. Die Wache rief: „Halt! Wohin?“ – „Zu dem König“, antwortete der Kater kurzweg. „Bist du toll? Ein Kater zum König?“ – „Laß ihn nur gehen“, sagte ein anderer, „der König hat doch so oft Langeweile, vielleicht macht ihm der Kater mit seinem Brummen und Spinnen Vergnügen.“ Als der Kater vor den König kam, machte er eine tiefe Verbeugung und sagte: „Mein Herr, der Graf Carrabas, läßt sich dem Herrn König empfehlen und schickt ihm hier Rebhühner, die er eben in Schlingen gefangen hat.“ Der König staunte über die schönen, fetten Rebhühner, wußte sich vor Freude nicht zu lassen und befahl, dem Kater so viel Gold aus der Schatzkammer in den Sack zu tun, als er tragen könne. „Das bring deinem Herrn, und dank ihm noch vielmals.“

Der arme Hans aber saß zu Hause, stützte den Kopf in die Hand und dachte, daß er nun sein letztes Geld für die Stiefel des Katers weggegeben, und was werde der ihm großes dafür bringen können. Da trat der Kater herein, warf den Sack vom Rücken, schnürte ihn auf und schüttelte das Gold vor den Müllerssohn hin: „Da hast du was für die Stiefel, der König läßt dich auch grüßen und dir viel Dank sagen.“ Hans war froh über den Reichtum, ohne daß er es noch recht begreifen konnte. Der Kater aber, während er sich die Stiefel auszog, erzählte ihm alles, dann sagte er: „Du hast zwar jetzt Geld genug, aber dabei soll es nicht bleiben. Morgen ziehe ich meine Stiefel wieder an, du sollst noch reicher werden. Dem König habe ich gesagt, daß du ein Graf bist.“ Am andern Tag ging der Kater, wie er gesagt hatte, wohl gestiefelt wieder auf die Jagd und brachte dem König einen reichen Fang.

So ging es alle Tage, und der Kater brachte alle Tage Geld heim. Beim König war er so beliebt wie nur einer, so daß er aus und ein gehen durfte im Schloß und herumstreichen, wo er wollte. Einmal stand der Kater in der Küche des Königs beim Herd und wärmte sich, da kam der Kutscher und fluchte: „Ich wollt’, der König mit der Prinzessin wär’ beim Henker! Ich wollt’ ins Wirtshaus gehen und einmal trinken und Karten spielen, da soll ich sie spazierenfahren an den See.“ Wie der Kater das hörte, schlich er nach Haus und sagte zu seinem Herrn: „Wenn du ein Graf werden willst und reich, so komm mit mir hinaus an den See und bade dich darin.“ Hans wußte nicht, was er dazu sagen sollte, doch folgte er dem Kater, ging mit ihm, zog sich aus und sprang ins Wasser. Der Kater aber nahm seine Kleider, trug sie fort und versteckte sie. Kaum war er damit fertig, da kam der König dahergefahren. Der Kater lief herzu und jammerte: „Ach! Allergnädigster König, mein Herr,

der Graf Carrabas, hat sich im See gebadet, da ist ein Dieb gekommen und hat ihm die Kleider gestohlen, die am Ufer lagen. Nun ist der Herr Graf im Wasser und kann nicht heraus, und wenn er länger darin bleibt, wird er sich erkälten und sterben." Wie der König das hörte, ließ er gleich halten. Einer von den Leuten mußte zurückjagen und von des Königs Kleider holen. Der Graf zog die prächtigsten Kleider an, und weil ihm ohnehin der König wegen der Rebhühner, die er meinte von ihm bekommen zu haben, dankbar und gewogen war, mußte er sich in die Kutsche setzen. Die Prinzessin war auch nicht böse darüber, denn der Graf war jung und schön und gefiel ihr recht gut.

Der Kater aber war vorausgegangen und zu einer großen Wiese gekommen, wo über hundert Leute waren und Heu machten. „Wem gehört die Wiese, ihr Leute?" fragte der Kater. – „Dem großen Zauberer." – „Hört, jetzt wird bald der König vorüberfahren; wenn er fragt, wem die Wiese gehört, so antwortet: dem Grafen von Carrabas, und wenn ihr das nicht tut, werdet ihr alle totgeschlagen." Weil die Leute von dem Zauberer ohnehin nichts Gutes erwarteten, so glaubten sie das. Darauf ging der Kater und kam an ein Kornfeld, so groß, daß es niemand übersehen konnte, da standen mehr als zweihundert Leute, die schnitten das Korn. „Wem gehört das Korn, ihr Leute?" – „Dem großen Zauberer." – „Hört, jetzt wird der König vorbeifahren, und wenn er fragt, wem das Korn gehört, so antwortet: dem Grafen von Carrabas, und wenn ihr das nicht tut, werdet ihr alle totgeschlagen." Endlich kam der Kater an einen prächtigen Wald, da standen mehr als dreihundert Leute und fällten die großen Eichen und machten Holz. „Wem gehört der Wald, ihr Leute?" – „Dem großen Zauberer." – „Hört, jetzt wird der König vorbeifahren, und wenn er fragt, wem der Wald gehört, so antwortet: dem Grafen von Carrabas. Wenn ihr das nicht tut, werdet ihr alle umgebracht." Der Kater ging noch weiter, die Leute sahen ihm alle nach, und weil er so wunderlich aussah und wie ein Mensch in Stiefeln daherging, fürchteten sie sich vor ihm.

Der Kater kam bald an des Zauberers Schloß, trat keck hinein und vor ihn hin. Der Zauberer sah ihn verächtlich an und fragte ihn, was er wolle. Der Kater machte eine tiefe Verbeugung und sagte: „Ich habe gehört, daß du dich in jedes Tier verwandeln kannst. Was einen Hund, Fuchs oder Wolf betrifft, da will ich es gerne glauben, aber daß du dich auch in einen Elefanten verwandeln kannst, das scheint mir ganz unmöglich. Deshalb bin ich gekommen, um mich selbst zu überzeugen." Der Zauberer sagte stolz: „Das ist mir eine Kleinigkeit", und war im gleichen Augenblick in einen Elefanten verwandelt. „Das ist viel. Aber auch in einen Löwen?" – „Das ist auch nichts", sagte der Zauberer und stand als Löwe vor dem Kater. Der Kater stellte sich erschrocken und rief: „Das ist unglaublich und unerhört, an dergleichen hätte ich nicht einmal im Traume gedacht, aber noch mehr wäre es, wenn du dich auch in ein so kleines Tier wie etwa eine Maus verwandeln könntest. Du kannst gewiß mehr als irgendein Zauberer auf der Welt, aber das wird auch dir zu schwer sein." Der Zauberer ward ganz freundlich bei den süßen Worten und sagte: „O ja, liebes Kätzchen, das kann ich auch", und sprang als Maus umher. Der Kater sprang hinterdrein, fing die Maus und fraß sie auf.

Der König aber war mit dem Grafen und der Prinzessin weiter spazierengefahren und kam zu der großen Wiese. „Wem gehört das Heu?" fragte der König. – „Dem Herrn Grafen von Carrabas", riefen alle, wie ihnen der Kater befohlen hatte. „Ihr habt da ein schönes Stück Land, Herr Graf", sagte er. Danach kamen sie an das große Kornfeld. „Wem gehört das Korn, ihr Leute?" – „Dem Herrn Grafen von Carrabas." – „Ei, Herr Graf, große, schöne Ländereien!" Darauf zu dem Wald: „Wem gehört das Holz, ihr Leute?" – „Dem Herrn Grafen von Carrabas." Der König verwunderte sich noch mehr und sagte: „Ihr müßt ein reicher Mann sein, Herr Graf. Ich glaube nicht, daß ich einen so prächtigen Wald habe." Endlich kamen sie an das Schloß, der Kater stand oben an der Treppe, und als unten der Wagen hielt, sprang er herab, machte die Tür auf und sagte: „Herr König, Ihr kommt hier in das Schloß meines Herrn, des Grafen von Carrabas, den diese Ehre für sein Leben glücklich machen wird." Der König stieg aus und verwunderte sich über das stattliche Gebäude, das fast größer und schöner war als sein Schloß. Der Graf aber führte die Prinzessin die Treppe hinauf in den Saal, der ganz von Gold und von Edelsteinen flimmerte.

Da ward die Prinzessin dem Grafen verlobt, und als der König starb, wurde er König, der gestiefelte Kater aber Erster Minister.

Die goldene Gans

Es war ein Mann, der hatte drei Söhne, davon hieß der jüngste der Dummling und wurde verachtet und verspottet und bei jeder Gelegenheit zurückgesetzt. Es geschah, daß der Älteste in den Wald gehen wollte, Holz zu hauen, und ehe er ging, gab ihm noch seine Mutter einen schönen feinen Eierkuchen und eine Flasche Wein mit. Als er in den Wald kam, begegnete ihm ein altes graues Männlein, das bot ihm einen guten Tag und sprach: „Gib mir doch ein Stück Kuchen aus deiner Tasche und laß mich einen Schluck von deinem Wein trinken, ich bin so hungrig und durstig." Der kluge Sohn aber antwortete: „Geb' ich dir meinen Kuchen und meinen Wein, so hab' ich selber nichts, pack dich deiner Wege", ließ das Männlein stehen und ging fort. Als er nun anfing einen Baum zu behauen, dauerte es nicht lange, so hieb er fehl, und die Axt fuhr ihm in den Arm, daß er mußte heimgehen und sich verbinden lassen. Das war aber von dem grauen Männchen gekommen.

Darauf ging der zweite Sohn in den Wald, und die Mutter gab ihm, wie dem ältesten, einen Eierkuchen und eine Flasche Wein. Dem begegnete gleichfalls das alte graue Männchen und hielt um ein Stück Kuchen und einen Trunk Wein an. Aber auch der zweite Sohn sprach: „Was ich dir gebe, das geht mir selber ab, pack dich deiner Wege", ließ das Männlein stehen und ging fort. Die Strafe blieb nicht aus, als er ein paar Hiebe am Baum getan, hieb er sich ins Bein, daß er mußte nach Hause getragen werden.

Da sagte der Dummling: „Vater, laß mich einmal hinausgehen und Holz hauen." Antwortete der Vater: „Deine Brüder haben sich Schaden dabei getan, laß du davon ab, du verstehst nichts davon." Der Dummling aber bat so lange, bis er endlich sagte: „Geh nur hin, durch Schaden wirst du klug werden." Die Mutter gab ihm einen Kuchen, der war mit Wasser in der Asche gebacken, und dazu eine Flasche saures Bier. Als er in den Wald kam, begegnete ihm gleichfalls das alte graue Männchen, grüßte ihn und sprach: „Gib mir ein Stück von deinem Kuchen und einen Trunk aus deiner Flasche, ich bin so hungrig und durstig." Antwortete der Dummling: „Ich habe aber nur Aschenkuchen und saures Bier, wenn dir das recht ist, so wollen wir uns setzen und essen." Da setzten sie sich, und als der Dummling seinen Aschenkuchen herausholte, so war's ein feiner Eierkuchen, und das saure Bier war ein guter Wein. Nun aßen und tranken sie, und danach sprach das Männlein: „Weil du ein gutes Herz hast und von dem Deinigen gern mit teilst, so will ich dir Glück bescheren. Dort steht ein alter Baum, den hau ab, so wirst du in den Wurzeln etwas finden." Darauf nahm das Männlein Abschied.

Der Dummling ging hin und hieb den Baum um, und wie er fiel, saß in den Wurzeln eine Gans, die hatte Federn von reinem Gold. Er hob sie heraus, nahm sie mit sich und ging in ein Wirtshaus, da wollte er übernachten. Der Wirt hatte aber drei Töchter, die sahen die Gans, waren neugierig, was das für ein Wundervogel wäre, und hätten gar gerne eine von seinen goldenen Federn gehabt. Die Älteste dachte: „Es wird sich schon eine Gelegenheit finden, wo ich mir eine Feder ausziehen kann", und als der Dummling einmal hinausgegangen war, faßte sie die Gans beim Flügel, aber Finger und Hand blieben daran festhängen. Bald danach kam die zweite und hatte keinen anderen Gedanken, als sich eine goldene Feder zu holen; kaum aber hatte sie die Schwester angerührt, so blieb sie festhängen. Endlich kam auch die dritte in gleicher Absicht; da schrien die andern: „Bleib weg, um Himmels willen, bleib weg!" Aber sie begriff nicht, warum sie wegbleiben sollte, dachte: „Sind die dabei, so kann ich auch dabeisein", und sprang herzu, und wie sie ihre Schwester angerührt hatte, so blieb sie an ihr hängen. So mußten sie die Nacht bei der Gans zubringen.

Am andern Morgen nahm der Dummling die Gans in den Arm, ging fort und bekümmerte sich nicht um die drei Mädchen, die daran hingen. Sie mußten immer hinter ihm dreinlaufen, links und rechts, wie's ihm in die Beine kam. Mitten auf dem Feld begegnete ihnen der Pfarrer, und als er den Aufzug sah, sprach er: „Schämt euch, ihr garstigen Mädchen, was lauft ihr dem jungen Bursch durchs Feld nach, schickt sich das?" Damit faßte er die Jüngste an der Hand und wollte sie zurückziehen: Wie er sie aber anrührte, blieb er gleichfalls hängen und mußte selber hinterdrein laufen. Nicht lange, so kam der Küster daher und sah den Herrn Pfarrer, der drei Mädchen auf dem Fuße folgte. Da wunderte er sich und rief: „Ei, Herr Pfarrer, wo hinaus so geschwind? Vergeßt nicht, daß wir heute noch eine Kindstaufe haben", lief auf ihn zu und faßte ihn am Ärmel, blieb aber auch festhängen. Wie die fünf so hintereinander hertrabten, kamen zwei Bauern mit ihren Hacken vom Feld; da rief der Pfarrer sie an und bat, sie möchten ihn und den Küster losmachen. Kaum aber hatten sie den Küster angerührt, so blieben sie hängen, und waren ihrer nun siebene, die dem Dummling mit der Gans nachliefen.

Er kam darauf in eine Stadt, da herrschte ein König, der hatte eine Tochter, die war so ernsthaft, daß sie niemand zum Lachen bringen konnte. Darum hatte er ein Gesetz gegeben, wer sie könnte zum Lachen bringen, der sollte sie heiraten. Der Dummling, als er das hörte, ging mit seiner Gans und ihrem Anhang vor die Königstochter, und als diese die sieben Menschen immer hintereinander herlaufen sah, fing sie über-

laut an zu lachen und wollte gar nicht wieder aufhören. Da verlangte sie der Dummling zur Braut, aber dem König gefiel der Schwiegersohn nicht, er machte allerlei Einwendungen und sagte, er müsse ihm erst einen Mann bringen, der einen Keller voll Wein austrinken könnte. Der Dummling dachte an das graue Männchen, das könnte ihm wohl helfen, ging hinaus in den Wald, und auf der Stelle, wo er den Baum abgehauen hatte, sah er einen Mann sitzen, der machte ein gar betrübtes Gesicht. Der Dummling fragte, was er sich so sehr zu Herzen nähme. Da antwortete er: „Ich habe so großen Durst und kann ihn nicht löschen, das kalte Wasser vertrage ich nicht, ein Faß Wein habe ich zwar ausgeleert, aber was ist ein Tropfen auf einem heißen Stein?" – „Da kann ich dir helfen", sagte der Dummling, „komm nur mit mir, du sollst satt haben." Er führte ihn darauf in des Königs Keller, und der Mann machte sich über die großen Fässer, trank und trank, daß ihm die Hüften weh taten, und ehe ein Tag herum war, hatte er den ganzen Keller ausgetrunken. Der Dummling verlangte abermals seine Braut, der König aber ärgerte sich, daß ein schlechter Bursch, den jedermann einen Dummling nannte, seine Tochter davontragen sollte, und machte neue Bedingungen: Er müßte erst einen Mann schaffen, der einen Berg voll Brot aufessen könnte. Der Dummling besann sich nicht lange, sondern ging gleich hinaus in den Wald: Da saß auf demselben Platz ein Mann, der schnürte sich den Leib mit einem Riemen zusammen, machte ein grämliches Gesicht und sagte: „Ich habe einen ganzen Backofen voll Raspelbrot gegessen, aber was hilft das, wenn man so großen Hunger hat wie ich; mein Magen bleibt leer, und ich muß mich nur zuschnüren, wenn ich nicht Hungers sterben soll." Der Dummling war froh darüber und sprach: „Mach dich auf und geh mit mir, du sollst dich satt essen." Er führte ihn an den Hof des Königs, der hatte alles Mehl aus dem ganzen Reich zusammengefahren und einen ungeheuren Berg davon backen lassen; der Mann aus dem Walde stellte sich davor, fing an zu essen, und in einem Tag war der ganze Berg verschwunden. Der Dummling forderte zum drittenmal seine Braut, der König aber suchte noch einmal Ausflucht und verlangte ein Schiff, das zu Land und zu Wasser fahren könnte: „Sowie du damit angesegelt kommst", sagte er, „so sollst du gleich meine Tochter zur Gemahlin haben." Der Dummling ging geradewegs in den Wald, da saß das alte graue Männchen, dem er seinen Kuchen gegeben hatte, und sagte: „Ich habe für dich getrunken und gegessen, ich will dir auch das Schiff geben; das alles tue ich, weil du barmherzig gegen mich gewesen bist." Da gab er ihm das Schiff, das zu Land und zu Wasser fuhr, und als der König das sah, konnte er ihm seine Tochter nicht länger vorenthalten. Die Hochzeit ward gefeiert, nach des Königs Tod erbte der Dummling das Reich und lebte lange Zeit vergnügt mit seiner Gemahlin.

Die Goldkinder

Es war ein armer Mann und eine arme Frau, die hatten nichts als eine kleine Hütte und nährten sich vom Fischfang, und es ging bei ihnen von Hand zu Mund.

Es geschah aber, als der Mann eines Tages beim Wasser saß und sein Netz auswarf, daß er einen Fisch herauszog, der ganz golden war. Und als er den Fisch voll Verwunderung betrachtete, hub dieser an zu reden und sprach: „Hör, Fischer, wirfst du mich wieder hinab ins Wasser, so mach' ich deine kleine Hütte zu einem prächtigen Schloß."

Da antwortete der Fischer: „Was hilft mir ein Schloß, wenn ich nichts zu essen habe?"

Sprach der Goldfisch weiter: „Auch dafür soll gesorgt sein. Es wird ein Schrank im Schloß sein; wenn du den aufschließest, so stehen Schüsseln darin mit den schönsten Speisen, soviel du dir wünschest."

„Wenn das wahr ist", sprach der Mann, „so kann ich dir wohl den Gefallen tun."

„Ja", sagte der Fisch, „es ist aber die Bedingung, daß du keinem Menschen auf der Welt, wer es auch immer sein mag, entdeckst, woher dein Glück gekommen ist. Sprichst du ein einziges Wort, so ist alles vorbei."

Nun warf der Mann den wunderbaren Fisch wieder ins Wasser und ging heim. Wo aber sonst seine Hütte gestanden hatte, da stand jetzt ein großes Schloß. Da machte er ein paar Augen, trat hinein und sah seine Frau, mit schönen Kleidern geputzt, in einer prächtigen Stube sitzen. Sie war ganz vergnügt und sprach: „Mann, wie ist das auf einmal gekommen? Das gefällt mir wohl."

„Ja", sagte der Mann, „es gefällt mir auch, aber es hungert mich auch gewaltig, gib mir erst etwas zu essen."

Sprach die Frau: „Ich habe nichts und

weiß in dem neuen Haus nichts zu finden."

„Das hat keine Not", sagte der Mann, „dort sehe ich einen großen Schrank, den schließ einmal auf."

Wie sie den Schrank aufschloß, stand da Kuchen, Fleisch, Obst, Wein und lachte einen ordentlich an. Da rief die Frau voll Freude: „Herz, was begehrst du nun?", und sie setzten sich nieder, aßen und tranken zusammen. Wie sie satt waren, fragte die Frau: „Aber Mann, woher kommt all dieser Reichtum?"

„Ach", antwortete er, „frag mich nicht darum, ich darf dir's nicht sagen. Wenn ich's jemand entdecke, so ist unser Glück wieder dahin."

„Gut", sprach sie, „wenn ich's nicht wissen soll, so begehr' ich's auch nicht zu wissen."

Das war aber ihr Ernst nicht, es ließ ihr keine Ruhe Tag und Nacht, und sie quälte und stachelte den Mann so lange, bis er in der Ungeduld heraussagte, es käme alles von einem wunderbaren goldenen Fisch, den er gefangen und dafür wieder in Freiheit gelassen hätte. Und wie's heraus war, da verschwand alsbald das schöne Schloß mit dem Schrank, und sie saßen wieder in der alten Fischerhütte.

Der Mann mußte von vorn anfangen, seinem Gewerbe nachgehen und fischen. Das Glück wollte es aber, daß er den goldenen Fisch noch einmal herauszog. „Hör", sprach der Fisch, „wenn du mich wieder ins Wasser wirfst, so will ich dir noch einmal das Schloß mit dem Schrank voll Gesottenem und Gebratenem zurückgeben. Nur halt dich fest und verrat beileibe nicht, von wem du's hast, sonst geht's wieder verloren."

„Ich will mich schon hüten", antwortete der Fischer und warf den Fisch in sein Wasser hinab. Daheim war nun alles wieder in voriger Herrlichkeit, und die Frau war in einer Freude über das Glück. Aber die Neugierde ließ ihr doch keine Ruhe, daß sie nach ein paar Tagen wieder zu fragen anhub, wie es zugegangen wäre und wie er es angefangen habe. Der Mann schwieg eine Zeitlang still dazu, endlich aber machte sie ihn so ärgerlich, daß er herausplatzte und das Geheimnis verriet. In dem Augenblick verschwand das Schloß, und sie saßen wieder in der alten Hütte. „Nun hast du's", sagte der Mann, „jetzt können wir wieder am Hungertuch nagen."

„Ach", sprach die Frau, „ich will den Reichtum lieber nicht, wenn ich nicht weiß, von wem er kommt. Sonst habe ich doch keine Ruhe."

Der Mann ging wieder fischen, und über eine Zeit, so war's nicht anders, er holte den Goldfisch zum drittenmal heraus. „Hör", sprach der Fisch, „ich sehe wohl, ich soll immer wieder in deine Hände fallen. Nimm mich mit nach Haus und zerschneid mich in sechs Stücke, zwei davon gib deiner Frau zu essen, zwei deinem Pferd, und zwei leg in die Erde, so wirst du Segen davon haben."

Der Mann nahm den Fisch mit nach Haus und tat, wie er ihm gesagt hatte. Es geschah aber, daß aus den zwei Stükken, die in die Erde gelegt waren, zwei goldene Lilien aufwuchsen, und daß das Pferd zwei goldene Füllen bekam und des Fischers Frau zwei Kinder gebar, die ganz golden waren.

Die Kinder wuchsen heran, wurden groß und schön, und die Lilien und Pferde wuchsen mit ihnen. Da sprachen sie: „Vater, wir wollen uns auf unsere goldenen Rosse setzen und in die Welt ausziehen."

Er aber antwortete betrübt: „Wie will ich's aushalten, wenn ihr fortzieht und ich nicht weiß, wie's euch geht?"

Da sagten sie: „Die zwei goldenen Lilien bleiben hier, daran könnt ihr sehen, wie's uns geht: Sind sie frisch, so sind wir gesund; sind sie welk, so sind wir krank; fallen sie um, so sind wir tot."

Sie ritten fort und kamen in ein Wirtshaus, darin waren viele Leute, und als sie die zwei Goldkinder erblickten, fingen sie an, zu lachen und zu spotten. Wie der eine das Gespött hörte, so schämte er sich, wollte nicht in die Welt, kehrte um und kam wieder heim zu seinem Vater. Der andere aber ritt fort und gelangte zu einem großen Wald. Und als er hineinreiten wollte, sprachen die Leute: „Es geht nicht, daß Ihr durchreitet, der Wald ist voll Räuber, die werden übel mit Euch umgehen, und wenn sie sehen, daß Ihr golden seid und Euer Pferd auch, werden sie Euch totschlagen."

Er aber ließ sich nicht erschrecken und sprach: „Ich muß und soll hindurch."

Da nahm er Bärenfelle und überzog sich und sein Pferd damit, daß nichts

mehr von Gold zu sehen war, und ritt getrost in den Wald hinein. Als er ein wenig fortgeritten war, so hörte er es in den Gebüschen rauschen und vernahm Stimmen, die miteinander sprachen. Von der einen Seite rief's: „Da ist einer", von der andern aber: „Laß ihn laufen, das ist ein Bärenhäuter und arm und kahl wie eine Kirchenmaus, was sollen wir mit ihm anfangen!" So ritt das Goldkind glücklich durch den Wald und geschah ihm kein Leid.

Eines Tages kam er in ein Dorf, darin sah er ein Mädchen, das war so schön, daß er nicht glaubte, es könnte ein schöneres auf der Welt sein. Und weil er eine so große Liebe zu ihm empfand, so ging er zu ihm und sagte: „Ich habe dich von ganzem Herzen lieb, willst du meine Frau werden?"

Er gefiel aber auch dem Mädchen so sehr, daß es einwilligte und sprach: „Ja, ich will deine Frau werden und dir treu sein mein Leben lang."

Nun hielten sie Hochzeit zusammen, und als sie eben in der größten Freude waren, kam der Vater der Braut heim, und als er sah, daß seine Tochter Hochzeit machte, verwunderte er sich und sprach: „Wo ist der Bräutigam?" Sie zeigten ihm das Goldkind, das hatte aber noch seine Bärenfelle um. Da sprach der Vater zornig: „Nimmermehr soll ein Bärenhäuter meine Tochter haben", und wollte ihn ermorden.

Da bat ihn die Braut, was sie konnte, und sprach: „Er ist einmal mein Mann, und ich habe ihn von Herzen lieb", bis er sich endlich besänftigen ließ.

Doch kam's ihm aber nicht aus den Gedanken, so daß er am andern Morgen früh aufstand und seiner Tochter Mann sehen wollte, ob er ein gemeiner und verlumpter Bettler wäre. Wie er aber hinblickte, sah er einen herrlichen goldenen Mann im Bette, und die abgeworfenen Bärenfelle lagen auf der Erde. Da ging er zurück und dachte: „Wie gut ist's, daß ich meinen Zorn gebändigt habe, ich hätte eine große Missetat begangen."

Dem Goldkind aber träumte, er zöge hinaus auf die Jagd nach einem prächtigen Hirsch, und als er am Morgen erwachte, sprach er zu seiner Braut: „Ich will hinaus auf die Jagd."

Ihr war angst, und sie bat ihn dazubleiben und sagte: „Leicht kann dir ein großes Unglück begegnen." Aber er antwortete: „Ich soll und muß fort."

Da stand er auf und zog hinaus in den Wald, und gar nicht lange, so hielt auch ein stolzer Hirsch vor ihm, ganz nach seinem Traume. Er legte an und wollte ihn schießen, aber der Hirsch sprang fort. Da jagte er ihm nach, über Gräben und durch Gebüsche, und ward nicht müde den ganzen Tag. Am Abend aber verschwand der Hirsch vor seinen Augen. Und als das Goldkind sich umsah, so stand er vor einem kleinen Haus, darin saß eine Hexe. Er klopfte an, und ein Mütterchen kam heraus und fragte: „Was wollt Ihr so spät noch mitten in dem großen Wald?"

Er sprach: „Habt Ihr keinen Hirsch gesehen?"

„Ja", antwortete sie, „den Hirsch kenn' ich wohl", und ein Hündlein, das mit ihr aus dem Haus gekommen war, bellte dabei den Mann heftig an.

„Willst du schweigen, du böse Kröte", sprach er, „sonst schieß' ich dich tot."

Da rief die Hexe zornig: „Was, mein Hündchen willst du töten!"

Und sie verwandelte ihn alsbald, daß er dalag wie ein Stein, und seine Braut erwartete ihn umsonst und dachte: Es ist gewiß eingetroffen, was mir so angst machte und so schwer auf dem Herzen lag.

Daheim aber stand der andere Bruder bei den Goldlilien, als plötzlich eine davon umfiel. „Ach Gott", sprach er, „meinem Bruder ist ein großes Unglück zugestoßen, ich muß fort, ob ich ihn vielleicht errette."

Da sagte der Vater: „Bleib hier, wenn ich auch dich verliere, was soll ich anfangen?"

Er aber antwortete: „Ich soll und muß fort."

Da setzte er sich auf sein goldenes Pferd und ritt fort und kam in den großen Wald, wo sein Bruder lag und Stein war. Die alte Hexe kam aus ihrem Haus, rief ihn an und wollte ihn auch berükken, aber er näherte sich nicht, sondern sprach: „Ich schieße dich nieder, wenn du meinen Bruder nicht wieder lebendig machst."

Sie rührte, so ungerne sie's auch tat, den Stein mit dem Finger an, und alsbald erhielt er sein menschliches Leben zurück. Die beiden Goldkinder aber freuten sich, als sie einander wiedersahen, küßten und herzten sich und ritten zusammen fort aus dem Wald, der eine zu seiner Braut, der andere heim zu seinem Vater.

Da sprach der Vater: „Ich wußte wohl, daß du deinen Bruder erlöst hattest, denn die goldene Lilie ist auf einmal wieder aufgestanden und hat fortgeblüht."

Nun lebten sie vergnügt, und es ging ihnen wohl bis an ihr Ende.

Hänsel und Gretel

Vor einem großen Walde wohnte ein armer Holzhacker mit seiner Frau und seinen zwei Kindern: Das Büblein hieß Hänsel und das Mädchen Gretel. Er hatte wenig zu beißen und zu brechen, und einmal, als große Teuerung ins Land kam, konnte er auch das tägliche Brot nicht mehr schaffen. Wie er sich nun abends im Bett Gedanken machte und sich vor Sorgen herumwälzte, seufzte er und sprach zu seiner Frau: „Was soll aus uns werden? Wie können wir unsere armen Kinder ernähren, da wir für uns selbst nichts mehr haben?" – „Weißt du was, Mann", antwortete die Frau, „wir wollen morgen in aller Frühe die Kinder hinaus in den Wald führen, wo er am dicksten ist, da machen wir ihnen ein Feuer an und geben jedem noch ein Stückchen Brot, dann gehen wir an unsere Arbeit und lassen sie allein. Sie finden den Weg nicht wieder nach Haus, und wir sind sie los." – „Nein, Frau", sagte der Mann, „das tue ich nicht; wie sollt' ich's übers Herz bringen, meine Kinder im Walde allein zu lassen? Die wilden Tiere würden bald kommen und sie zerreißen." – „Oh, du Narr", sagte sie, „dann müssen wir alle vier Hungers sterben, du kannst nun gleich die Bretter für die Särge hobeln", und ließ ihm keine Ruhe, bis er einwilligte. „Aber die armen Kinder dauern mich doch", sagte der Mann.

Die zwei Kinder hatten vor Hunger auch nicht einschlafen können und hatten gehört, was die Stiefmutter zum Vater gesagt hatte. Gretel weinte bittere Tränen und sprach zu Hänsel: „Nun ist's um uns geschehen." – „Still, Gretel", sprach Hänsel, „gräme dich nicht, ich will uns schon helfen." Und als die Alte eingeschlafen war, stand er auf, zog sein Röcklein an, machte die Hintertür auf und schlich sich hinaus. Da schien der Mond ganz hell, und die weißen Kieselsteine, die vor dem Hause lagen, glänzten wie lauter Batzen. Hänsel bückte sich und steckte so viele in sein Rocktäschlein, als nur hineinwollten. Dann ging er wieder zurück, sprach zu Gretel: „Sei getrost, Schwesterchen, und schlaf nur ruhig ein, Gott wird uns nicht verlassen", und legte sich wieder in sein Bett.

Als der Tag anbrach, noch ehe die Sonne aufgegangen war, kam schon die Frau und weckte die beiden Kinder. „Steht auf, ihr Faulenzer, wir wollen in den Wald gehen und Holz holen!" Dann gab sie jedem ein Stückchen Brot und sprach: „Da habt ihr etwas für den Mittag, aber eßt's nicht vorher auf, weiter kriegt ihr nichts." Gretel nahm das Brot unter die Schürze, weil Hänsel die Steine in der Tasche hatte. Danach machten sie sich alle zusammen auf den Weg nach dem Walde. Als sie ein Weilchen gegangen waren, stand Hänsel still und guckte nach dem Haus zurück und tat das wieder und immer wieder. Der Vater sprach: „Hänsel, was guckst du da und bleibst zurück? Hab acht und vergiß deine Beine nicht." – „Ach, Vater", sagte Hänsel, „ich sehe nach meinem weißen Kätzchen, das sitzt oben auf dem Dache und will mir Ade sagen." Die Frau sprach: „Narr, das ist dein Kätzchen nicht, das ist die Morgensonne, die auf den Schornstein scheint." Hänsel aber hatte nicht nach dem Kätzchen gesehen, sondern immer einen von den blanken Kieselsteinen aus seiner Tasche auf den Weg geworfen.

Als sie mitten in den Wald gekommen waren, sprach der Vater: „Nun sammelt Holz, ihr Kinder, ich will ein Feuer anmachen, damit ihr nicht friert." Hänsel und Gretel trugen Reisig zusammen, einen kleinen Berg hoch. Das Reisig ward angezündet, und als die Flammen recht hoch brannten, sagte die Frau: „Nun legt euch ans Feuer, Kinder, und ruht euch aus, wir gehen in den Wald und hauen Holz. Wenn wir fertig sind, kommen wir und holen euch ab."

Hänsel und Gretel saßen am Feuer, und als der Mittag kam, aß jedes sein Stücklein Brot. Und weil sie die Schläge der Holzaxt hörten, so glaubten sie, ihr Vater wäre in der Nähe. Es war aber nicht die Holzaxt, es war ein Ast, den er an einen dürren Baum gebunden hatte und den der Wind hin und her schlug. Und als sie so lange gesessen hatten, fielen ihnen die Augen vor Müdigkeit zu, und sie schliefen fest ein. Als sie endlich erwachten, war es schon finstere Nacht. Gretel fing an zu weinen und sprach: „Wie sollen wir nun aus dem Walde kommen?" Hänsel aber tröstete sie: „Wart nur ein Weilchen, bis der Mond aufgegangen ist, dann wollen wir den Weg schon finden." Und als der volle Mond heraufgestiegen war, nahm Hänsel sein Schwesterchen an der Hand und ging den Kieselsteinen nach; die schimmerten wie neugeschlagene Batzen und zeigten ihnen den Weg. Sie gingen die ganze Nacht hindurch und kamen bei anbrechendem Tag wieder zu ihres Vaters Haus. Sie klopften an die Tür, und als die Frau aufmachte und sah, daß es Hänsel und Gretel waren, sprach sie: „Ihr bösen Kinder, was habt ihr so lange im Walde geschlafen, wir haben geglaubt, ihr wolltet gar nicht wiederkommen." Der Vater aber freute sich, denn es war ihm zu Herzen gegangen, daß er sie so allein zurückgelassen hatte.

Nicht lange danach war wieder Not in allen Ecken, und die Kinder hörten, wie die Mutter nachts im Bette zu dem Vater sprach: „Alles ist wieder aufgezehrt; wir haben noch einen halben Laib Brot, hernach hat das Lied ein Ende. Die Kinder müssen fort, wir wollen sie tiefer in den Wald hineinführen, damit sie den Weg nicht wieder herausfinden; es ist sonst keine Rettung für uns." Dem Manne fiel's schwer aufs Herz, und er dachte: „Es wäre besser, daß du den letzten Bissen mit deinen Kindern teiltest." Aber die Frau hörte auf nichts, was er sagte, schalt ihn und machte ihm Vorwürfe. Wer A sagt, muß auch B sagen, und weil er das erstemal nachgegeben hatte, mußte er's auch das zweitemal.

Die Kinder waren aber noch wach gewesen und hatten das Gespräch mit angehört. Als die Alten schliefen, stand Hänsel wieder auf, wollte hinaus und Kieselsteine auflesen wie das vorige Mal, aber die Frau hatte die Tür verschlossen, und Hänsel konnte nicht hinaus. Aber er tröstete sein Schwesterchen und sprach: „Weine nicht, Gretel, schlaf nur ruhig, der liebe Gott wird uns schon helfen."

Am frühen Morgen kam die Frau und holte die Kinder aus dem Bett. Sie erhielten ihr Stückchen Brot, das war aber noch kleiner als das vorige Mal. Auf dem Wege nach dem Walde bröckelte es Hänsel in der Tasche, stand oft still und warf ein Bröcklein auf die Erde. „Hänsel, was stehst du und guckst dich um?" sagte der Vater, „geh deiner Wege." – „Ich sehe nach meinem Täubchen, das sitzt auf dem Dache und will mir Ade sagen", antwortete Hänsel. „Narr", sagte die Frau, „das ist dein Täubchen nicht, das ist die Morgensonne, die auf den Schornstein oben scheint." Hänsel aber warf nach und nach alle Bröcklein auf den Weg.

Die Frau führte die Kinder noch tiefer in den Wald, wo sie ihr Lebtag noch nicht gewesen waren. Da ward wieder ein großes Feuer angemacht, und die Mutter sagte: „Bleibt nur da sitzen, ihr Kinder, und wenn ihr müde seid, könnt ihr ein wenig schlafen; wir gehen in den Wald und hauen Holz, und abends, wenn wir fertig sind, kommen wir und holen euch ab." Als es Mittag war, teilte Gretel ihr Brot mit Hänsel, der sein Stück auf den Weg gestreut hatte. Dann schliefen sie ein, und der Abend verging, aber niemand kam zu den armen Kindern. Sie erwachten erst in der finsteren Nacht, und Hänsel tröstete sein Schwesterchen und sagte: „Wart nur, Gretel, bis der Mond aufgeht, dann werden wir die Brotbröcklein sehen, die ich ausgestreut habe, die zeigen uns den Weg nach Haus." Als der Mond kam, machten sie sich auf, aber sie fanden kein Bröcklein mehr, denn die vieltausend Vögel, die im Walde und im Felde umherfliegen, die hatten sie weggepickt.

Hänsel sagte zu Gretel: „Wir werden den Weg schon finden“; aber sie fanden ihn nicht. Sie gingen die ganze Nacht und noch einen Tag vom Morgen bis zum Abend, aber sie kamen nicht aus dem Wald hinaus und waren so hungrig, denn sie hatten nichts als die paar Beeren, die auf der Erde standen. Und weil sie so müde waren, daß die Beine sie nicht mehr tragen wollten, legten sie sich unter einen Baum und schliefen ein.

Nun war's schon der dritte Morgen, daß sie ihres Vaters Haus verlassen hatten. Sie fingen wieder an zu gehen, aber sie gerieten immer tiefer in den Wald hinein, und wenn nicht bald Hilfe kam, mußten sie verschmachten. Als es Mittag war, sahen sie ein schönes, schneeweißes Vöglein auf einem Aste sitzen, das sang so schön, daß sie stehenblieben und ihm zuhörten. Und als es fertig war, schwang es seine Flügel und flog vor ihnen her, und sie gingen ihm nach,

bis sie zu einem Häuschen gelangten, auf dessen Dach es sich setzte, und als sie ganz nah hinkamen, sahen sie, daß das Häuslein aus Brot gebaut war und mit Kuchen gedeckt; aber die Fenster waren von hellem Zucker. „Da wollen wir uns dranmachen“, sprach Hänsel, „und eine gesegnete Mahlzeit halten. Ich will ein Stück vom Dach essen, Gretel, du kannst vom Fenster essen, das schmeckt süß.“ Hänsel langte in die Höhe und brach sich ein wenig vom Dach ab, um zu versuchen, wie es schmeckte, und Gretel stellte sich an die Scheibe und knusperte daran. Da rief eine feine Stimme aus der Stube heraus:

„Knusper, knusper, kneischen,
Wer knuspert an meinem Häuschen?“

Die Kinder antworteten:

„Der Wind, der Wind,
Das himmlische Kind“,

und aßen weiter, ohne sich irremachen zu lassen. Hänsel, dem das Dach sehr gut schmeckte, riß ein großes Stück davon herunter, und Gretel stieß eine ganze runde Fensterscheibe heraus, setzte sich nieder und tat sich wohl damit. Da ging auf einmal die Tür auf, und eine steinalte Frau, die sich auf eine Krücke stützte, kam herausgeschlichen. Hänsel und Gretel erschraken so gewaltig, daß sie fallen ließen, was sie in den Händen hielten. Die Alte aber wackelte mit dem Kopfe und sprach: „Ei, ihr lieben Kinder, wer hat euch hierher gebracht? Kommt nur herein und bleibt bei mir, es geschieht euch kein Leid.“ Sie faßte bei-

de an der Hand und führte sie in ihr Häuschen. Da ward gutes Essen aufgetragen, Milch und Pfannkuchen mit Zukker, Äpfel und Nüsse. Hernach wurden zwei schöne Bettlein weiß gedeckt, und Hänsel und Gretel legten sich hinein und meinten, sie wären im Himmel.

Die Alte hatte sich nur so freundlich gestellt, sie war aber eine böse Hexe, die den Kindern auflauerte, und hatte das Brothäuschen bloß gebaut, um sie herbeizulocken. Wenn eins in ihre Gewalt kam, machte sie es tot, kochte und aß es, und das war ihr Festtag. Die Hexen haben rote Augen und können nicht weit sehen, aber sie haben eine feine Witterung wie die Tiere und merken's, wenn Menschen herankommen. Als Hänsel und Gretel in ihre Nähe kamen, da lachte sie boshaft und sprach höhnisch: „Die habe ich, die sollen mir nicht wieder entwischen." Frühmorgens, ehe die Kinder erwacht waren, stand sie schon auf, und als sie beide so lieblich ruhen sah, mit den vollen roten Backen, so murmelte sie vor sich hin: „Das wird ein guter Bissen werden!" Da packte sie Hänsel mit ihrer dürren Hand, trug ihn in einen kleinen Stall und sperrte ihn mit einer Gittertür ein; er mochte schreien, wie er wollte, es half ihm nichts. Dann ging sie zur Gretel, rüttelte sie wach und rief: „Steh auf, Faulenzerin, trag Wasser und koch deinem Bruder etwas Gutes, der sitzt draußen im Stall und soll fett werden. Wenn er fett ist, will ich ihn essen." Gretel fing bitterlich zu weinen an; aber es war alles vergeblich, sie mußte tun, was die böse Hexe verlangte.

Nun ward dem armen Hänsel das beste Essen gekocht, aber Gretel bekam nichts als Krebsschalen. Jeden Morgen schlich die Alte zu dem Ställchen und rief: „Hänsel, streck deine Finger heraus, damit ich fühle, ob du bald fett bist!" Hänsel streckte ihr aber ein Knöchlein hinaus, und die Alte, die trübe Augen hatte, konnte es nicht sehen und meinte, es wären Hänsels Finger, und verwunderte sich, daß er gar nicht fett werden wollte. Als vier Wochen herum waren und Hänsel immer mager blieb, da übermannte sie die Ungeduld, und sie wollte nicht länger warten. „Heda, Gretel", rief sie dem Mädchen zu, „sei flink und trag Wasser! Hänsel mag fett oder mager sein, morgen will ich ihn schlachten und kochen." Ach, wie jammerte das arme Schwesterchen, als es das Wasser tragen mußte, und wie flossen ihm die Tränen über die Backen herunter! „Lieber Gott, hilf uns doch", rief sie aus, „hätten uns nur die wilden Tiere im Wald gefressen, so wären wir doch zusammen gestorben!" – „Spar nur dein Geplärr", sagte die Alte, „es hilft dir alles nichts."

Frühmorgens mußte Gretel heraus, den Kessel mit Wasser aufhängen und Feuer anzünden. „Erst wollen wir bakken", sagte die Alte, „ich habe den Backofen schon eingeheizt und den Teig geknetet!" Sie stieß die arme Gretel hinaus zu dem Backofen, aus dem die Feuerflammen schon herausschlugen. „Kriech hinein", sagte die Hexe, „und sieh zu, ob recht eingeheizt ist, damit wir das Brot hineinschießen können!" Und wenn Gretel darin war, wollte sie den Ofen zumachen, und Gretel sollte darin braten, und dann wollte sie Gretel auch aufessen. Aber Gretel merkte, was sie vorhatte, und sprach: „Ich weiß nicht, wie ich's machen soll; wie komm' ich da hinein?" – „Dumme Gans", sagte die Alte, „die Öffnung ist groß genug: Siehst du wohl, ich könnte selbst hinein", krabbelte heran und steckte den Kopf in den Backofen. Da gab ihr Gretel einen Stoß, daß sie weit hineinfuhr, machte die eiserne Tür zu und schob den Riegel vor. Hu! da fing sie an zu heulen, ganz grauselig; aber Gretel lief fort, und die gottlose Hexe mußte elendig verbrennen.

Gretel aber lief schnurstracks zum Hänsel, öffnete sein Ställchen und rief: „Hänsel, wir sind erlöst, die alte Hexe ist tot!" Da sprang Hänsel heraus wie ein Vogel aus dem Käfig, wenn ihm die Tür aufgemacht wird. Wie haben sie sich gefreut, sind sich um den Hals gefallen, sind herumgesprungen und haben sich geküßt! Und weil sie sich nicht mehr zu fürchten brauchten, gingen sie in das Haus der Hexe hinein, da standen in allen Ecken Kasten mit Perlen und Edelsteinen. „Die sind noch besser als Kieselsteine", sagte Hänsel und steckte in seine Taschen, was hineinwollte, und Gretel sagte: „Ich will auch etwas mit nach Hause bringen", und füllte sich das Schürzchen voll. „Aber jetzt wollen wir fort", sagte Hänsel, „damit wir aus dem Hexenwald hinauskommen." Als sie aber ein paar Stunden gegangen waren, gelangten sie an ein großes Wasser. „Wir können nicht hinüber", sprach Hänsel, „ich seh' keinen Steg und keine Brücke." – „Hier fährt auch kein Schiffchen", antwortete Gretel, „aber da schwimmt eine weiße Ente, wenn ich die bitte, hilft sie uns hinüber." Da rief sie:

„Entchen, Entchen,
Da steht Gretel und Hänsel.
Kein Steg und keine Brücke,
Nimm uns auf deinen weißen Rücken!"

Das Entchen kam auch heran, und Hänsel setzte sich auf und bat sein Schwesterchen, sich zu ihm zu setzen. „Nein", antwortete Gretel, „es wird dem Entchen zu schwer, es soll uns nacheinander hinüberbringen." Das tat das gute Tierchen, und als sie glücklich drüben waren und ein Weilchen fortwanderten, da kam ihnen der Wald bekannter und immer bekannter vor, und endlich erblickten sie von weitem ihres Vaters Haus. Da fingen sie an zu laufen, stürzten in die Stube hinein und fielen ihrem Vater um den Hals. Der Mann hatte keine frohe Stunde gehabt, seitdem er die Kinder im Wald gelassen hatte, die Frau aber war gestorben. Gretel schüttelte ihr Schürzchen aus, daß die Perlen und Edelsteine in der Stube herumsprangen, und Hänsel warf eine Handvoll nach der andern aus seiner Tasche dazu. Da hatten alle Sorgen ein Ende, und sie lebten in lauter Freude zusammen. Mein Märchen ist aus, dort läuft eine Maus, wer sie fängt, darf sich eine große, große Pelzkappe daraus machen.

Hans im Glück

Hans hatte sieben Jahre bei seinem Herrn gedient, da sprach er zu ihm: „Herr, meine Zeit ist herum, nun wollte ich gern wieder heim zu meiner Mutter, gebt mir meinen Lohn." Der Herr antwortete: „Du hast mir treu und ehrlich gedient; wie der Dienst war, so soll auch der Lohn sein", und er gab ihm ein Stück Gold, das so groß wie Hansens Kopf war. Hans zog sein Tüchlein aus der Tasche, wickelte den Klumpen hinein, setzte ihn auf die Schulter und machte sich auf den Weg nach Hause.

Wie er so dahinging und immer ein Bein vor das andere setzte, kam ihm ein Reiter in die Augen, der frisch und fröhlich auf einem munteren Pferde vorbeitrabte. „Ach", sprach Hans ganz laut vor sich hin, „was ist das Reiten ein schönes Ding! Da sitzt einer wie auf einem Stuhl, stößt sich an keinen Stein, spart die Schuhe und kommt fort, er weiß nicht wie." Der Reiter, der das gehört hatte, hielt an und rief: „Ei, Hans, warum läufst du auch zu Fuß?" – „Ich muß ja wohl", antwortete er, „da hab' ich einen Klumpen heimzutragen; es ist zwar Gold, aber ich kann den Kopf dabei nicht gerad' halten, auch drückt mir's auf die Schulter." – „Weißt du was", sagte der Reiter zu ihm, „wir wollen tauschen; ich gebe dir mein Pferd, und du gibst mir deinen Klumpen." – „Von Herzen gern", sprach Hans, „aber ich sag' Euch, Ihr müßt Euch damit schleppen." Der Reiter stieg ab, nahm das Gold und half dem Hans hinauf, gab ihm die Zügel fest in die Hände und sprach: „Wenn's nun recht geschwind gehen soll, so mußt du mit der Zunge schnalzen und ‚hopp, hopp' rufen."

Hans war seelenfroh, als er auf dem Pferde saß und so frank und frei dahinritt. Über ein Weilchen fiel's ihm ein, es sollte noch schneller gehen; da fing er an mit der Zunge zu schnalzen und „hopp,

hopp“ zu rufen. Das Pferd setzte sich in starken Trab, und ehe sich’s Hans versah, war er abgeworfen und lag in einem Graben, der die Äcker von der Landstraße trennte. Das Pferd wäre auch durchgegangen, wenn es nicht ein Bauer aufgehalten hätte, der des Weges kam und eine Kuh vor sich her trieb. Hans suchte seine Glieder zusammen und machte sich schnellstens wieder auf die Beine. Er war aber ziemlich verdrießlich und sprach zu dem Bauern: „Es ist ein schlechter Spaß, das Reiten, zumal wenn man auf so eine Mähre gerät wie diese, die stößt und einen herabwirft, daß man den Hals brechen kann; ich setze mich nun nimmermehr wieder auf. Da lob’ ich mir Eure Kuh, da kann einer mit Gemächlichkeit hinterhergehen und hat obendrein seine Milch, Butter und Käse jeden Tag gewiß. Was gäb’ ich darum, wenn ich so eine Kuh hätte!“ – „Nun“, sprach der Bauer, „geschieht Euch so ein großer Gefallen, so will ich Euch wohl die Kuh für das Pferd vertauschen.“ Hans willigte mit tausend Freuden ein; der Bauer aber schwang sich aufs Pferd und ritt eilig davon.

Hans trieb seine Kuh ruhig vor sich her und bedachte den glücklichen Handel. „Hab’ ich nur ein Stück Brot, und daran wird mir’s doch nicht fehlen, so kann ich, sooft mir’s beliebt, Butter und Käse dazu essen; hab’ ich Durst, so melk’ ich meine Kuh und trinke Milch. Herz, was verlangst du mehr?“ Als er zu einem Wirtshaus kam, machte er halt, aß in der großen Freude alles, was er bei sich hatte, sein Mittag- und Abendbrot, rein auf und ließ sich für seine letzten paar Heller ein halbes Glas Bier einschenken. Dann trieb er seine Kuh weiter, immer nach dem Dorfe seiner Mutter zu. Die Hitze wurde drückender, je näher der Mittag kam, und Hans befand sich in einer Heide, die wohl noch eine Stunde dauerte. Da ward es ihm ganz heiß, so daß ihm vor Durst die Zunge am Gaumen klebte. „Dem Ding ist zu helfen“, dachte Hans, „jetzt will ich meine Kuh melken und mich an der Milch laben.“ Er band sie an einen dürren Baum, und da er keinen Eimer hatte, stellte er seine Ledermütze unter, aber wie er sich auch bemühte, es kam kein Tropfen Milch zum Vorschein. Und weil er sich ungeschickt dabei anstellte, gab ihm das ungeduldige Tier endlich mit einem der Hinterfüße einen solchen Schlag vor den Kopf, daß er zu Boden taumelte und sich eine Zeitlang gar nicht besinnen konnte, wo er war. Glücklicherweise kam gerade ein Metzger des Weges, der auf einem Schubkarren ein junges Schwein liegen hatte. „Was sind das für Streiche!“ rief der Metzger und half dem guten Hans wieder auf. Hans erzählte, was vorgefallen war. Der Metzger reichte ihm seine Flasche und sprach: „Da trinkt einmal und erholt Euch. Die Kuh will wohl keine Milch geben, das ist ein altes Tier, das höchstens noch zum Ziehen taugt oder zum Schlachten.“ – „Ei, ei“, sprach Hans und strich sich die Haare über den Kopf, „wer hätte das gedacht! Es ist freilich gut, wenn man so ein Tier fürs Haus abschlachten kann, was gibt’s für

Fleisch! Aber ich mache mir aus dem Kuhfleisch nicht viel, es ist mir nicht saftig genug. Ja, wer so ein junges Schwein hätte! Das schmeckt anders, dabei noch die Würste!" – „Hört, Hans", sprach da der Metzger, „Euch zuliebe will ich tauschen und will Euch das Schwein für die Kuh lassen." – „Gott lohn' Euch Eure Freundschaft!" sprach Hans, übergab ihm die Kuh, ließ sich das Schweinchen vom Karren losmachen und den Strick, woran es gebunden war, in die Hand geben.

Hans zog weiter und überdachte, wie ihm doch alles nach Wunsch ginge; begegnete ihm je eine Verdrießlichkeit, so würde sie doch gleich wieder gutgemacht. Es gesellte sich danach ein Bursch zu ihm, der trug eine schöne, weiße Gans unter dem Arm. Sie boten einander die Zeit, und Hans fing an, von seinem Glück zu erzählen, und wie er immer so vorteilhaft getauscht hätte. Der Bursch erzählte ihm, daß er die Gans zu einem Kindstaufschmaus brächte. „Hebt einmal", fuhr er fort und packte sie bei den Flügeln, „wie schwer sie ist, die ist aber auch acht Wochen lang genudelt worden. Wer in den Braten beißt, muß sich das Fett von beiden Seiten abwischen." – „Ja", sprach Hans und wog sie mit der einen Hand, „die hat ihr Gewicht, aber mein Schwein ist auch keine Sau." Indessen sah sich der Bursch nach allen Seiten ganz bedenklich um, schüttelte auch wohl mit dem Kopfe. „Hört", fing er darauf an, „mit Eurem Schwein mag's nicht richtig sein. In dem Dorfe, durch das ich gekommen bin, ist eben dem Schulzen eins aus dem Stall gestohlen worden. Ich fürchte, ich fürchte, Ihr habt's da in der Hand. Sie haben Leute ausgeschickt, und es wäre ein schlimmer Handel, wenn sie Euch mit dem Schweine erwischten; das Geringste ist, daß Ihr ins finstere Loch ge-

steckt werdet.“ Dem guten Hans ward bang: „Ach Gott“, sprach er, „helft mir aus der Not, Ihr wißt hier herum besser Bescheid, nehmt mein Schwein da, und laßt mir Eure Gans.“ – „Ich muß schon etwas aufs Spiel setzen“, antwortete der Bursche, „aber ich will doch nicht schuld sein, daß Ihr ins Unglück geratet.“ Er nahm also das Seil in die Hand und trieb das Schwein schnell auf einem Seitenweg fort; der gute Hans aber ging, seiner Sorgen entledigt, mit der Gans unter dem Arm der Heimat zu. „Wenn ich's recht überlege“, sprach er mit sich selbst, „habe ich noch Vorteil bei dem Tausch; erstlich den guten Braten, hernach die Menge Fett, die heraussträufeln wird, das gibt Gänsefettbrot auf ein Vierteljahr; und endlich die schönen weißen Federn, die lass' ich mir in mein Kopfkissen stopfen, und darauf will ich wohl ungewiegt einschlafen. Was wird meine Mutter eine Freude haben!“

Als er durch das letzte Dorf gekommen war, stand da ein Scherenschleifer mit seinem Karren, sein Rad schnurrte, und er sang dazu:

„Ich schleife die Schere
und drehe geschwind.
Und hänge mein Mäntelchen
nach dem Wind.“

Hans blieb stehen und sah ihm zu: endlich redete er ihn an und sprach: „Euch geht's wohl, da ihr so lustig bei Eurem Schleifen seid.“ – „Ja“, antwortete der Scherenschleifer, „das Handwerk hat einen goldenen Boden. Ein rechter Schleifer ist ein Mann, der, sooft er in die Tasche greift, auch Geld darin findet. Aber wo habt Ihr die schöne Gans gekauft?“ – „Die hab' ich nicht gekauft, sondern für ein Schwein eingetauscht.“ – „Und das Schwein?“ – „Das hab' ich für eine Kuh gekriegt.“ – „Und die Kuh?“ – „Die hab' ich für ein Pferd bekommen.“ – „Und das Pferd?“ – „Dafür hab' ich einen Klumpen Gold, so groß wie mein Kopf, gegeben.“ – „Und das Gold?“ – „Ei, das war mein Lohn für sieben Jahre Dienst.“ – „Ihr habt Euch jederzeit zu helfen gewußt“, sprach der Schleifer, „könnt Ihr's nun dahin bringen, daß Ihr das Geld in der Tasche springen hört, wenn Ihr aufsteht, so habt Ihr Euer Glück gemacht.“ – „Wie soll ich das anfangen?“ sprach Hans. – „Ihr müßt ein Schleifer werden wie ich; dazu gehört eigentlich nichts als ein Wetzstein, das andere findet sich schon von selbst. Da hab' ich einen, der ist zwar ein wenig schadhaft, dafür sollt Ihr mir aber auch weiter nichts als Eure Gans geben; wollt Ihr das?“ – „Wie könnt Ihr noch fragen“, antwortete Hans, „ich werde ja zum glücklichsten Menschen auf Erden; habe ich Geld, sooft ich in die Tasche greife, was brauche ich da länger zu sorgen?“, reichte ihm die Gans hin und nahm den Wetzstein in Empfang. „Nun“, sprach der Schleifer und hob einen gewöhnlichen schweren Feldstein, der neben ihm lag, auf, „da habt Ihr noch einen tüchtigen Stein dazu, auf dem sich's gut schlagen läßt und Ihr Eure alten Nägel geradeklopfen könnt. Nehmt ihn und hebt ihn ordentlich auf.“

Hans lud den Stein auf und ging mit vergnügtem Herzen weiter; seine Augen leuchteten vor Freude: „Ich muß in einer Glückshaut geboren sein“, rief er aus, „alles, was ich wünsche, trifft mir ein wie einem Sonntagskind.“ Indessen, weil er seit Tagesanbruch auf den Beinen gewesen war, begann er müde zu werden; auch plagte ihn der Hunger, da er in der Freude über die erhandelte Kuh allen Vorrat auf einmal aufgezehrt hatte. Er konnte endlich nur mit Mühe weitergehen und mußte jeden Augenblick haltmachen; dabei drückten ihn die Steine ganz erbärmlich. Da konnte er sich des Gedankens nicht erwehren, wie gut es wäre, wenn er sie gerade jetzt nicht zu tragen brauchte. Wie eine Schnecke kam er zu einem Feldbrunnen geschlichen, wollte da ruhen und sich mit einem frischen Trunk laben; damit er aber die Steine im Niedersitzen nicht beschädigte, legte er sie bedächtig neben sich auf den Rand des Brunnens. Darauf setzte er sich nieder und wollte sich zum Trinken bücken, da versah er's, stieß ein klein wenig an, und beide Steine plumpsten hinab. Hans, als er sie mit seinen Augen in die Tiefe hatte versinken sehen, sprang vor Freude auf, kniete nieder und dankte Gott mit Tränen in den Augen, daß er ihm auch diese Gnade noch erwiesen und ihn auf eine so gute Art und ohne daß er sich einen Vorwurf zu machen brauchte, von den schweren Steinen befreit hätte, die ihm allein noch hinderlich gewesen wären. „So glücklich wie ich“, rief er aus, „gibt es keinen Menschen unter der Sonne!“ Mit leichtem Herzen und frei von aller Last, sprang er nun fort, bis er daheim bei seiner Mutter war.

Der Hase und der Igel

Diese Geschichte ist lügenhaft zu erzählen, Kinder, aber wahr ist sie doch, denn mein Großvater, von dem ich sie habe, pflegte immer, wenn er sie mir erzählte, dabei zu sagen: „Wahr muß sie doch sein, mein Sohn, denn sonst könnte man sie ja nicht erzählen." Die Geschichte aber hat sich so zugetragen:

Es war an einem Sonntagmorgen in der Herbstzeit, just als der Buchweizen blühte: Die Sonne war golden am Himmel aufgegangen, der Morgenwind ging warm über die Stoppeln, die Lerchen sangen in der Luft, die Bienen summten in dem Buchweizen, und die Leute gingen in ihrem Sonntagsstaat in die Kirche, kurz, alle Geschöpfe waren vergnügt und der Swinegel auch.

Der Swinegel aber stand vor seiner Tür, hatte die Arme übereinandergeschlagen, guckte dabei in den Morgenwind hinaus und trällerte ein Liedchen vor sich hin, so gut und so schlecht, als nun eben am lieben Sonntagmorgen ein Swinegel zu singen pflegt. Indem er nun noch so halbleise vor sich hin sang, fiel ihm auf einmal ein, er könne wohl, während seine Frau die Kinder wüsche und anzöge, ein bißchen im Felde spazieren und zusehen, wie seine Steckrüben ständen. Die Steckrüben waren aber das Nächste bei seinem Hause, und er pflegte mit seiner Familie davon zu essen; deshalb sah er sie als die seinigen an. Der Swinegel machte die Haustür hinter sich zu und schlug den Weg nach dem Felde ein. Er war noch nicht sehr weit vom Hause und wollte just um den Schlehenbusch, der da vor dem Felde liegt, nach dem Steckrübenacker hinaufschlendern, als ihm der Hase begegnete, der in ähnlichen Geschäften ausgegangen war, nämlich um seinen Kohl zu besehen. Als der Swinegel des Hasen ansichtig wurde, bot er ihm einen freundlichen guten Morgen. Der Hase aber, der nach seiner Weise ein vornehmer Herr war und grausam hochfahrig dazu, antwortete nichts auf des Swinegels Gruß, sondern sagte zum Swinegel, wobei er eine gewaltig höhnische Miene annahm: „Wie kommt es denn, daß du schon bei so frühem Morgen im Felde rumläufst?" – „Ich gehe spazieren", sagte der Swinegel. – „Spazieren?" lachte der Hase. „Mich deucht, du könntest deine Beine auch wohl zu besseren Dingen gebrauchen." Diese Antwort verdroß den Swinegel ungeheuer, denn alles kann er vertragen, aber auf seine Beine läßt er nichts kommen, eben weil sie von Natur schief sind. „Du bildest dir wohl ein", sagte nun der Swinegel zum Hasen, „daß du mit deinen Beinen mehr ausrichten kannst?" – „Das denk'

ich", sagte der Hase. – „Das kommt auf einen Versuch an", meinte der Swinegel, „ich wette, wenn wir wettlaufen, ich laufe an dir vorbei." – „Das ist zum Lachen, du mit deinen schiefen Beinen!" sagte der Hase. „Aber meinetwegen mag's sein, wenn du so übergroße Lust hast. Was gilt die Wette?" – „Einen Golddukaten und eine Flasche Schnaps", sagte der Swinegel. – „Angenommen", sprach der Hase, „schlag ein, und dann kann's gleich losgehen." – „Nein, so große Eile hat es nicht", meinte der Swinegel, „ich bin noch ganz nüchtern; erst will ich nach Hause gehen und ein bißchen frühstücken. In einer halben Stunde bin ich wieder hier auf dem Platze." Darauf ging der Swinegel, denn der Hase war es zufrieden.

Unterwegs dachte der Swinegel bei sich: „Der Hase verläßt sich auf seine langen Beine, aber ich will ihn schon kriegen. Er ist zwar ein vornehmer Herr, aber doch ein dummer Kerl, und bezahlen soll er doch." Als nun der Swinegel zu Hause ankam, sagte er zu seiner Frau: „Frau, zieh dich schnell an, du mußt mit mir ins Feld hinaus." – „Was gibt es denn?" fragte die Frau. – „Ich habe mit dem Hasen um einen Golddukaten und eine Flasche Schnaps gewettet, ich will mit ihm um die Wette laufen, und da sollst du dabeisein." – „O mein Gott, Mann", schrie dem Swinegel seine Frau, „bist du nicht klug, hast du denn ganz den Verstand verloren? Wie kannst du mit dem Hasen um die Wette laufen wollen?" – „Halt's Maul, Weib", sagte der Swinegel, „das ist meine Sache. Schwatz nicht in Männergeschäfte. Marsch, zieh dich an, und dann komm mit." Was sollte dem Swinegel seine Frau machen? Sie mußte wohl folgen, sie mochte wollen oder nicht.

Als sie nun miteinander unterwegs waren, sprach der Swinegel zu seiner Frau: „Nun paß auf, was ich dir sagen werde. Sieh, auf dem langen Acker dort wollen wir unsern Wettlauf machen. Der Hase läuft nämlich in der einen Furche und ich in der andern, und von oben fangen wir an zu laufen. Nun hast du weiter nichts zu tun: Du stellst dich hier unten in die Furche, und wenn der Hase auf der andern Seite ankommt, rufst du ihm entgegen: Ich bin schon hier!"

Damit waren sie beim Acker angelangt, der Swinegel wies seiner Frau ihren Platz an und ging nun den Acker hinauf. Als er oben ankam, war der Hase schon da. „Kann es losgehen?" fragte der Hase. – „Jawohl", erwiderte der Swinegel. – „Dann nur zu!" Und damit stellte sich jeder in seine Furche. Der Hase zählte: „Eins, zwei, drei!" Und los ging er wie ein Sturmwind den Acker hinunter. Der Swinegel aber lief nur ungefähr drei Schritte, dann duckte er sich in die Furche nieder und blieb ruhig sitzen. Als nun der Hase im vollen Lauf unten am Acker ankam, rief ihm dem Swinegel seine Frau entgegen: „Ich bin schon hier!" Der Hase stutzte und verwunderte sich nicht wenig. Er meinte nicht anders, als es wäre der Swinegel selbst, der ihm das zurufe, denn bekanntlich sieht dem Swinegel seine Frau geradeso aus wie ihr Mann.

Der Hase aber meinte: „Das geht nicht mit rechten Dingen zu." Er rief: „Noch einmal gelaufen, wieder herum!" Und fort ging es wieder wie ein Sturmwind, so daß ihm die Ohren am Kopfe flogen. Dem Swinegel seine Frau aber blieb ruhig auf ihrem Platze. Als nun der Hase oben ankam, rief ihm der Swinegel entgegen: „Ich bin schon hier!" Der Hase aber, ganz außer sich vor Ärger, schrie: „Noch mal gelaufen, wieder herum!" – „Mir recht", antwortete der Swinegel, „meinetwegen so oft, als du Lust hast." So lief der Hase dreiundsiebzigmal, und der Swinegel hielt es immer mit ihm aus. Jedesmal, wenn der Hase unten oder oben ankam, sagte der Swinegel oder seine Frau: „Ich bin schon hier."

Zum vierundsiebzigstenmal aber kam der Hase nicht mehr zu Ende. Mitten auf dem Acker stürzte er zur Erde, das Blut floß ihm aus dem Halse, und er blieb tot auf dem Platze. Der Swinegel aber nahm seinen gewonnenen Golddukaten und die Flasche Branntwein, rief seine Frau aus der Furche ab, und beide gingen vergnügt nach Hause, und wenn sie nicht gestorben sind, leben sie noch heute.

So begab es sich, daß auf der Buxtehuder Heide der Swinegel den Hasen zu Tode gelaufen hat, und seit jener Zeit hat es sich kein Hase wieder einfallen lassen, mit dem Buxtehuder Swinegel um die Wette zu laufen.

Die Lehre aber aus dieser Geschichte ist erstens, daß sich keiner, und wenn er sich auch noch so vornehm dünkt, soll bekommen lassen, sich über einen geringen Mann lustig zu machen, und wäre es auch nur ein Swinegel. Und zweitens, daß es geraten ist, wenn einer freit, daß er sich eine Frau aus seinem Stande nimmt, die just so aussieht wie er selbst. Wer also ein Swinegel ist, der muß darauf sehen, daß seine Frau auch ein Swinegel sei.

Das Hirtenbüblein

Es war einmal ein Hirtenbübchen, das war wegen seiner weisen Antworten, die es auf alle Fragen gab, weit und breit berühmt. Der König des Landes hörte auch davon, glaubte es nicht und ließ das Bübchen kommen. Da sprach er zu ihm: „Kannst du mir auf drei Fragen, die ich dir vorlegen will, Antwort geben, so will ich dich ansehn wie mein eigen Kind, und du sollst bei mir auf meinem königlichen Schloß wohnen.“ Sprach das Büblein: „Wie lauten die drei Fragen?“ Der König sagte: „Die erste lautet: Wieviel Tropfen Wasser sind in dem Weltmeer?“ Das Hirtenbüblein antwortete: „Herr König, laßt alle Flüsse auf der Erde verstopfen, damit kein Tröpflein mehr daraus ins Meer läuft, das ich nicht erst gezählt habe, so will ich Euch sagen, wieviel Tropfen im Meer sind.“ Sprach der König: „Die andere Frage lautet: Wieviel Sterne stehn am Himmel?“ Das Hirtenbüblein sagte: „Gebt mir einen großen Bogen weiß Papier“, und dann machte es mit der Feder soviel feine Punkte darauf, daß sie kaum zu sehen und fast gar nicht zu zählen waren und einem die Augen vergingen, wenn man darauf blickte. Darauf sprach es: „Soviel Sterne stehn am Himmel, als hier Punkte auf dem Papier, zählt sie nur.“ Aber niemand war dazu imstand. Sprach der König: „Die dritte Frage lautet: Wieviel Sekunden hat die Ewigkeit?“ Da sagte das Hirtenbüblein: „In Hinterpommern liegt der Demantberg, der hat eine Stunde in die Höhe, eine Stunde in die Breite und eine Stunde in die Tiefe; dahin kommt alle hundert Jahre ein Vöglein und wetzt sein Schnäblein daran, und wenn der ganze Berg abgewetzt ist, dann ist die erste Sekunde von der Ewigkeit vorbei.“

Sprach der König: „Du hast die drei Fragen aufgelöst wie ein Weiser und sollst fortan bei mir in meinem königlichen Schlosse wohnen, und ich will dich ansehen wie mein eigen Kind.“

Jorinde und Joringel

Es war einmal ein altes Schloß mitten in einem großen, dicken Wald, darinnen wohnte eine alte Frau ganz allein, das war eine Erzzauberin. Am Tage machte sie sich zur Katze oder zur Nachteule, des Abends aber wurde sie wieder ordentlich wie ein Mensch gestaltet. Sie konnte das Wild und die Vögel herbeilocken, und dann schlachtete sie's, kochte und briet es. Wenn jemand auf hundert Schritte dem Schloß nahe war, so mußte er stille stehen und konnte sich nicht von der Stelle bewegen, bis sie ihn lossprach. Wenn aber eine keusche Jungfrau in diesen Kreis kam, so verwandelte sie dieselbe in einen Vogel und sperrte sie dann in einen Korb ein und trug den Korb in eine Kammer des Schlosses. Sie hatte wohl siebentausend solcher Körbe mit so raren Vögeln im Schlosse.

Nun war einmal eine Jungfrau, die hieß Jorinde; sie war schöner als alle anderen Mädchen. Die und dann ein gar schöner Jüngling, namens Joringel, hatten sich zusammen versprochen. Sie waren in den Brauttagen, und sie hatten ihr größtes Vergnügen eins am andern. Damit sie nun einmal vertraut zusammen reden könnten, gingen sie in den Wald spazieren. „Hüte dich", sagte Joringel, „daß du nicht so nahe ans Schloß kommst." Es war ein schöner Abend, die Sonne schien zwischen den Stämmen der Bäume ins dunkle Grün des Waldes, und die Turteltaube sang kläglich auf den alten Maibuchen.

Jorinde weinte, setzte sich hin im Sonnenschein und klagte; Joringel klagte auch. Sie waren so bestürzt, als wenn sie hätten sterben sollen; sie sahen sich um, waren irre und wußten nicht, wohin sie nach Hause gehen sollten. Noch halb stand die Sonne über dem Berg, und halb war sie unter. Joringel sah durchs Gebüsch und sah die alte Mauer des Schlosses nah bei sich; er erschrak und wurde todbang. Jorinde sang:

„Mein Vöglein mit dem Ringlein rot
Singt Leide, Leide, Leide:
Es singt dem Täublein seinen Tod,
Singt Leide, Lei –
Zicküht, zicküth, zicküth."

Joringel sah nach Jorinde. Jorinde war in eine Nachtigall verwandelt, die sang: „Zicküth, zicküth." Eine Nachteule mit glühenden Augen flog dreimal um sie herum und schrie dreimal: „Schu, hu, hu, hu." Joringel konnte sich nicht regen; er stand da wie ein Stein, konnte nicht weinen, nicht reden, nicht Hand noch Fuß regen. Nun war die Sonne unter; die Eule flog in einen Strauch, und gleich darauf kam eine alte, krumme Frau aus diesem hervor, gelb und mager; große, rote Augen, krumme Nase, die mit der Spitze ans Kinn reichte. Sie murmelte, fing die Nachtigall und trug sie auf der Hand fort. Joringel konnte nichts sagen, nicht von der Stelle kommen; die Nachtigall war fort. Endlich kam das alte Weib wieder und sagte mit dumpfer Stimme: „Grüß dich, Zachiel, wenn's Möndel ins Körbel scheint, bind los, Zachiel, zu guter Stund." Da wurde Joringel los. Er fiel vor dem Weib auf die Knie und bat, sie möchte ihm seine Jorinde wiedergeben, aber sie sagte, er sollte sie nie wiederhaben, und ging fort. Er rief, er weinte, er jammerte, aber alles umsonst. „Uu, was soll mir geschehen?" Joringel ging fort und kam endlich in ein fremdes Dorf; da hütete er die Schafe lange Zeit. Oft ging er rund um das Schloß herum, aber nicht zu nahe dabei. Endlich träumte er einmal des Nachts, er fände eine blutrote Blume, in deren Mitte eine schöne Perle war. Die Blume brach er ab, ging damit zum

Schlosse; alles, was er mit der Blume berührte, ward von der Zauberei frei; auch träumte er, er hätte seine Jorinde dadurch wiederbekommen. Des Morgens, als er erwachte, fing er an, durch Berg und Tal zu suchen, ob er eine solche Blume fände; er suchte bis an den neunten Tag, da fand er die blutrote Blume am Morgen früh. In der Mitte war ein großer Tautropfen, so groß wie die schönste Perle. Diese Blume trug er Tag und Nacht bis zum Schloß. Wie er auf hundert Schritt nahe bis zum Schloß kam, da ward er nicht fest, sondern ging fort bis ans Tor. Joringel freute sich hoch, berührte die Pforte mit der Blume, und sie sprang auf. Er ging hinein, durch den Hof, horchte, wo er die vielen Vögel vernähme; endlich hörte er's. Er ging und fand den Saal, darin war die Zauberin und fütterte die Vögel in den siebentausend Körben. Wie sie den Joringel sah, ward sie bös, sehr bös, schalt, spie Gift und Galle gegen ihn aus, aber sie konnte auf zwei Schritte nicht an ihn kommen. Er kehrte sich nicht an sie und ging, besah die Körbe mit den Vögeln; da waren aber viele hundert Nachtigallen, wie sollte er nun seine Jorinde wiederfinden? Indem er so zusah, merkte er, daß die Alte heimlich ein Körbchen mit einem Vogel wegnahm und damit nach der Tür ging. Flugs sprang er hinzu, berührte das Körbchen mit der Blume und auch das alte Weib; nun konnte sie nichts mehr zaubern, und Jorinde stand da, hatte ihn um den Hals gefaßt, so schön, wie sie ehemals war. Da machte er auch alle die andern Vögel wieder zu Jungfrauen, und da ging er mit seiner Jorinde nach Hause, und sie lebten lange vergnügt zusammen.

König Drosselbart

Ein König hatte eine Tochter, die war über alle Maßen schön, aber dabei so stolz und übermütig, daß ihr kein Freier gut genug war. Sie wies einen nach dem andern ab und trieb noch dazu Spott mit ihnen. Einmal ließ der König ein großes Fest anstellen und lud dazu aus der Nähe und Ferne die heiratslustigen Männer ein. Sie wurden alle in eine Reihe nach Rang und Stand geordnet: Erst kamen die Könige, dann die Herzöge, die Fürsten, Grafen und Freiherren, zuletzt die Edelleute. Nun wurde die Königstochter durch die Reihen geführt, aber an jedem hatte sie etwas auszusetzen. Der eine war ihr zu dick: „Das Weinfaß!" sprach sie. Der andere zu lang: „Lang und schwank hat keinen Gang!" Der dritte zu kurz: „Kurz und dick hat kein Geschick!" Der vierte zu blaß: „Der bleiche Tod!" Der fünfte zu rot: „Der Zinshahn!" Der sechste war nicht gerade genug: „Grünes Holz, hinterm Ofen getrocknet!" Und so hatte sie an einem jeden etwas auszusetzen, besonders aber machte sie sich über einen guten König lustig, der ganz oben stand und dem das Kinn ein wenig krumm gewachsen war. „Ei", rief sie und lachte, „der hat ein Kinn wie die Drossel einen Schnabel!" Und seit der Zeit bekam er den Namen Drosselbart. Der alte König aber, als er sah, daß seine Tochter nichts tat als über die Leute spotten und alle Freier, die da versammelt waren, verschmähte, ward er zornig und schwur, sie sollte den ersten besten Bettler zum Manne nehmen, der vor seine Tür käme.

Ein paar Tage darauf hob ein Spielmann an, unter dem Fenster zu singen, um damit ein geringes Almosen zu verdienen. Als es der König hörte, sprach er: „Laßt ihn heraufkommen!“ Da trat der Spielmann in seinen schmutzigen, zerlumpten Kleidern herein, sang vor dem König und seiner Tochter und bat, als er fertig war, um eine milde Gabe. Der König sprach: „Dein Gesang hat mir so wohl gefallen, daß ich dir meine Tochter da zur Frau geben will.“ Die Königstochter erschrak, aber der König sagte: „Ich habe den Eid geschworen, dich dem ersten besten Bettelmann zu geben; den will ich auch halten.“ Es half keine Einrede, der Pfarrer wurde geholt, und sie mußte sich gleich mit dem Spielmann trauen lassen. Als das geschehen war, sprach der König: „Nun schickt sich's nicht, daß du als ein Bettelweib noch länger in meinem Schlosse bleibst, du kannst nun mit deinem Manne fortziehen.“ Der Bettelmann führte sie an der Hand hinaus, und sie mußte mit ihm zu Fuß fortgehen.

Als sie in einen großen Wald kamen, da fragte sie:

„Ach, wem gehört der schöne Wald?“
„Der gehört dem König Drosselbart;
Hätt'st du'n genommen, so wär' er
dein.“
„Ich arme Jungfer zart,
Ach, hätt' ich genommen den König
Drosselbart!“

Darauf kamen sie über eine Wiese, da fragte sie wieder:

„Wem gehört die schöne, grüne
Wiese?“
„Sie gehört dem König Drosselbart;
Hätt'st du'n genommen, so wär' sie
dein.“
„Ich arme Jungfer zart,
Ach, hätt' ich genommen den König
Drosselbart!“

Dann kamen sie durch eine große Stadt, da fragte sie wieder:

„Wem gehört diese schöne, große
Stadt?“
„Sie gehört dem König Drosselbart;
Hätt'st du'n genommen, so wär' sie
dein.“
„Ich arme Jungfer zart,
Ach, hätt' ich genommen den König
Drosselbart!“

„Es gefällt mir gar nicht“, sprach der Spielmann, „daß du dir immer einen andern zum Mann wünschest; bin ich dir nicht gut genug?“

Endlich kamen sie an ein kleines Häuschen, da sprach sie:

„Ach Gott, was ist das Haus so klein!
Wem mag das elende, winzige
Häuschen sein?“

Der Spielmann antwortete: „Das ist mein und dein Haus, wo wir zusammen wohnen.“

Sie mußte sich bücken, damit sie zu der niedrigen Tür hineinkam. „Wo sind die Diener?“ sprach die Königstochter. „Was Diener!“ antwortete der Bettelmann, „du mußt selber tun, was du getan haben willst. Mach nur gleich Feuer an und stell Wasser auf, daß du mir mein Essen kochst; ich bin ganz müde.“ Die Königstochter verstand aber nichts vom Feuermachen und Kochen, und der Bettelmann mußte selber mit Hand anlegen, daß es noch so leidlich ging. Als sie die schmale Kost verzehrt hatten, legten sie sich zu Bett; aber am Morgen trieb er sie schon ganz früh heraus, weil sie das Haus besorgen sollte. Ein paar Tage lebten sie auf diese Art schlecht und recht und zehrten ihren Vorrat auf. Da sprach der Mann: „Frau, so geht's nicht länger, daß wir hier zehren und nichts verdienen. Du sollst Körbe flechten." Er ging aus, schnitt Weiden und brachte sie heim. Da fing sie an zu flechten, aber die harten Weiden stachen ihr die zarten Hände wund. „Ich sehe, das geht nicht", sprach der Mann, „spinn lieber, vielleicht kannst du das besser." Sie setzte sich hin und versuchte zu spinnen, aber der harte Faden schnitt ihr bald in die weichen Finger, daß das Blut daran herunterlief. „Siehst du", sprach der Mann, „du taugst zu keiner Arbeit, mit dir bin ich schlimm angekommen. Nun will ich's versuchen und einen Handel mit Töpfen und irdenem Geschirr anfangen; du sollst dich auf den Markt setzen und die Ware feilhalten." – „Ach", dachte sie, „wenn auf den Markt Leute aus meines Vaters Reich kommen und sehen mich da sitzen, wie werden sie mich verspotten!" Aber es half nichts, sie mußte sich fügen, wenn sie nicht Hungers sterben wollte. Das erstemal ging's gut; denn die Leute kauften der Frau, weil sie schön war, gern ihre Ware ab und bezahlten, was sie forderte; ja, viele gaben ihr das Geld und ließen ihr die Töpfe noch dazu. Nun lebten sie von dem Erworbenen, solange es dauerte, da handelte der Mann wieder eine Menge neues Geschirr ein. Sie setzte sich damit an eine Ecke des Marktes, stellte es um sich her und hielt feil. Da kam plötzlich ein trunkener Husar dahergejagt und ritt geradezu in die Töpfe hinein, daß alles in tausend Scherben zersprang. Sie fing an zu weinen und wußte vor Angst nicht, was sie anfangen sollte. „Ach, was wird mein Mann dazu sa-

gen!“ Sie lief heim und erzählte ihm das Unglück. „Wer setzt sich auch an die Ekke des Marktes mit irdenem Geschirr!“ sprach der Mann; „laß nur das Weinen, ich sehe wohl, du bist zu keiner ordentlichen Arbeit zu gebrauchen. Da bin ich in unseres Königs Schloß gewesen und habe gefragt, ob sie nicht eine Küchenmagd brauchen könnten, und sie haben mir versprochen, sie wollten dich dazu nehmen; dafür bekommst du freies Essen.“

Nun wurde die Königstochter eine Küchenmagd, mußte dem Koch zur Hand gehen und die sauerste Arbeit tun. Sie machte sich in beiden Taschen ein Töpfchen fest, darin brachte sie nach Hause, was ihr von dem Übriggebliebenen zuteil ward, und davon nährten sie sich.

Es trug sich zu, daß die Hochzeit des ältesten Königssohnes gefeiert werden sollte, da ging die arme Frau hinauf, stellte sich vor die Saaltür und wollte zusehen. Als nun die Lichter angezündet waren und immer einer schöner als der andere hereintrat und alles voll Pracht und Herrlichkeit war, da dachte sie mit betrübtem Herzen an ihr Schicksal und verwünschte ihren Stolz und Übermut, der sie erniedrigt und in so große Armut gestürzt hatte. Von den köstlichen Speisen, die ein und aus getragen wurden, warfen ihr Diener manchmal ein paar Brocken zu, die tat sie in ihr Töpfchen und wollte es heimtragen. Auf einmal trat der Königssohn herein, war in Samt und Seide gekleidet und hatte goldene Ketten um den Hals. Und als er die schöne Frau in der Tür stehen sah, ergriff er sie bei der Hand und wollte mit ihr tanzen, aber sie weigerte sich und erschrak, denn sie sah, daß es der König Drosselbart war, der um sie gefreit und den sie mit Spott abgewiesen hatte. Ihr Sträuben half nichts, er zog sie in den Saal; da zerriß das Band, an dem die Taschen hingen, und die Töpfe fielen heraus, daß die Suppe floß und die Brocken umhersprangen. Und wie das die Leute sahen, entstand ein Gelächter und Spotten, und sie war so beschämt, daß sie sich tausend Klafter unter die Erde gewünscht hätte. Sie sprang zur Tür hinaus und wollte entfliehen, aber auf der Treppe holte sie ein Mann ein und brachte sie zurück; und wie sie ihn ansah, war es wieder der König Drosselbart. Er sprach ihr freundlich zu: „Fürchte dich nicht, ich und der Spielmann, der mit dir in dem elenden Häuschen gewohnt hat, sind eins. Dir zuliebe habe ich mich verstellt, und der Husar, der dir die Töpfe entzweigeritten hat, bin ich auch gewesen. Das ist alles geschehen, um deinen stolzen Sinn zu beugen und dich für deinen Hochmut zu strafen.“ Da weinte sie bitterlich und sagte: „Ich habe großes Unrecht getan und bin nicht wert, deine Frau zu sein.“ Er aber sprach: „Tröste dich, die bösen Tage sind vorüber, jetzt wollen wir unsere Hochzeit feiern.“ Da kamen die Kammerfrauen und taten ihr die prächtigsten Kleider an, und ihr Vater kam und der ganze Hof und wünschten ihr Glück zu ihrer Vermählung mit dem König Drosselbart, und die rechte Freude fing jetzt erst an. Ich wollte, du und ich, wir wären auch dabeigewesen.

Das Lumpengesindel

Hähnchen sprach zum Hühnchen: „Jetzt ist die Zeit, wo die Nüsse reif werden, da wollen wir zusammen auf den Berg gehen und uns einmal recht satt essen, ehe sie das Eichhorn alle wegholt."

„Ja", antwortete das Hühnchen, „komm, wir wollen uns eine Lust miteinander machen." Da gingen sie zusammen fort auf den Berg, und weil es ein heller Tag war, blieben sie bis zum Abend. Nun weiß ich nicht, ob sie sich so dick gegessen hatten oder ob sie übermütig geworden waren, kurz, sie wollten nicht zu Fuß nach Hause gehen, und das Hähnchen mußte einen kleinen Wagen von Nußschalen bauen. Als es fertig war, setzte sich das Hühnchen hinein und sagte zum Hähnchen: „Du kannst dich nur immer vorspannen." – „Oh, du kommst mir recht", sagte das Hähnchen, „lieber geh' ich zu Fuß nach Hause, als daß ich mich vorspannen lasse; nein, so haben wir nicht gewettet. Kutscher will ich wohl sein und auf dem Bock sitzen, aber selbst ziehen, das tu' ich nicht."

Wie sie so stritten, schnatterte eine Ente daher: „Ihr Diebesvolk, wer hat euch geheißen in meinen Nußberg gehen? Wartet, das soll euch schlecht bekommen!" Ging also mit aufgesperrtem Schnabel auf das Hähnchen los. Aber Hähnchen war auch nicht faul und stieg der Ente tüchtig zu Leib; endlich hackte es mit seinen Sporen so gewaltig auf sie los, daß sie um Gnade bat und sich gern zur Strafe vor den Wagen spannen ließ. Hähnchen setzte sich nun auf den Bock und war Kutscher, und darauf ging es fort in einem Jagen: „Ente, lauf zu, was du kannst!"

Als sie ein Stück Weges gefahren waren, begegneten sie zwei Fußgängern, einer Stecknadel und einer Nähnadel. Die riefen: „Halt! Halt!" und sagten, es würde gleich stichdunkel werden, da könnten sie keinen Schritt weiter, auch wäre es so schmutzig auf der Straße, ob sie nicht ein wenig einsitzen könnten: sie wären auf der Schneiderherberge vor dem Tor gewesen und hätten sich beim Bier verspätet. Da es magere Leute waren, die nicht viel Platz einnahmen, ließ Hähnchen beide einsteigen, doch mußten sie versprechen, ihm und seinem Hühnchen nicht auf die Füße zu treten.

Spätabends kamen sie zu einem Wirtshaus, und weil sie die Nacht nicht weiterfahren wollten, die Ente auch nicht gut zu Fuß war und von einer Seite auf die andere fiel, so kehrten sie ein. Der Wirt machte anfangs viel Einwendungen, sein Haus wäre schon voll, gedachte auch wohl, es möchte keine vornehme Herrschaft sein; endlich aber, da sie süße Reden führten, er sollte das Ei haben, das das Hühnchen unterwegs gelegt hatte, auch die Ente behalten, die alle Tage eins legte, so sagte er endlich, sie möchten die Nacht über bleiben. Nun ließen sie wieder frisch auftragen und lebten in Saus und Braus.

Frühmorgens, als es dämmerte und noch alles schlief, weckte Hähnchen das Hühnchen, holte das Ei, pickte es auf, und sie verzehrten es zusammen; die Schalen aber warfen sie auf den Feuerherd. Dann gingen sie zu der Nähnadel, die noch schlief, packten sie beim Kopfe und steckten sie in das Sesselkissen des Wirts, die Stecknadel aber in sein Handtuch; endlich flogen sie, mir nichts, dir nichts, über die Heide davon. Die Ente, die gern unter freiem Himmel schlief und im Hof geblieben war, hörte sie fortschnurren, machte sich munter und fand einen Bach, auf dem sie hinabschwamm; und das ging geschwinder als vor dem Wagen. Ein paar Stunden später machte sich erst der Wirt aus den Federn, wusch sich und wollte sich am Handtuch abtrocknen, da fuhr ihm die Stecknadel über das Gesicht und machte ihm einen roten Strich von einem Ohr zum andern; dann ging er in die Küche und wollte sich eine Pfeife anstecken, wie er aber an den Herd kam, sprangen ihm die Eierschalen in die Augen. „Heute morgen will mir alles an meinen Kopf", sagte er und ließ sich verdrießlich auf seinen Großvaterstuhl nieder; aber geschwind fuhr er wieder in die Höhe und schrie: „Auweh!", denn die Nähnadel hatte ihn noch schlimmer und nicht in den Kopf gestochen. Nun war er vollends böse und hatte Verdacht auf die Gäste, die so spät gestern abend gekommen waren; und wie er ging und sich nach ihnen umsah, waren sie fort. Da tat er einen Schwur, kein Lumpengesindel mehr in sein Haus zu nehmen, das viel verzehrt, nichts bezahlt und zum Dank noch Schabernack treibt.

Rapunzel

Es waren einmal ein Mann und eine Frau, die wünschten sich schon lange vergeblich ein Kind; endlich machte sich die Frau Hoffnung, der liebe Gott werde ihren Wunsch erfüllen. Die Leute hatten in ihrem Hinterhaus ein kleines Fenster, daraus konnte man in einen prächtigen Garten sehen, der voll der schönsten Blumen und Kräuter stand; er war aber von einer hohen Mauer umgeben, und niemand wagte hineinzugehen, weil er einer Zauberin gehörte, die große Macht hatte und von aller Welt gefürchtet wurde. Eines Tages stand die Frau an diesem Fenster und sah in den Garten hinab, da erblickte sie ein Beet, das mit den schönsten Rapunzeln bepflanzt war, und sie sahen so frisch und grün aus, daß sie lüstern ward und das größte Verlangen empfand, von den Rapunzeln zu essen. Das Verlangen nahm jeden Tag zu, und da sie wußte, daß sie keine davon bekommen konnte, fiel sie ganz ab, sah blaß und elend aus. Da erschrak der Mann und fragte: „Was fehlt dir, liebe Frau?" – „Ach", antwortete sie, „wenn ich keine Rapunzeln aus dem Garten hinter unserem Haus zu essen kriege, so sterbe ich." Der Mann, der sie liebhatte, dachte: „Eh' du deine Frau sterben lässest, holst du ihr von den Rapunzeln, es mag kosten, was es will." In der Abenddämmerung stieg er also über die Mauer in den Garten der Zauberin, stach in aller Eile eine Handvoll Rapunzeln und brachte sie seiner Frau. Sie machte sich sogleich Salat daraus und aß ihn in vollem Heißhunger auf. Er hatte ihr aber so gut, so gut geschmeckt, daß sie den andern Tag noch dreimal soviel Lust bekam. Sollte sie Ruhe haben, so mußte der Mann noch einmal in den Garten steigen. Er machte sich also in der Abenddämmerung wieder hinab;

als er aber die Mauer hinabgeklettert war, erschrak er gewaltig, denn er sah die Zauberin vor sich stehen. „Wie kannst du es wagen“, sagte sie mit zornigem Blick, „in meinen Garten zu steigen und mir wie ein Dieb meine Rapunzeln zu stehlen? Das soll dir schlecht bekommen!“ – „Ach“, antwortete er, „laßt Gnade vor Recht ergehen, ich habe mich nur aus Not dazu entschlossen; meine Frau hat Eure Rapunzeln aus dem Fenster erblickt und empfindet ein so großes Gelüste, daß sie sterben würde, wenn sie nichts davon zu essen bekäme.“ Da ließ die Zauberin in ihrem Zorne nach und sprach zu ihm: „Verhält es sich so, wie du sagst, so will ich dir gestatten, Rapunzeln mitzunehmen, soviel du willst, allein ich mache eine Bedingung. Du mußt mir das Kind geben, das euch der liebe Gott schenken wird; es soll ihm gutgehen, und ich will für es sorgen wie eine Mutter.“ Der Mann sagte in der Angst alles zu, und als das Kind zur Welt kam, erschien sogleich die Zauberin, gab dem Kinde den Namen Rapunzel und nahm es mit sich fort.

Rapunzel ward das schönste Kind unter der Sonne. Als es zwölf Jahre alt war, schloß es die Zauberin in einen Turm, der in einem Walde lag und weder Treppe noch Tür hatte, nur ganz oben war ein kleines Fensterchen. Wenn die Zauberin hineinwollte, stellte sie sich unten hin und rief:

„Rapunzel, Rapunzel,
Laß mir dein Haar herunter!“

Rapunzel hatte lange, prächtige Haare, fein wie gesponnenes Gold. Wenn sie nun die Stimme der Zauberin vernahm, band sie ihre Zöpfe los, wickelte sie oben um einen Fensterhaken, und dann fielen die Haare zwanzig Ellen tief herunter, und die Zauberin stieg daran hinauf.

Nach ein paar Jahren trug es sich zu, daß der Sohn des Königs durch den Wald ritt und an dem Turm vorüberkam. Da hörte er einen Gesang, der war so lieblich, daß er stillhielt und horchte. Das war Rapunzel, die sich in ihrer Einsamkeit die Zeit damit vertrieb, ihre süße Stimme erschallen zu lassen. Der Königssohn wollte zu ihr hinaufsteigen und suchte nach einer Tür des Turmes, aber

es war keine zu finden. Er ritt heim, doch der Gesang hatte ihm so sehr das Herz gerührt, daß er jeden Tag hinaus in den Wald ging und zuhörte. Als er einmal so hinter einem Baume stand, sah er, daß eine Zauberin herankam, und hörte, wie sie hinaufrief:

„Rapunzel, Rapunzel,
Laß mir dein Haar herunter!“

Da ließ Rapunzel die Haarflechten herab, und die Zauberin stieg zu ihr hinauf. Der Königssohn dachte: „Ist das die Leiter, auf der man hinaufkommt, so will ich auch einmal mein Glück versuchen.“ Und den folgenden Tag, als es anfing dunkel zu werden, ging er zu dem Turme und rief:

„Rapunzel, Rapunzel,
Laß mir dein Haar herunter!“

Alsbald fielen die Haare herab, und der Königssohn stieg hinauf. Anfangs erschrak Rapunzel gewaltig, als ein Mann zu ihr hereinkam, wie ihre Augen noch nie einen erblickt hatten; doch der Königssohn fing an, ganz freundlich mit ihr zu reden, und erzählte ihr, daß von ihrem Gesang sein Herz so sehr bewegt worden sei, daß es ihm keine Ruhe gelassen habe und er sie selbst habe sehen müssen. Da verlor Rapunzel ihre Angst, und als er sie fragte, ob sie ihn zum Manne nehmen wollte, und sie sah, daß er jung und schön war, so dachte sie: „Der wird mich lieber haben als die alte Frau Patin“, und sagte ja und legte ihre Hand in seine Hand. Sie sprach: „Ich will gern mit dir gehen, aber ich weiß nicht, wie ich hinabkommen kann. Wenn du kommst, so bring jedesmal einen Strang Seide mit, daraus will ich eine Leiter flechten, und wenn die fertig ist, so steige ich hinunter, und du nimmst mich auf dein Pferd.“ Sie verabredeten, daß er bis dahin alle Abende zu ihr kommen

sollte, denn bei Tag kam die Alte. Die Zauberin merkte auch nichts davon, bis einmal Rapunzel anfing und zu ihr sagte: „Sag' Sie mir doch, Frau Patin, wie kommt es nur, Sie wird mir viel schwerer heraufzuziehen als der junge Königssohn, der ist in einem Augenblick bei mir.“ – „Ach, du gottloses Kind“, rief die Zauberin, „was muß ich von dir hören! Ich dachte, ich hätte dich von aller Welt geschieden, und du hast mich doch betrogen!“ In ihrem Zorne packte sie die schönen Haare der Rapunzel, schlug sie ein paarmal um ihre linke Hand, ergriff eine Schere mit der rechten, und ritsch, ratsch waren sie abgeschnitten, und die schönen Flechten lagen auf der Erde. Und sie war so unbarmherzig, daß sie die arme Rapunzel in eine Wüstenei brachte, wo sie in großem Jammer und Elend leben mußte.

Denselben Tag aber, wo sie Rapunzel verstoßen hatte, machte abends die Zauberin die abgeschnittenen Flechten oben am Fensterhaken fest, und als der Königssohn kam und rief:

„Rapunzel, Rapunzel,
Laß mir dein Haar herunter!“,

Da ließ sie die Haare hinab. Der Königssohn stieg hinauf, aber er fand oben nicht seine liebste Rapunzel, sondern die Zauberin, die ihn böse ansah. „Aha“, rief sie höhnisch, „du willst die Liebste holen? Aber der schöne Vogel sitzt nicht mehr im Nest und singt nicht mehr, die Katze hat ihn geholt und wird dir auch noch die Augen auskratzen. Für dich ist Rapunzel verloren, du wirst sie nie wieder erblicken.“ Da geriet der Königssohn außer sich vor Schmerz, und in der Verzweiflung sprang er vom Turm herab. Das Leben brachte er davon, aber die Dornen, in die er fiel, zerstachen ihm die Augen. Nun irrte er blind im Wald umher, aß nichts als Wurzeln und Beeren und tat nichts als jammern und weinen über den Verlust seiner liebsten Frau. So wanderte er Jahre im Elend umher und geriet endlich in die Wüstenei, wo Rapunzel mit den Zwillingen, die sie geboren hatte, einem Knaben und Mädchen, kümmerlich lebte. Er vernahm eine Stimme, und sie deuchte ihm so bekannt. Da ging er darauf zu, und wie er hinkam, erkannte ihn Rapunzel und fiel ihm um den Hals und weinte. Zwei von ihren Tränen aber benetzten seine Augen, da wurden sie wieder klar, und er konnte damit sehen wie sonst. Er führte sie heim in sein Reich, wo er mit Freude empfangen ward, und sie lebten noch lange glücklich und vergnügt.

Rotkäppchen

Es war einmal eine kleine, süße Dirne, die hatte jedermann lieb, der sie nur ansah, am allerliebsten aber ihre Großmutter; die wußte gar nicht, was sie alles dem Kinde geben sollte. Einmal schenkte sie ihm ein Käppchen von rotem Sammet, und weil ihm das so wohl stand und es nichts anderes mehr tragen wollte, hieß es nur das Rotkäppchen. Eines Tages sprach seine Mutter zu ihm: „Komm, Rotkäppchen, da hast du ein Stück Kuchen und eine Flasche Wein, bring das der Großmutter hinaus; sie ist krank und schwach und wird sich daran laben. Mach dich auf, bevor es heiß wird, und wenn du hinauskommst, so geh hübsch sittsam und lauf nicht vom Wege ab, sonst fällst du und zerbrichst das Glas, und die Großmutter hat nichts. Und wenn du in ihre Stube kommst, so vergiß nicht, guten Morgen zu sagen, und guck nicht erst in allen Ecken herum."

„Ich will schon alles gut machen", sagte Rotkäppchen zur Mutter und gab ihr die Hand darauf. Die Großmutter aber wohnte draußen im Wald, eine halbe Stunde vom Dorf. Wie nun Rotkäppchen in den Wald kam, begegnete ihm der Wolf. Rotkäppchen aber wußte nicht, was das für ein böses Tier war, und fürchtete sich nicht vor ihm. „Guten Tag, Rotkäppchen", sprach er. – „Schönen Dank, Wolf." – „Wo hinaus so früh, Rotkäppchen?" – „Zur Großmutter." – „Was trägst du unter der Schürze?" – „Kuchen und Wein; gestern haben wir gebacken, da soll sich die kranke Großmutter etwas zugute tun und sich damit stärken." – „Rotkäppchen, wo wohnt deine Großmutter?" – „Noch eine gute Viertelstunde weiter im Walde, unter den drei großen Eichbäumen, da steht ihr Haus, unten sind die Nußhecken, das wirst du ja wissen", sagte Rotkäppchen. Der Wolf dachte bei sich: „Das junge, zarte Ding, das ist ein fetter Bissen, der wird noch besser schmecken als die Alte; du mußt es listig anfangen, damit du beide erschnappst." Da ging er ein Weilchen neben Rotkäppchen her, dann sprach er: „Rotkäppchen, sieh einmal die schönen Blumen, die rings umher stehen, warum guckst du dich nicht um? Ich glaube, du hörst gar nicht, wie die Vöglein so lieblich singen! Du gehst ja für dich hin, als wenn du zur Schule gingst, und ist so lustig haußen in dem Wald."

Rotkäppchen schlug die Augen auf, und als es sah, wie die Sonnenstrahlen durch die Bäume hin und her tanzten und alles voll schöner Blumen stand, dachte es: „Wenn ich der Großmutter einen frischen Strauß mitbringe, der wird ihr auch Freude machen; es ist so früh am Tag, daß ich doch zu rechter Zeit ankomme", lief vom Wege ab in den Wald hinein und suchte Blumen. Und wenn es eine gebrochen hatte, meinte es, weiter hinaus stünde eine schönere, und lief danach und geriet immer tiefer in den Wald hinein. Der Wolf aber ging geradewegs nach dem Haus der Großmutter und klopfte an die Tür. „Wer ist draußen?" – „Rotkäppchen, das bringt Kuchen und Wein, mach auf." – „Drück nur auf die Klinke", rief die Großmutter, „ich bin zu schwach und kann nicht aufstehen." Der Wolf drückte auf die Klinke, die Tür sprang auf, und er ging, ohne ein Wort zu sprechen, gerade zum Bett der Großmutter und verschluckte sie. Dann tat er ihre Kleider an, setzte ihre Haube auf, legte sich in ihr Bett und zog die Vorhänge vor.

Rotkäppchen aber war nach den Blu-

men herumgelaufen, und als es so viele zusammenhatte, daß es keine mehr tragen konnte, fiel ihm die Großmutter wieder ein, und es machte sich auf den Weg zu ihr. Es wunderte sich, daß die Tür offenstand, und wie es in die Stube trat, kam es ihm so seltsam darin vor, daß es dachte: „Ei, du mein Gott, wie ängstlich wird mir's heute zumute, und bin sonst so gern bei der Großmutter!" Es rief: „Guten Morgen!", bekam aber keine Antwort. Darauf ging es zum Bett und zog die Vorhänge zurück; da lag die Großmutter und hatte die Haube tief ins Gesicht gesetzt und sah so wunderlich aus. „Ei, Großmutter, was hast du für große Ohren?" – „Daß ich dich besser hören kann!" – „Ei, Großmutter, was hast du für große Augen?" – „Daß ich dich besser sehen kann!" – „Ei, Großmutter, was hast du für große Hände?" – „Daß ich dich besser packen kann." – „Aber, Großmutter, was hast du für ein entsetzlich großes Maul?" – „Daß ich dich besser fressen kann." Kaum hatte der Wolf das gesagt, so tat er einen Satz aus dem Bette und verschlang das arme Rotkäppchen.

Als der Wolf seine Gelüste gestillt hatte, legte er sich wieder ins Bett, schlief ein und fing an, überlaut zu schnarchen. Der Jäger ging eben an dem Hause vorbei und dachte: „Wie die alte Frau schnarcht! Du mußt doch sehen, ob ihr etwas fehlt." Da trat er in die Stube, und wie er vor das Bett kam, sah er, daß der Wolf darin lag. „Finde ich dich hier, du alter Sünder", sagte er, „ich habe dich lange gesucht." Nun wollte er seine Büchse anlegen, da fiel ihm ein, der Wolf könnte die Großmutter gefressen haben, und sie wäre noch zu retten. Deshalb schoß er nicht, sondern nahm eine Schere, um dem schlafenden Wolf den Bauch aufzuschneiden. Wie er ein paar Schnitte getan hatte, da sah er das rote Käppchen leuchten, und noch ein paar Schnitte, da sprang das Mädchen heraus und rief: „Ach, wie war ich erschrocken, wie war's so dunkel in dem Wolf seinem Leib!" Und dann kam die alte Großmutter auch noch lebendig heraus und konnte kaum atmen. Rotkäppchen aber holte geschwind große Steine, damit füllten sie dem Wolf den Leib, und wie er aufwachte, wollte er fortspringen, aber die Steine waren so schwer, daß er gleich niedersank und sich totfiel.

Da waren alle drei vergnügt. Der Jäger zog dem Wolf den Pelz ab und ging damit heim, die Großmutter aß den Kuchen und trank den Wein, den Rotkäppchen gebracht hatte, und erholte sich wieder, Rotkäppchen aber dachte: „Du willst dein Lebtag nicht wieder allein vom Wege ab in den Wald laufen, wenn dir's die Mutter verboten hat."

Rumpelstilzchen

Es war einmal ein Müller, der war arm, aber er hatte eine schöne Tochter. Nun traf es sich, daß er mit dem König zu sprechen kam, und um sich ein Ansehen zu geben, sagte er zu ihm: „Ich habe eine Tochter, die kann Stroh zu Gold spinnen." Der König sprach zum Müller: „Das ist eine Kunst, die mir wohlgefällt; wenn deine Tochter so geschickt ist, so bring sie morgen in mein Schloß, da will ich sie auf die Probe stellen." Als nun das Mädchen zu ihm gebracht ward, führte er es in eine Kammer, die ganz voll Stroh lag, gab ihr Rad und Haspel und sprach: „Jetzt mache dich an die Arbeit, und wenn du diese Nacht durch bis morgen früh dieses Stroh nicht zu Gold versponnen hast, so mußt du sterben!" Darauf schloß er die Kammer selbst zu, und sie blieb allein darin.

Da saß nun die arme Müllerstochter und wußte um ihr Leben keinen Rat; sie verstand gar nichts davon, wie man Stroh zu Gold spinnen konnte, und ihre Angst ward immer größer, daß sie endlich zu weinen anfing. Da ging auf einmal die Tür auf, und ein kleines Männchen trat herein und sprach: „Guten Abend, Jungfer Müllerin, warum weint sie so sehr?" – „Ach", antwortete das Mädchen, „ich soll Stroh zu Gold spinnen und verstehe das nicht." Sprach das Männchen: „Was gibst du mir, wenn ich dir's spinne?" – „Mein Halsband", sagte das Mädchen. Das Männchen nahm das Halsband, setzte sich vor das Rädchen, und schnurr, schnurr, schnurr, dreimal gezogen, war die Spule voll. Dann steckte es eine andere auf, und schnurr, schnurr, schnurr, dreimal gezogen, war auch die zweite voll; und so ging's fort bis zum Morgen, da war alles Stroh versponnen, und alle Spulen waren voll Gold. Bei Sonnenaufgang kam schon der König, und als er das Gold erblickte, erstaunte er und freute sich; aber sein Herz ward nur noch goldgierig. Er ließ die Müllerstochter in eine andere Kammer voll Stroh bringen, die noch viel größer war, und befahl ihr, das auch in einer Nacht zu spinnen, wenn ihr das Leben lieb wäre.

Das Mädchen wußte sich nicht zu helfen und weinte; da ging abermals die Tür auf, und das kleine Männchen erschien und sprach: „Was gibst du mir, wenn ich dir das Stroh zu Gold spinne?" – „Meinen Ring vom Finger", antwortete das Mädchen. Das Männchen nahm den Ring, fing wieder an zu schnurren mit dem Rade und hatte bis zum Morgen alles Stroh zu glänzendem Gold gesponnen. Der König freute sich bei dem Anblick, war aber noch immer nicht Goldes satt, sondern ließ die Müllerstochter in eine noch größere Kammer voll Stroh bringen und sprach: „Das mußt du noch in dieser Nacht verspinnen, gelingt dir's aber, sollst du meine Gemahlin werden." – „Wenn's auch eine Müllerstochter ist", dachte er, „eine reichere Frau finde ich in der ganzen Welt nicht."

Als das Mädchen allein war, kam das Männlein zum drittenmal wieder und sprach: „Was gibst du mir, wenn ich dir noch diesmal das Stroh spinne?" – „Ich habe nichts mehr, das ich dir geben könnte", antwortete das Mädchen. „So versprich mir, wenn du Königin wirst, dein erstes Kind." – „Wer weiß, wie das noch geht", dachte die Müllerstochter

und wußte sich auch in der Not nicht anders zu helfen; sie versprach also dem Männchen, was es verlangte, und das Männchen spann dafür noch einmal das Stroh zu Gold. Und als am Morgen der König kam und alles fand, wie er gewünscht hatte, hielt er Hochzeit mit ihr, und die schöne Müllerstochter ward eine Königin.

Über ein Jahr bekam die Königin ein schönes Kind und dachte gar nicht mehr an das Männchen. Da trat es plötzlich in ihre Kammer und sprach: „Nun gib mir, was du versprochen hast." Die Königin erschrak und bot dem Männchen alle Reichtümer des Königsreichs an, wenn es ihr das Kind lassen wollte; aber das Männchen sprach: „Nein, etwas Lebendes ist mir lieber als alle Schätze der Welt." Da fing die Königin so an zu jammern und zu weinen, daß das Männchen Mitleiden mit ihr hatte: „Drei Tage will ich dir Zeit lassen", sprach es, „wenn du bis dahin meinen Namen weißt, sollst du dein Kind behalten."

Nun besann sich die Königin die ganze Nacht über auf alle Namen, die sie jemals gehört hatte, und schickte einen Boten über Land, der sollte sich erkundigen weit und breit, was es sonst noch für Namen gäbe. Als am andern Tag das Männchen kam, fing sie an mit Kaspar, Melchior, Balzer und sagte alle Namen, die sie wußte, nach der Reihe her; aber bei jedem sprach das Männlein: „So heiß' ich nicht." Den zweiten Tag ließ sie in der Nachbarschaft herumfragen, wie die Leute da genannt würden, und sagte dem Männlein die ungewöhnlichsten und seltsamsten Namen vor: „Heißt du vielleicht Rippenbiest oder Hammelswade oder Schnürbein?", aber es antwortete immer: „So heiß' ich nicht." Den dritten Tag kam der Bote wieder zurück und erzählte: „Neue Namen habe ich keinen einzigen finden können, aber wie ich an einen hohen Berg um die Waldecke kam, wo sich Fuchs und Has' gute Nacht sagen, sah ich da ein kleines Haus, und vor dem Hause brannte ein Feuer, und um das Feuer sprang ein gar zu lächerliches Männchen, hüpfte auf einem Bein und schrie:

‚Heute back' ich, morgen brau' ich,
Übermorgen hol' ich der Königin ihr
  Kind;
Ach, wie gut, daß niemand weiß,
Daß ich Rumpelstilzchen heiß'!'"

Damit könnt ihr denken, wie die Königin froh war, als sie den Namen hörte, und als bald hernach das Männlein hereintrat und fragte: „Nun, Frau Königin, wie heiß' ich?", fragte sie erst: „Heißest du Kunz?" – „Nein." – „Heißest du Heinz?" – „Nein." – „Heißest du etwa Rumpelstilzchen?" – „Das hat dir der Teufel gesagt, das hat dir der Teufel gesagt!" schrie das Männlein und stieß mit dem rechten Fuß vor Zorn so tief in die Erde, daß es bis an den Leib hineinfuhr, dann packte es in seiner Wut den linken Fuß mit beiden Händen und riß sich selbst mitten entzwei.

Schneeweißchen und Rosenrot

Eine arme Witwe, die lebte einsam in einem Hüttchen, und vor dem Hüttchen war ein Garten, darin standen zwei Rosenbäumchen, davon trug das eine weiße, das andere rote Rosen: und sie hatte zwei Kinder, die glichen den beiden Rosenbäumchen, und das eine hieß Schneeweißchen, das andere Rosenrot. Sie waren aber so fromm und gut, so arbeitsam und unverdrossen, als je zwei Kinder auf der Welt gewesen sind: Schneeweißchen war nur stiller und sanfter als Rosenrot. Rosenrot sprang lieber in den Wiesen und Feldern umher, suchte Blumen und fing Sommervögel; Schneeweißchen aber saß daheim bei der Mutter, half ihr im Hauswesen oder las ihr vor, wenn nichts zu tun war. Die beiden Kinder hatten einander so lieb, daß sie sich immer an den Händen faßten, sooft sie zusammen ausgingen, und wenn Schneeweißchen sagte: „Wir wollen uns nicht verlassen", so antwortete Rosenrot: „Solange wir leben nicht", und die Mutter setzte hinzu: „Was das eine hat, soll's mit dem andern teilen." Oft liefen sie im Wald allein umher und sammelten rote Beeren, aber kein Tier tat ihnen etwas zuleide, sondern sie kamen vertraulich herbei: Das Häschen fraß ein Kohlblatt aus ihren Händen, das Reh graste an ihrer Seite, der Hirsch sprang ganz lustig vorbei, und die Vögel blieben auf den Ästen sitzen und sangen, was sie nur wußten. Kein Unfall traf sie: Wenn sie sich im Walde verspätet hatten und die Nacht sie überfiel, so legten sie sich nebeneinander auf das Moos und schliefen, bis der Morgen kam, und die Mutter wußte das und hatte ihretwegen keine Sorge. Einmal, als sie im Walde übernachtet hatten und das Morgenrot sie aufweckte, da sahen sie ein schönes Kind in einem weißen glänzenden Kleidchen neben ihrem Lager sitzen. Es stand auf und blickte sie ganz freundlich an, sprach aber nichts und ging in den Wald hinein. Und als sie sich umsahen, so hatten sie ganz nahe bei einem Abgrund geschlafen und wären gewiß hineingefallen, wenn sie in der Dunkelheit noch ein paar Schritte weitergegangen wären. Die Mutter aber sagte ihnen, das müßte der Engel gewesen sein, der gute Kinder bewache.

Schneeweißchen und Rosenrot hielten das Hüttchen der Mutter so reinlich, daß es eine Freude war hineinzuschauen. Im Sommer besorgte Rosenrot das Haus und stellte der Mutter jeden Morgen, ehe sie aufwachte, einen Blumenstrauß vors Bett, darin war von jedem Bäumchen eine Rose. Im Winter zündete Schneeweißchen das Feuer an und hing den Kessel an den Feuerhaken, und der Kessel war von Messing, glänzte aber wie Gold, so rein war er gescheuert. Abends, wenn die Flocken fielen, sagte die Mutter: „Geh, Schneeweißchen, und schieb den Riegel vor", und dann setzten sie sich an den Herd, und die Mutter nahm die Brille und las aus einem großen Buche vor, und die beiden Mädchen hörten zu, saßen und spannen; neben ihnen lag ein Lämmchen auf dem Boden, und hinter ihnen auf einer Stange saß ein weißes Täubchen und hatte seinen Kopf unter den Flügel gesteckt.

Eines Abends, als sie so vertraulich beisammensaßen, klopfte jemand an die Tür, als wollte er eingelassen werden. Die Mutter sprach: „Geschwind, Rosenrot, mach auf, es wird ein Wanderer sein, der Obdach sucht." Rosenrot ging und schob den Riegel weg und dachte, es wäre ein armer Mann, aber der war es nicht, es war ein Bär, der seinen dicken schwarzen Kopf zur Tür hereinstreckte. Rosenrot schrie laut und sprang zurück, das Lämmchen blökte, das Täubchen flatterte auf, und Schneeweißchen versteckte sich hinter der Mutter Bett. Der Bär aber fing an zu sprechen und sagte: „Fürchtet euch nicht, ich tue euch nichts zuleid, ich bin halb erfroren und will mich nur ein wenig bei euch wärmen." – „Du armer Bär", sprach die Mutter, „leg dich ans Feuer und gib nur acht, daß dir dein Pelz nicht brennt." Dann rief sie: „Schneeweißchen, Rosenrot, kommt hervor, der Bär tut euch nichts, er meint's ehrlich." Da kamen sie beide heran, und nach und nach näherten sich auch das Lämmchen und Täubchen und hatten keine Furcht vor ihm. Der Bär sprach: „Ihr Kinder, klopft mir den Schnee ein wenig aus dem Pelzwerk", und sie holten den Besen und kehrten dem Bär das Fell rein; er aber streckte sich ans Feuer und brummte ganz vergnügt und behaglich. Nicht lange, so wurden sie ganz vertraut und trieben Mutwillen mit dem unbeholfenen Gast. Sie zausten ihm das Fell mit den Händen, setzten ihre Füßchen auf seinen Rücken und walgerten ihn hin und her, oder sie nahmen eine Haselrute und schlugen auf ihn los, und wenn er brummte, so lachten sie. Der Bär ließ sich's aber gerne gefallen, nur wenn sie's zu arg machten, rief er: „Laßt mich am Leben, ihr Kinder:

Schneeweißchen, Rosenrot,
Schlägst dir den Freier tot."

Als Schlafenszeit war und die andern zu Bett gingen, sagte die Mutter zu dem Bären: „Du kannst in Gottes Namen da am Herde liegenbleiben, so bist du vor Kälte und dem bösen Wetter geschützt." Sobald der Tag graute, ließen ihn die beiden Kinder hinaus, und er trabte über den Schnee in den Wald hinein. Von nun an kam der Bär jeden Abend zu der bestimmten Stunde, legte sich an den Herd und erlaubte den Kindern, Kurzweil mit ihm zu treiben, soviel sie wollten; und sie waren so gewöhnt an ihn, daß die Tür nicht eher zugeriegelt ward, als bis der schwarze Gesell angelangt war.

Als das Frühjahr herangekommen und draußen alles grün war, sagte der Bär eines Morgens zu Schneeweißchen: „Nun muß ich fort und darf den ganzen Sommer nicht wiederkommen." – „Wo gehst du denn hin, lieber Bär?" fragte Schneeweißchen. „Ich muß in den Wald und meine Schätze vor den bösen Zwergen hüten: Im Winter, wenn die Erde hart gefroren ist, müssen sie wohl unten bleiben und können sich nicht durcharbeiten, aber jetzt, wenn die Sonne die Erde aufgetaut und erwärmt hat, da brechen sie durch, steigen herauf, suchen und stehlen; was einmal in ihren Händen ist und in ihren Höhlen liegt, das kommt so leicht nicht wieder an des Tages Licht." Schneeweißchen war ganz traurig über den Abschied, und als es ihm die Tür aufriegelte und der Bär sich hinausdrängte, blieb er an dem Türhaken hängen, und ein Stück seiner Haut riß auf, und da war es Schneeweißchen, als hätte es Gold durchschimmern gesehen: aber es war seiner Sache nicht gewiß. Der Bär lief eilig fort und war bald hinter den Bäumen verschwunden.

Nach einiger Zeit schickte die Mutter die Kinder in den Wald, Reisig zu sammeln. Da fanden sie draußen einen großen Baum, der lag gefällt auf dem Boden, und an dem Stamme sprang zwischen dem Gras etwas auf und ab; sie konnten aber nicht unterscheiden, was es war. Als sie näher kamen, sahen sie einen Zwerg mit einem alten verwelkten Gesicht und einem ellenlangen schneeweißen Bart. Das Ende des Bartes war in einer Spalte des Baumes einge-

klemmt, und der Kleine sprang hin und her wie ein Hündchen an einem Seil und wußte nicht, wie er sich helfen sollte. Er glotzte die Mädchen mit seinen roten feurigen Augen an und schrie: „Was steht ihr da! Könnt ihr nicht herbeigehen und mir Beistand leisten?“ – „Was hast du angefangen, kleines Männchen?“ fragte Rosenrot. „Dumme neugierige Gans“, antwortete der Zwerg, „den Baum habe ich mir spalten wollen, um kleines Holz in der Küche zu haben; bei den dicken Klötzen verbrennt gleich das bißchen Speise, das unsereiner braucht, der nicht soviel hinunterschlingt wie ihr, grobes, gieriges Volk. Ich hatte den Keil schon glücklich hineingetrieben, und es wäre alles nach Wunsch gegangen, aber das verwünschte Holz war zu glatt und sprang unversehens heraus, und der Baum fuhr so geschwind zusammen, daß ich meinen schönen weißen Bart nicht mehr herausziehen konnte; nun steckt er drin, und ich kann nicht fort. Da lachen die albernen, glatten Milchgesichter! Pfui, was seid ihr garstig!“ Die Kinder gaben sich alle Mühe, aber sie konnten den Bart nicht herausziehen, er steckte zu fest. „Ich will laufen und Leute herbeiholen“, sagte Rosenrot. „Wahnsinnige Schafsköpfe“, schnarrte der Zwerg, „wer wird gleich Leute herbeirufen, ihr seid mir schon um zwei zuviel; fällt euch nichts Besseres ein?“ – „Sei nur nicht ungeduldig“, sagte Schneeweißchen, „ich will schon Rat schaffen“, holte ein Scherchen aus der Tasche und schnitt das Ende des Bartes ab. Sobald der Zwerg sich frei fühlte, griff er nach einem Sack, der zwischen den Wurzeln des Baumes steckte und mit Gold gefüllt war, hob ihn heraus und brummte vor sich hin: „Ungehobeltes Volk, schneidet mir ein Stück von meinem stolzen Barte ab! Lohn's euch der Kuckuck!“ Damit schwang er seinen Sack auf den Rücken und ging fort, ohne die Kinder nur noch einmal anzusehen.

Einige Zeit danach wollten Schneeweißchen und Rosenrot ein Gericht Fische angeln. Als sie nahe bei dem Bach waren, sahen sie, daß etwas wie eine große Heuschrecke nach dem Wasser zu hüpfte, als wollte es hineinspringen. Sie liefen heran und erkannten den Zwerg. „Wo willst du hin“, fragte Rosenrot, „du willst doch nicht ins Wasser?“ – „Solch ein Narr bin ich nicht“, schrie der Zwerg, „seht ihr nicht, der verwünschte Fisch will mich hineinziehen!“ Der Kleine hatte dagesessen und geangelt, und unglücklicherweise hatte der Wind seinen Bart mit der Angelschnur verflochten; als gleich darauf ein großer Fisch anbiß, fehlten dem schwachen Geschöpf die Kräfte, ihn herauszuziehen: Der Fisch behielt die Oberhand und riß den Zwerg zu sich hin. Zwar hielt er sich an Halmen und Binsen, aber das half nicht viel. Die Mädchen kamen zur rechten Zeit, hielten ihn fest und versuchten, den Bart von der Schnur loszumachen, aber vergebens, Bart und Schnur waren fest ineinander verwirrt. Es blieb nichts übrig, als das Scherchen hervorzuholen und den Bart abzuschneiden, wobei ein kleiner Teil desselben verlorenging. Als der Zwerg das sah,

schrie er sie an: „Ist das eine Manier, ihr Lorche, einem das Gesicht zu schänden? Nicht genug, daß ihr mir den Bart unten abgestutzt habt, jetzt schneidet ihr mir den besten Teil davon ab: Ich darf mich vor den Meinigen gar nicht sehen lassen!" Dann holte er einen Sack Perlen, der im Schilfe lag, und ohne ein Wort zu sagen, schleppte er ihn fort und verschwand hinter einem Stein.

Es trug sich zu, daß bald hernach die Mutter die beiden Mädchen nach der Stadt schickte, Zwirn, Nadeln, Schnüre und Bänder einzukaufen. Der Weg führte sie über eine Heide, auf der hier und da mächtige Felsenstücke zerstreut lagen. Da sahen sie einen großen Vogel in der Luft schweben, der langsam über ihnen kreiste, sich immer tiefer herabsenkte und endlich nicht weit bei einem Felsen niederstieß. Gleich darauf hörten sie einen durchdringenden, jämmerlichen

Schrei. Sie liefen herzu und sahen mit Schrecken, daß der Adler ihren alten Bekannten, den Zwerg, gepackt hatte und ihn forttragen wollte. Die mitleidigen Kinder hielten gleich das Männchen fest und zerrten sich so lange mit dem Adler herum, bis er seine Beute fahrenließ. Als der Zwerg sich von dem ersten Schrecken erholt hatte, schrie er mit seiner kreischenden Stimme: „Konntet ihr nicht säuberlicher mit mir umgehen? Gerissen habt ihr an meinem dünnen Röckchen, daß es überall zerfetzt und durchlöchert ist, unbeholfenes und täppisches Gesindel, das ihr seid!" Dann nahm er einen Sack mit Edelsteinen und schlüpfte wieder unter den Felsen in seine Höhle. Die Mädchen waren an seinen Undank schon gewöhnt, setzten ihren Weg fort und verrichteten ihr Geschäft in der Stadt.

Als sie beim Heimweg wieder auf die Heide kamen, überraschten sie den Zwerg, der auf einem reinlichen Plätzchen seinen Sack mit Edelsteinen ausgeschüttet und nicht gedacht hatte, daß so spät noch jemand daherkommen würde. Die Abendsonne schien über die glänzenden Steine, sie schimmerten und leuchteten so prächtig in allen Farben, daß die Kinder stehenblieben und sie betrachteten. „Was steht ihr da und habt Maulaffen feil!" schrie der Zwerg, und sein aschgraues Gesicht ward zinnoberrot vor Zorn. Er wollte mit seinen Scheltworten fortfahren, als sich ein lautes Brummen hören ließ und ein schwarzer Bär aus dem Walde herbeitrabte. Erschrocken sprang der Zwerg auf, aber er konnte nicht mehr zu seinem Schlupfwinkel gelangen, der Bär war schon in seiner Nähe. Da rief er in Herzensangst: „Lieber Herr Bär, verschont mich, ich will Euch alle meine Schätze geben, sehet, die schönen Edelsteine, die da liegen. Schenkt mir das Leben, was habt Ihr an mir kleinem schmächtigem Kerl? Ihr spürt mich nicht zwischen den Zähnen. Da, die beiden gottlosen Mädchen packt, das sind für Euch zarte Bissen, fett wie junge Wachteln, die freßt in Gottes Namen." Der Bär kümmerte sich um seine Worte nicht, gab dem boshaften Geschöpf einen einzigen Schlag mit der Tatze, und es regte sich nicht mehr.

Die Mädchen waren fortgesprungen, aber der Bär rief ihnen nach: „Schneeweißchen und Rosenrot, fürchtet euch nicht, wartet, ich will mit euch gehen." Da erkannten sie seine Stimme und blieben stehen, und als der Bär bei ihnen war, fiel plötzlich die Bärenhaut ab, und er stand da als ein schöner Mann und war ganz in Gold gekleidet. „Ich bin eines Königs Sohn", sprach er, „und war von dem gottlosen Zwerg, der mir meine Schätze gestohlen hatte, verwünscht, als ein wilder Bär in dem Walde umherzulaufen, bis ich durch seinen Tod erlöst würde."

Schneeweißchen ward mit ihm vermählt und Rosenrot mit seinem Bruder, und sie teilten die großen Schätze miteinander, die der Zwerg in seiner Höhle zusammengetragen hatte. Die alte Mutter lebte noch lange Jahre ruhig und glücklich bei ihren Kindern.

Die sieben Raben

Ein Mann hatte sieben Söhne und immer noch kein Töchterchen, so sehr er sich's auch wünschte; endlich gab ihm seine Frau wieder Hoffnung zu einem Kinde, und wie es zur Welt kam, war's auch ein Mädchen. Die Freude war groß, aber das Kind war schmächtig und klein und sollte wegen seiner Schwachheit die Nottaufe haben. Der Vater schickte einen der Knaben eilends zur Quelle, Taufwasser zu holen, die anderen sechs liefen mit, und weil jeder der erste beim Schöpfen sein wollte, so fiel ihnen der Krug in den Brunnen. Da standen sie und wußten nicht, was sie tun sollten, und keiner getraute sich heim. Als sie immer nicht zurückkamen, ward der Vater ungeduldig und sprach: „Gewiß haben sie's wieder über einem Spiel vergessen, die gottlosen Jungen." Es ward ihm angst, das Mädchen müßte ungetauft verscheiden, und im Ärger rief er: „Ich wollte, daß die Jungen alle zu Raben würden." Kaum war das Wort ausgeredet, so hörte er ein Geschwirr über seinem Haupte in der Luft, blickte in die Höhe und sah sieben kohlschwarze Raben auf und davon fliegen.

Die Eltern konnten die Verwünschung nicht mehr zurücknehmen, und so traurig sie über den Verlust ihrer sieben Söhne waren, trösteten sie sich doch einigermaßen durch ihr liebes Töchterchen, das bald zu Kräften kam und mit jedem Tag schöner ward. Es wußte lange Zeit nicht einmal, daß es Geschwister gehabt hatte, denn die Eltern hüteten sich, ihrer zu erwähnen, bis es eines Tages die Leute von sich von ungefähr sprechen hörte, das Mädchen wäre wohl schön, aber doch eigentlich schuld an dem Unglück seiner sieben Brüder. Da ward es ganz betrübt, ging zu Vater und Mutter und fragte, ob es denn Brüder gehabt hätte und wo sie hingeraten wären? Nun durften die Eltern das Geheimnis nicht länger verschweigen, sagten jedoch, es sei so des Himmels Verhängnis und seine Geburt nur der unschuldige Anlaß gewesen. Allein das Mädchen machte sich täglich ein Gewissen daraus und glaubte, es müßte seine Geschwister wieder erlösen. Es hatte nicht Ruhe und Rast, bis es sich heimlich aufmachte und in die weite Welt ging, seine Brüder irgendwo aufzuspüren und zu befreien, es möchte kosten, was es wolle. Es nahm nichts mit als ein Ringlein von seinen Eltern zum Andenken, einen Laib Brot für den Hunger, ein Krüglein Wasser für den Durst und ein Stühlchen für die Müdigkeit.

Nun ging es immer zu, weit, weit, bis an der Welt Ende. Da kam es zur Sonne, aber die war zu heiß und fürchterlich und fraß die kleinen Kinder. Eilig lief es weg und lief hin zu dem Mond, aber der war zu kalt und auch grausig und bös, und als er das Kind merkte, sprach er: „Ich rieche Menschenfleisch." Da machte es sich geschwind fort und kam zu den Sternen, die waren ihm freundlich und gut, und jeder saß auf seinem besonderen Stühlchen. Der Morgenstern aber stand auf, gab ihm ein Hinkelbeinchen und sprach: „Wenn du das Beinchen nicht hast, kannst du den Glasberg nicht aufschließen, und in dem Glasberg, da sind deine Brüder."

Das Mädchen nahm das Beinchen, wickelte es wohl in ein Tüchlein und ging wieder fort, so lange, bis es an den Glasberg kam. Das Tor war verschlossen, und es wollte das Beinchen hervorholen; aber wie es das Tüchlein aufmachte, so war es leer, und es hatte das Geschenk der guten Sterne verloren. Was sollte es nun anfangen? Seine Brüder wollte es erretten und hatte keinen Schlüssel zum Glasberg. Das gute Schwesterchen nahm ein Messer, schnitt sich ein kleines Fingerchen ab, steckte es in das Tor und schloß glücklich auf. Als es eingegangen war, kam ihm ein Zwerglein entgegen, das sprach: „Mein Kind, was suchst du?" – „Ich suche meine Brüder, die sieben Raben", antwortete es. Der Zwerg sprach: „Die Herren Raben sind nicht zu Haus, aber willst du hier so lange warten, bis sie kommen, so tritt ein." Darauf trug das Zwerglein die Speise der Raben herein auf sieben Tellerchen und in sieben Becherchen, und von jedem Tellerchen aß das Schwesterchen ein Bröckchen, und aus jedem Becherchen trank es ein Schlückchen; in das letzte Becherchen aber ließ es das Ringlein fallen, das es mitgenommen hatte.

Auf einmal hörte es in der Luft ein Geschwirr und ein Geweh, da sprach das Zwerglein: „Jetzt kommen die Herren Raben heimgeflogen." Da kamen sie, wollten essen und trinken und suchten ihre Tellerchen und Becherchen. Da sprach einer nach dem anderen: „Wer hat von meinem Tellerchen gegessen? Wer hat aus meinem Becherchen getrunken? Das ist eines Menschen Mund gewesen." Und wie der siebente auf den

Grund des Bodens kam, rollte ihm das Ringlein entgegen. Da sah er es an und erkannte, daß es ein Ring von Vater und Mutter war, und sprach: „Gott gebe, unser Schwesterlein wäre da, so wären wir erlöst.“ Wie das Mädchen, das hinter der Türe stand und lauschte, den Wunsch hörte, so trat es hervor, und da bekamen alle die Raben ihre menschliche Gestalt wieder. Und sie herzten und küßten einander und zogen fröhlich heim.

Sneewittchen

Es war einmal mitten im Winter, und die Schneeflocken fielen wie Federn vom Himmel herab, da saß eine Königin an einem Fenster, das einen Rahmen von schwarzem Ebenholz hatte, und nähte. Und als sie so nähte und nach dem Schnee aufblickte, stach sie sich mit der Nadel in den Finger, und es fielen drei Tropfen Blut in den Schnee. Und weil das Rote im weißen Schnee so schön aussah, dachte sie bei sich: „Hätt' ich ein Kind so weiß wie Schnee, so rot wie Blut und so schwarz wie das Holz an dem Rahmen!" Bald darauf bekam sie ein Töchterlein, das war so weiß wie Schnee, so rot wie Blut und so schwarzhaarig wie Ebenholz und wurde darum das Sneewittchen (Schneeweißchen) genannt. Und als das Kind auf der Welt war, starb die Königin.

Als über ein Jahr vergangen war, nahm sich der König eine andere Gemahlin. Es war eine schöne Frau, aber sie war stolz und übermütig und konnte nicht leiden, daß sie an Schönheit von jemand sollte übertroffen werden. Sie hatte einen wunderbaren Spiegel, wenn sie vor den trat und sich darin beschaute, sprach sie:

„Spieglein, Spieglein an der Wand,
Wer ist die Schönste im ganzen Land?"

Und der Spiegel antwortete:

„Frau Königin, Ihr seid die Schönste im Land."

Da war sie zufrieden, denn sie wußte, daß der Spiegel die Wahrheit sagte.

Sneewittchen aber wuchs heran und wurde immer schöner, und als es sieben

Jahre alt war, war es so schön wie der klare Tag und schöner als die Königin selbst.

Als diese wieder einmal ihren Spiegel fragte:

„Spieglein, Spieglein an der Wand,
Wer ist die Schönste im ganzen Land?“,

so antwortete er:

„Frau Königin,
Ihr seid die Schönste hier,
Aber Sneewittchen ist tausendmal
schöner als Ihr.“

Da erschrak die Königin und ward gelb und grün vor Neid. Von Stund an, wenn sie Sneewittchen erblickte, kehrte sich ihr das Herz im Leibe um, so haßte sie das Mädchen. Und der Neid und Hochmut wuchsen wie ein Unkraut in ihrem Herzen immer höher, daß sie Tag und Nacht keine Ruhe mehr hatte. Da rief sie einen Jäger und sprach: „Bring das Kind hinaus in den Wald, ich will's nicht mehr vor meinen Augen sehen. Du sollst es töten und mir Lunge und Leber zum Wahrzeichen mitbringen.“ Der Jäger gehorchte und führte es hinaus, und als er den Hirschfänger gezogen hatte und Sneewittchens unschuldiges Herz durchbohren wollte, fing es an zu weinen und sprach: „Ach, lieber Jäger, laß mir mein Leben; ich will in den wilden Wald laufen und nimmermehr wieder heimkommen.“ Und weil es so schön war, hatte der Jäger Mitleiden und sprach: „So lauf hin, du armes Kind!“ – „Die wilden Tiere werden dich bald gefressen haben“, dachte er, und doch war's ihm, als wär' ein Stein von seinem Herzen gewälzt, weil er es nicht zu töten brauchte. Und als gerade ein junger Frischling dahergesprungen kam, stach er ihn ab, nahm Lunge und Leber heraus und brachte sie als Wahrzeichen der Königin mit. Der Koch mußte sie in Salz kochen, und das boshafte Weib aß sie auf und meinte, sie hätte Sneewittchens Lunge und Leber gegessen.

Nun war das arme Kind in dem großen Walde mutterseelenallein, und es ward ihm so angst, daß es alle Blätter an den Bäumen ansah und nicht wußte, wie es sich helfen sollte. Da fing es an zu laufen und lief über die spitzen Steine und durch die Dornen, und die wilden Tiere sprangen an ihm vorbei, aber sie taten ihm nichts. Es lief, solange nur die Füße noch fortkonnten, bis es Abend werden wollte; da sah es ein kleines Häuschen und ging hinein, sich zu ruhen. In dem Häuschen war alles klein, aber so zierlich und reinlich, daß es nicht zu sagen ist. Da stand ein weißgedecktes Tischlein mit sieben kleinen Tellern, jedes Tellerchen mit seinem Löffelein, ferner sieben Messerlein und Gäbelein, und sieben Becherlein. An der Wand waren sieben Bettlein nebeneinander aufgestellt und schneeweiße Laken darüber gedeckt. Sneewittchen, weil es so hungrig und durstig war, aß von jedem Tellerlein ein wenig Gemüse und Brot und trank aus jedem Becherlein einen Tropfen Wein; denn es wollte nicht einem allein alles wegnehmen. Hernach, weil es so müde war, legte es sich in ein

Bettchen, aber keins paßte; das eine war zu lang, das andere zu kurz, bis endlich das siebente recht war. Und darin blieb es liegen, befahl sich Gott und schlief ein.

Als es ganz dunkel geworden war, kamen die Herren von dem Häuslein; das waren die sieben Zwerge, die in den Bergen nach Erz hackten und gruben. Sie zündeten ihre sieben Lichtlein an, und wie es nun hell im Häuslein ward, sahen sie, daß jemand darin gewesen war, denn es stand nicht alles so in der Ordnung, wie sie es verlassen hatten. Der erste sprach: „Wer hat auf meinem Stühlchen gesessen?“ Der zweite: „Wer hat von meinem Tellerchen gegessen?“ Der dritte: „Wer hat von meinem Brötchen genommen?“ Der vierte: „Wer hat von meinem Gemüschen gegessen?“ Der fünfte: „Wer hat mit meinem Gäbelchen gestochen?“ Der sechste: „Wer hat mit meinem Messerchen geschnitten?“ Der siebente: „Wer hat aus meinem Becherlein getrunken?“ Dann sah sich der erste um und sah, daß auf seinem Bett eine kleine Delle war, da sprach er: „Wer hat in mein Bett getreten?“ Die andern kamen gelaufen und riefen: „In meinem hat auch jemand gelegen.“ Der siebente aber, als er in sein Bett sah, erblickte Sneewittchen, das lag darin und schlief. Nun rief er die andern, die kamen herbeigelaufen und schrien vor Verwunderung, holten ihre sieben Lichtlein und beleuchteten Sneewittchen. „Ei, du mein Gott! Ei, du mein Gott!“ riefen sie, „was ist das Kind so schön!“ und hatten so große Freude, daß sie es nicht aufweckten, sondern im Bettlein fortschlafen ließen. Der siebente Zwerg aber schlief bei seinen Gesellen, bei jedem eine Stunde, da war die Nacht herum.

Als es Morgen war, erwachte Sneewittchen, und als es die sieben Zwerge sah, erschrak es. Sie waren aber freundlich und fragten: „Wie heißt du?“ – „Ich heiße Sneewittchen“, antwortete es. „Wie bist du in unser Haus gekommen?“ sprachen die Zwerge weiter. Da erzählte es ihnen, daß seine Stiefmutter es hätte wollen umbringen lassen; der Jäger hätte ihm aber das Leben geschenkt, und da wär' es gelaufen den ganzen Tag, bis es endlich ihr Häuslein gefunden hätte. Die Zwerge sprachen: „Willst du unseren Haushalt versehen, kochen, betten, waschen, nähen und stricken, und willst du alles ordentlich und reinlich halten, so kannst du bei uns bleiben, und es soll dir an nichts fehlen.“ – „Ja“, sagte Sneewittchen, „von Herzen gern“, und blieb bei ihnen. Es hielt ihnen das Haus in Ordnung; morgens gingen sie in die Berge und suchten Erz und Gold, abends kamen sie wieder, und da mußte ihr Essen bereit sein. Den Tag über war das Mädchen allein, da warnten es die guten Zwerglein und sprachen: „Hüte dich vor deiner Stiefmutter, die wird bald wissen, daß du hier bist; laß ja niemand herein!“

Die Königin aber, nachdem sie Sneewittchens Lunge und Leber glaubte gegessen zu haben, dachte nicht anders, als sie wäre wieder die Erste und Allerschönste, trat vor ihren Spiegel und sprach:

„Spieglein, Spieglein an der Wand,
Wer ist die Schönste im ganzen Land?"

Da antwortete der Spiegel:

„Frau Königin,
Ihr seid die Schönste hier,
Aber Sneewittchen über den Bergen
Bei den sieben Zwergen
Ist noch tausendmal schöner als Ihr."

Da erschrak sie, denn sie wußte, daß der Spiegel keine Unwahrheit sprach, und merkte, daß der Jäger sie betrogen hatte und Sneewittchen noch am Leben war. Und da sann und sann sie aufs neue, wie sie es umbringen wollte; denn solange sie nicht die Schönste war im ganzen Land, ließ ihr der Neid keine Ruhe. Und als sie sich endlich etwas ausgedacht hatte, färbte sie sich das Gesicht und kleidete sich wie eine alte Krämerin und war ganz unkenntlich. In dieser Gestalt ging sie über die sieben Berge zu den sieben Zwergen, klopfte an die Tür und rief: „Schöne Ware feil, feil!" Sneewittchen guckte zum Fenster hinaus und rief: „Guten Tag, liebe Frau, was habt ihr zu verkaufen?" – „Gute Ware, schöne Ware", antwortete sie, „Schnürriemen von allen Farben", und holte einen hervor, der aus bunter Seide geflochten war. „Die ehrliche Frau kann ich hereinlassen", dachte Sneewittchen, riegelte die Tür auf und kaufte sich den hübschen Schnürriemen. „Kind", sprach die Alte, „wie du aussiehst! Komm, ich will dich einmal ordentlich schnüren." Sneewittchen hatte kein Arg, stellte sich vor sie und ließ sich mit dem neuen Schnürriemen schnüren; aber die Alte schnürte geschwind und so fest, daß dem Sneewittchen der Atem verging und es für tot hinfiel. „Nun bist du die Schönste gewesen", sprach sie und eilte hinaus.

Nicht lange darauf, zur Abendzeit, kamen die sieben Zwerge nach Hause, aber wie erschraken sie, als sie ihr liebes Sneewittchen auf der Erde liegen sahen. Und es regte und bewegte sich nicht, als wäre es tot. Sie hoben es in die Höhe, und weil sie sahen, daß es zu fest geschnürt war, schnitten sie den Schnürriemen entzwei. Da fing es an, ein wenig zu atmen, und ward nach und nach wieder lebendig. Als die Zwerge hörten, was geschehen war, sprachen sie: „Die alte Krämerfrau war niemand anders als die gottlose Königin; hüte dich und laß keinen Menschen herein, wenn wir nicht bei dir sind!"

Das böse Weib aber, als es nach Hause gekommen war, ging vor den Spiegel und fragte:

„Spieglein, Spieglein an der Wand,
Wer ist die Schönste im ganzen Land?"

Da antwortete er wie sonst:

„Frau Königin,
Ihr seid die Schönste hier,
Aber Sneewittchen über den Bergen
Bei den sieben Zwergen
Ist noch tausendmal schöner als Ihr."

Als sie das hörte, lief ihr alles Blut zum Herzen, so erschrak sie, denn sie sah wohl, daß Sneewittchen wieder lebendig geworden war. „Nun aber“, sprach sie, „will ich etwas aussinnen, das dich zugrunde richten soll“, und mit Hexenkünsten, die sie verstand, machte sie einen giftigen Kamm. Dann verkleidete sie sich und nahm die Gestalt eines andern alten Weibes an. So ging sie hin über die sieben Berge zu den sieben Zwergen, klopfte an die Tür und rief: „Gute Ware feil, feil!“ Sneewittchen schaute hinaus und sprach: „Geht nur weiter, ich darf niemand hereinlassen.“ – „Das Ansehen wird dir doch erlaubt sein?“ sprach die Alte, zog den giftigen Kamm heraus und hielt ihn in die Höhe. Da gefiel er dem Kinde so gut, daß es sich betören ließ und die Tür öffnete. Als sie des Kaufs einig waren, sprach die Alte: „Nun will ich dich einmal ordentlich kämmen.“ Das arme Sneewittchen dachte an nichts und ließ die Alte gewähren; aber kaum hatte sie den Kamm in die Haare gesteckt, als das Gift darin wirkte und das Mädchen ohne Besinnung niederfiel. „Du Ausbund von Schönheit“, sprach das boshafte Weib, „jetzt ist's um dich geschehen!“ und ging fort.

Zum Glück aber war es bald Abend, wo die sieben Zwerge wieder nach Hause kamen. Und als sie Sneewittchen wie tot auf der Erde liegen sahen, hatten sie gleich die Stiefmutter im Verdacht, suchten nach und fanden den giftigen Kamm, und kaum hatten sie ihn herausgezogen, so kam Sneewittchen wieder zu sich und erzählte ihnen, was vorgegangen sei. Da warnten sie es noch einmal, auf seiner Hut zu sein und niemand die Tür zu öffnen.

Die Königin stellte sich daheim vor den Spiegel und sprach:

„Spieglein, Spieglein an der Wand,
Wer ist die Schönste im ganzen Land?“

Da antwortete er wie vorher:

„Frau Königin,
Ihr seid die Schönste hier,
Aber Sneewittchen über den Bergen
Bei den sieben Zwergen
Ist noch tausendmal schöner als Ihr.“

Als sie den Spiegel so reden hörte, zitterte und bebte sie vor Zorn. „Sneewittchen soll sterben“, rief sie, „und wenn es mein eigenes Leben kostet!“ Darauf ging sie in eine ganz verborgene einsame Kammer, wo niemand hinkam, und machte da einen giftigen Apfel. Äußerlich sah er schön aus, weiß mit roten Backen, daß jeder, der ihn erblickte, Lust danach bekam, aber wer ein Stück davon aß, der mußte sterben. Als der Apfel fertig war, färbte sie sich das Gesicht und verkleidete sich in eine Bauersfrau, und so ging sie über die sieben Berge zu den sieben Zwergen. Sie klopfte an, Sneewittchen streckte den Kopf zum Fenster hinaus und sprach: „Ich darf keinen Menschen einlassen, die sieben Zwerge haben mir's verboten.“ – „Mir auch recht“, antwortete die Bäuerin, „meine Äpfel will ich schon loswerden. Da, einen will ich dir schenken.“ – „Nein“, sprach Sneewittchen, „ich darf nichts annehmen.“ – „Fürchtest du dich vor Gift?“ sprach die Alte, „siehst du, da schneide ich den Apfel in zwei Teile; den roten Backen ißt du, den weißen will ich essen.“ Der Apfel war aber so künstlich gemacht, daß der rote Backen allein vergiftet war. Sneewittchen lusterte den schönen Apfel an, und als es sah, daß die Bäuerin davon aß, so konnte es nicht länger widerstehen, streckte die Hand hinaus und nahm die giftige Hälfte. Kaum aber hatte es einen Bissen davon im Mund, so fiel es tot zur Erde nieder. Da betrachtete es die Königin mit grausigen Blicken, lachte überlaut und sprach: „Weiß wie Schnee, rot wie Blut, schwarz wie Ebenholz! Diesmal können dich die Zwerge nicht wieder erwekken!“ Und als sie daheim den Spiegel befragte:

„Spieglein, Spieglein an der Wand,
Wer ist die Schönste im ganzen Land?“,

so antwortete er endlich:

„Frau Königin,
Ihr seid die Schönste im Land.“

Da hatte ihr neidisches Herz Ruhe, so gut ein neidisches Herz Ruhe haben kann.

Die Zwerglein, als sie abends wieder nach Hause kamen, fanden Sneewittchen auf der Erde liegen, und es ging kein Atem mehr aus seinem Munde, denn es war tot. Sie hoben es auf, suchten, ob sie was Giftiges fänden, schnürten es auf, kämmten ihm die Haare, wuschen es mit Wasser und Wein, aber es half alles nichts: das liebe Kind war tot und blieb tot. Sie legten Sneewittchen auf eine Bahre und setzten sich alle siebene daran und beweinten es und weinten drei Tage lang. Da wollten sie es begraben, aber es sah noch so frisch aus wie ein lebender Mensch und hatte noch seine schönen roten Backen. Sie sprachen: „Das können wir nicht in die schwarze Erde versenken“, und die Zwerge ließen einen durchsichtigen Sarg von Glas machen, daß man es von allen Seiten sehen konnte, legten es hinein und schrieben mit goldenen Buch-

staben seinen Namen darauf und daß es eine Königstochter wäre. Dann setzten sie den Sarg hinaus auf den Berg, und einer von ihnen blieb immer dabei und bewachte ihn. Und die Tiere kamen auch und beweinten Sneewittchen, erst eine Eule, dann ein Rabe, zuletzt ein Täubchen.

Nun lag Sneewittchen lange, lange Zeit in dem Sarge und verweste nicht, sondern sah aus, als wenn es schliefe; denn es war noch so weiß wie Schnee, so rot wie Blut und so schwarzhaarig wie Ebenholz. Es geschah aber, daß ein Königssohn in den Wald geriet und zu dem Zwergenhaus kam, da zu übernachten. Er sah auf dem Berge den Sarg und das schöne Sneewittchen darin und las, was mit goldenen Buchstaben darauf geschrieben war. Da sprach er zu den Zwergen: „Laßt mir den Sarg, ich will euch geben, was ihr dafür haben wollt." Aber die Zwerge antworteten: „Wir geben ihn nicht um alles Gold in der Welt." Da sprach er: „So schenkt mir ihn, denn ich kann nicht leben, ohne Sneewittchen zu sehen; ich will es ehren und hochachten wie mein Liebstes." Als er so sprach, empfanden die guten Zwerglein Mitleiden mit ihm und gaben ihm den Sarg. Der Königssohn ließ ihn nun von seinen Dienern auf den Schultern forttragen. Da geschah es, daß sie über einen Strauch stolperten, und von dem Schüttern fuhr der giftige Apfelgrütz, den Sneewittchen abgebissen hatte, aus dem Halse. Und nicht lange, so öffnete es die Augen, hob den Deckel vom Sarg in die Höhe und richtete sich auf und war wieder lebendig. „Ach Gott, wo bin ich?" rief es. Der Königssohn sagte voll Freude: „Du bist bei mir", und erzählte, was sich zugetragen hatte, und sprach: „Ich habe dich lieber als alles auf der Welt; komm mit mir in meines Vaters Schloß, du sollst meine Gemahlin werden." Da war ihm Sneewittchen gut und ging mit ihm, und ihre Hochzeit ward mit großer Pracht und Herrlichkeit angeordnet.

Zu dem Feste wurde aber auch Sneewittchens gottlose Stiefmutter eingeladen. Wie sie sich nun mit schönen Kleidern angetan hatte, trat sie vor den Spiegel und sprach:

„Spieglein, Spieglein an der Wand,
Wer ist die Schönste im ganzen Land?"

Der Spiegel antwortete:

„Frau Königin,
Ihr seid die Schönste hier,
Aber die junge Frau Königin ist
tausendmal schöner als Ihr."

Da stieß das böse Weib einen Fluch aus und ward ihr so angst, so angst, daß sie sich nicht zu lassen wußte. Sie wollte zuerst gar nicht auf die Hochzeit kommen; doch ließ es ihr keine Ruhe, sie mußte fort und die junge Königin sehen. Und wie sie hineintrat, erkannte sie Sneewittchen, und vor Angst und Schrecken stand sie da und konnte sich nicht regen. Aber es waren ihr schon verwünschte Pantoffeln bereitgestellt, in die mußte sie treten und so lange tanzen, bis sie tot zur Erde fiel.

Die Sterntaler

Es war einmal ein kleines Mädchen, dem waren Vater und Mutter gestorben, und es war so arm, daß es kein Kämmerchen mehr hatte, darin zu wohnen, und kein Bettchen mehr, darin zu schlafen, und endlich gar nichts mehr als die Kleider auf dem Leib und ein Stückchen Brot in der Hand, das ihm ein mitleidiges Herz geschenkt hatte. Es war aber gut und fromm. Und weil es so von aller Welt verlassen war, ging es im Vertrauen auf den lieben Gott hinaus ins Feld.

Da begegnete ihm ein armer Mann, der sprach: „Ach, gib mir etwas zu essen, ich bin so hungrig."

Es reichte ihm das ganze Stückchen Brot und sagte: „Gott segne dir's", und ging weiter.

Da kam ein Kind, das jammerte und sprach: „Es friert mich so an meinem Kopfe, schenk mir etwas, womit ich ihn bedecken kann." Da tat es seine Mütze ab und gab sie ihm. Und als es noch eine Weile gegangen war, kam wieder ein Kind und hatte kein Leibchen an und fror – da gab es ihm seins. Und noch weiter, da bat eins um ein Röcklein, das gab es auch von sich hin.

Endlich gelangte es in einen Wald, und es war schon dunkel geworden; da kam noch eins und bat um ein Hemdlein, und das fromme Mädchen dachte: Es ist dunkle Nacht, da sieht dich niemand, du kannst wohl dein Hemd weggeben, und zog das Hemd ab und gab es auch noch hin.

Und wie es so stand und gar nichts mehr hatte, fielen auf einmal die Sterne vom Himmel und waren lauter harte blanke Taler. Und ob es gleich sein Hemdlein weggegeben, so hatte es ein neues an, und das war vom allerfeinsten Linnen. Da sammelte es sich die Taler hinein und war reich für sein Leben.

Das tapfere Schneiderlein

An einem Sommermorgen saß ein Schneiderlein auf seinem Tische am Fenster, war guter Dinge und nähte aus Leibeskräften. Da kam eine Bauersfrau die Straße herab und rief: „Gut Mus feil! Gut Mus feil!" Das klang dem Schneiderlein lieblich in die Ohren; er steckte sein zartes Haupt zum Fenster hinaus und rief: „Hier herauf, liebe Frau, hier wird sie ihre Ware los!" Die Frau stieg die drei Treppen mit ihrem schweren Korbe zu dem Schneider herauf und mußte die Töpfe sämtlich vor ihm auspacken. Er besah sie alle, hob sie in die Höhe, hielt die Nase daran und sagte endlich: „Das Mus scheint mir gut, wieg' Sie mir doch vier Lot ab, liebe Frau, wenn's auch ein Viertelpfund ist, kommt es mir nicht darauf an." Die Frau, die gehofft hatte, einen guten Absatz zu finden, gab ihm, was er verlangte, ging aber ganz ärgerlich und brummig fort. „Nun, das Mus soll mir Gott gesegnen", rief das Schneiderlein, „und soll mir Kraft und Stärke geben!", holte das Brot aus dem Schrank, schnitt sich ein Stück über den ganzen Laib und strich das Mus darüber. „Das wird nicht bitter schmecken", sprach er, „aber erst will ich das Wams fertigmachen, eh' ich anbeiße." Er legte das Brot neben sich, nähte weiter und machte vor Freude immer größere Stiche. Indes stieg der Geruch von dem süßen Mus hinauf an die Wand, wo die Fliegen in großer Menge saßen, so daß sie herangelockt wurden und sich scharenweise darauf niederließen. „Ei, wer hat euch eingeladen?" sprach das Schneiderlein und jagte die ungebetenen Gäste fort. Die Fliegen aber, die kein Deutsch verstanden, ließen sich nicht abweisen, sondern ka-

men in immer größerer Gesellschaft wieder. Da lief dem Schneiderlein endlich, wie man sagt, die Laus über die Leber, es langte nach einem Tuchlappen und – „Wart', ich will es euch geben!" – schlug unbarmherzig drauf. Als es den Lappen abzog und zählte, so lagen nicht weniger als sieben vor ihm tot und streckten die Beine. „Bist du so ein Kerl?" sprach er und mußte selbst seine Tapferkeit bewundern; „das soll die ganze Stadt erfahren!" Und in der Hast schnitt sich das Schneiderlein einen Gürtel, nähte ihn und stickte mit großen Buchstaben darauf: Siebene auf einen Streich! „Ei, was Stadt!" sprach er weiter, „die ganze Welt soll's erfahren!", und sein Herz wackelte ihm vor Freude wie ein Lämmerschwänzchen.

Der Schneider band sich den Gürtel um den Leib und wollte in die Welt hinaus, weil er meinte, die Werkstätte sei zu klein für seine Tapferkeit. Eh' er abzog, suchte er im Haus herum, ob nichts da wäre, was er mitnehmen könnte; er fand aber nichts als einen alten Käse, den steckte er ein. Vor dem Tore bemerkte er einen Vogel, der sich im Gesträuch gefangen hatte, der mußte zu dem Käse in die Tasche. Nun nahm er den Weg tapfer zwischen die Beine, und weil er leicht und behend war, fühlte er keine Müdigkeit. Der Weg führte ihn auf einen Berg, und als er den höchsten Gipfel erreicht hatte, so saß da ein gewaltiger Riese und schaute sich ganz gemütlich um. Das Schneiderlein ging beherzt auf ihn zu, redete ihn an und sprach: „Guten Tag, Kamerad! Gelt, du sitzest da und besiehst dir die weitläufige Welt? Ich bin eben auf dem Wege dahin und will mich versuchen. Hast du Lust mitzugehen?" Der Riese sah den Schneider verächtlich an und sprach: „Du Lump! Du miserabler Kerl!" – „Das wäre!" antwortete das Schneiderlein, knöpfte den Rock auf und zeigte dem Riesen den Gürtel; „da kannst du lesen, was ich für ein Mann bin." Der Riese las: „Siebene auf einen Streich!", meinte, das wären Menschen gewesen, die der Schneider erschlagen hätte, und kriegte ein wenig Respekt vor dem kleinen Kerl. Doch wollte er ihn erst prüfen, nahm einen Stein in die Hand und drückte ihn zusammen, daß das Wasser heraustropfte. „Das mach mir nach", sprach der Riese, „wenn du Stärke hast." – „Ist's weiter nichts?" sagte das Schneiderlein. „Das ist bei unsereinem Spielwerk", griff in die Tasche, holte den weichen Käse und drückte ihn, daß der Saft herauslief. „Gelt", sprach er, „das war ein wenig besser?" Der Riese wußte nicht, was er sagen sollte, und konnte es von dem Männlein nicht glauben. Da hob der Riese einen Stein auf und warf ihn so hoch, daß man ihn mit den Augen kaum noch sehen konnte: „Nun, du Erpelmännchen, das tu mir nach!" – „Gut geworfen", sagte der Schneider, „aber der Stein hat doch wieder zur Erde herabfallen müssen, ich will dir einen werfen, der soll gar nicht wiederkommen", griff in die Tasche, nahm den Vogel und warf ihn in die Luft. Der Vogel, froh über seine Freiheit, stieg auf, flog fort und kam nicht wieder. – „Werfen kannst du wohl", sagte der Riese, „aber nun wollen wir sehen, ob du imstande bist, etwas Ordentliches zu tragen." Er führte das Schneiderlein zu einem mächtigen Eichbaum, der da gefällt auf dem Boden lag, und sagte: „Wenn du stark genug bist, so hilf mir den Baum aus dem Walde hinaustragen." – „Gern", antwortete der kleine Mann; „nimm du nur den Stamm auf deine Schulter, ich will die Äste mit dem Gezweig aufheben und tragen, das ist doch das schwerste." Der Riese nahm den Stamm auf die Schulter, der Schneider aber setzte sich auf einen Ast, und der Riese, der sich nicht umsehen konnte, mußte den ganzen Baum und das Schneiderlein noch obendrein forttragen. Es war dahinten ganz lustig und guter Dinge, pfiff das Liedchen: „Es ritten drei Schneider zum Tore hinaus", als wäre das Baumtragen ein Kinderspiel. Der Riese, nachdem er ein Stück Wegs die schwere Last fortgeschleppt hatte, konnte nicht weiter und rief: „Hör, ich muß den Baum fallen lassen!" Der Schneider sprang herab, faßte den Baum mit beiden Armen, als wenn er ihn getragen hätte, und sprach zum Riesen: „Du bist ein so großer Kerl und kannst den Baum nicht einmal tragen."

Sie gingen zusammen weiter, und als sie an einem Kirschbaum vorbeikamen, faßte der Riese die Krone des Baumes, wo die zeitigsten Früchte hingen, bog sie herab, gab sie dem Schneider in die Hand und hieß ihn essen. Das Schneiderlein aber war viel zu schwach, um den Baum zu halten, und als der Riese losließ, fuhr der Baum in die Höhe, und der Schneider ward mit in die Luft geschnellt. Als er wieder ohne Schaden herabgefallen war, sprach der Riese: „Was ist das, hast du nicht Kraft, die schwache Gerte zu halten?" – „An Kraft fehlt es nicht", antwortete das Schneiderlein; „meinst du, das wäre etwas für einen, der siebene mit einem Streich getroffen hat? Ich bin über den Baum gesprungen, weil die Jäger da unten in das Gebüsch schießen. Spring nach, wenn du's vermagst!" Der Riese machte den Versuch, konnte aber nicht über den Baum kommen, sondern blieb in den Ästen hängen, also daß das Schneiderlein auch hier die Oberhand behielt.

Der Riese sprach: „Wenn du ein tapferer Kerl bist, so komm mit in unsere Höhle und übernachte bei uns." Das Schneiderlein war bereit und folgte ihm. Als sie in der Höhle anlangten, saßen da noch andere Riesen beim Feuer, und jeder hatte ein gebratenes Schaf in der Hand und aß davon. Das Schneiderlein sah sich um und dachte: „Es ist doch hier viel weitläufiger als in meiner Werkstatt." Der Riese wies ihm ein Bett an und sagte, er solle sich ausschlafen. Dem Schneiderlein war aber das Bett zu groß, es legte sich nicht hinein, sondern kroch in eine Ecke. Als es Mitternacht war und der Riese meinte, das Schneiderlein läge in tiefem Schlafe, stand er auf, nahm eine große Eisenstange und schlug das Bett durch und meinte, er hätte dem Grashüpfer den Garaus gemacht. Am Morgen gingen die Riesen in den Wald und hatten das Schneiderlein ganz vergessen, da kam es auf einmal ganz lustig und verwegen dahergeschritten. Die Riesen erschraken, fürchteten, er schlüge sie alle tot, und liefen fort.

Das Schneiderlein zog weiter, immer seiner spitzen Nase nach. Nachdem es lange gewandert war, kam es in den Hof eines königlichen Palastes, und da es Müdigkeit empfand, legte es sich ins Gras und schlief ein. Während es so dalag, kamen die Leute, betrachteten es von allen Seiten und lasen auf dem Gürtel: „Siebene auf einen Streich!" – „Ach", sprachen sie, „was will der große Kriegsheld hier mitten im Frieden? Das muß ein mächtiger Herr sein." Sie gingen und meldeten es dem König und meinten, wenn Krieg ausbrechen sollte, wäre das ein wichtiger und nützlicher Mann, den man um keinen Preis fortlassen dürfte. Dem König gefiel der Rat, und er schickte einen von seinen Hofleuten zum Schneiderlein, der sollte ihm Kriegsdienste anbieten. Der Abgesandte blieb bei dem Schläfer stehen, wartete, bis er die Augen aufschlug, und brachte seinen Antrag vor. „Eben deshalb bin ich hierhergekommen", antwortete er; „ich bin bereit, in des Königs Dienste zu treten." Also ward er ehrenvoll empfangen und ihm eine besondere Wohnung angewiesen.

Die Kriegsleute aber waren dem Schneiderlein aufgesessen und wünschten, es wäre tausend Meilen weit weg.

„Was soll daraus werden?" sprachen sie untereinander. „Wenn wir Zank mit ihm kriegen und er haut zu, so fallen auf jeden Streich siebene. Da kann unsereiner nicht bestehen." Also faßten sie einen Entschluß, begaben sich allesamt zum König und baten um ihren Abschied. „Wir sind nicht gemacht", sprachen sie, „neben einem Manne auszuhalten, der siebene auf einen Streich schlägt." Der König war traurig, daß er um des einen willen alle seine treuen Diener verlieren sollte und wäre ihn gern wieder los gewesen. Aber er getraute sich nicht, ihm den Abschied zu geben, weil er fürchtete, er möchte ihn samt seinem Volke totschlagen und sich auf den königlichen Thron setzen. Er sann lange hin und her, endlich fand er einen Rat. Er schickte zu dem Schneiderlein und ließ ihm sagen, weil er ein so großer Kriegsheld wäre, so wollte er ihm ein Anerbieten machen. In einem Walde seines Landes hausten zwei Riesen, die mit Rauben, Morden, Sengen und Brennen großen Schaden stifteten; niemand dürfte sich ihnen nahen, ohne sich in Lebensgefahr zu setzen. Wenn er diese beiden Riesen überwände und tötete, so wollte er ihm seine Tochter zur Gemahlin geben und das halbe Königreich zur Ehesteuer; auch sollten hundert Reiter mitziehen und ihm Beistand leisten. „Das wäre so etwas für einen Mann, wie du bist", dachte das Schneiderlein, „eine schöne Königstochter und ein halbes Königreich werden einem nicht alle Tage angeboten." – „O ja", gab er zur Antwort, „die Riesen will ich schon bändigen und habe die hundert Reiter dabei nicht nötig: Wer siebene auf einen Streich trifft, braucht sich vor zweien nicht zu fürchten."

Das Schneiderlein zog aus, und die hundert Reiter folgten ihm. Als er zu dem Rande des Waldes kam, sprach er zu seinen Begleitern: „Bleibt hier nur halten, ich will schon allein mit den Riesen fertig werden." Dann sprang er in den Wald hinein und schaute sich rechts und links um. Über ein Weilchen erblickte er beide Riesen; sie lagen unter einem Baume und schliefen und schnarchten dabei, daß sich die Äste auf und nieder bogen. Das Schneiderlein, nicht faul, las beide Taschen voll Steine und stieg damit auf den Baum. Als es in der Mitte war, rutschte es auf einen Ast, bis es gerade über die Schläfer zu sitzen kam, und ließ dem einen Riesen einen Stein nach dem andern auf die Brust fallen. Der Riese spürte lange nichts, doch endlich wachte er auf, stieß seinen Gesellen an und sprach: „Was schlägst du mich?" – „Du träumst", sagte der andere, „ich schlage dich nicht." Sie legten sich wieder zum Schlaf; da warf der Schneider auf den zweiten einen Stein herab. „Was soll das?" rief der andere. „Warum wirfst du mich?" – „Ich werfe dich nicht", antwortete der erste und brummte. Sie zankten sich eine Weile herum, doch weil sie müde waren, ließen sie's gut sein, und die Augen fielen ihnen wieder zu. Das Schneiderlein fing sein Spiel von neuem an, suchte den dicksten Stein aus und warf ihn dem ersten Riesen mit aller Kraft auf die Brust.

„Das ist zu arg!“ schrie er, sprang wie ein Unsinniger auf und stieß seinen Gesellen gegen den Baum, daß dieser zitterte. Der andere zahlte mit gleicher Münze, und sie gerieten in solche Wut, daß sie Bäume ausrissen und so lange aufeinander losschlugen, bis sie endlich beide zugleich tot auf die Erde fielen. Nun sprang das Schneiderlein herab. „Ein Glück nur“, sprach es, „daß sie den Baum, auf dem ich saß, nicht ausgerissen haben, sonst hätte ich wie ein Eichhörnchen auf einen andern springen müssen; doch unsereiner ist behende!“ Es zog sein Schwert und versetzte jedem ein paar tüchtige Hiebe in die Brust, dann ging es hinaus zu den Reitern und sprach: „Die Arbeit ist getan, ich habe beiden den Garaus gemacht; aber hart ist es hergegangen, sie haben in der Not Bäume ausgerissen und sich gewehrt, doch das hilft alles nichts, wenn einer kommt wie ich, der siebene auf einen Streich schlägt.“ – „Seid Ihr denn nicht verwundet?“ fragten die Reiter. – „Das hat gute Wege“, antwortete der Schneider, „kein Haar haben sie mir gekrümmt.“ Die Reiter wollten ihm keinen Glauben beimessen und ritten in den Wald hinein; da fanden sie die Riesen in ihrem Blute schwimmend, und ringsum lagen die ausgerissenen Bäume.

Das Schneiderlein verlangte von dem König die versprochene Belohnung; den aber reute sein Versprechen, und er sann aufs neue, wie er sich den Helden vom Halse schaffen könnte. „Ehe du meine Tochter und das halbe Reich erhältst", sprach er, „mußt du noch eine Heldentat vollbringen. In dem Walde läuft ein Einhorn, das großen Schaden anrichtet, das mußt du erst einfangen." Das Schneiderlein antwortete: „Vor einem Einhorne fürchte ich mich noch weniger als vor zwei Riesen; siebene auf einen Streich, das ist meine Sache!" Er nahm sich einen Strick und eine Axt, ging in den Wald und hieß abermals die, die ihm zugeordnet waren, außen warten. Er brauchte nicht lange zu suchen, das Einhorn kam bald daher und sprang geradezu auf den Schneider los, als wollte es ihn aufspießen. „Sachte, sachte", sprach er, „so geschwind geht das nicht!", blieb stehen und wartete, bis das Tier ganz nahe war, dann sprang er behende hinter den Baum. Das Einhorn rannte mit aller Kraft gegen den Baum und spießte sein Horn so fest in den Stamm, daß es nicht Kraft genug hatte, es wieder herauszuziehen. „Jetzt hab' ich das Vöglein", sagte der Schneider, kam hervor, legte erst dem Einhorn den Strick um den Hals, dann hieb er mit der Axt das Horn aus dem Baume, und als alles in Ordnung war, führte er das Tier ab und brachte es dem König.

Der König wollte ihm den Lohn noch nicht gewähren und machte eine dritte Forderung. Der Schneider sollte vor der Hochzeit erst ein Wildschwein fangen, das in dem Walde großen Schaden tat; die Jäger sollten ihm Beistand leisten. „Gern", sprach der Schneider, „das ist ein Kinderspiel!" Die Jäger nahm er nicht mit in den Wald, und sie waren's zufrieden, denn das Wildschwein hatte sie schon mehrmals so empfangen, daß sie keine Lust hatten, ihm nachzustellen. Als das Schwein den Schneider erblickte, lief es mit schäumendem Munde und wetzenden Zähnen auf ihn zu und wollte ihn zur Erde werfen; der flüchtige Held aber sprang in eine Kapelle, die in der Nähe war, und gleich oben zum Fenster in einem Satze wieder hinaus. Das Schwein war hinter ihm hergelaufen, er aber hüpfte außen herum und schlug die Tür hinter ihm zu; da war das wütende Tier gefangen, das viel zu schwer und unbeholfen war, um zu dem Fenster hinauszuspringen. Das Schneiderlein rief die Jäger herbei, die mußten den Gefangenen mit eigenen Augen sehen; der Held aber begab sich zum Könige, der nun, er mochte wollen oder nicht, sein Versprechen halten mußte und ihm seine Tochter und das halbe Königreich übergab. Hätte er gewußt, daß kein Kriegsheld, sondern ein Schneiderlein vor ihm stand, es wäre ihm noch mehr zu Herzen gegangen. Die Hochzeit ward also mit großer Pracht und kleiner Freude gehalten und aus einem Schneider ein König gemacht.

Nach einiger Zeit hörte die junge Königin in der Nacht, wie ihr Gemahl im Traume sprach: „Junge, mach mir das Wams und flick mir die Hosen, oder ich will dir die Elle über die Ohren schla-

gen!“ Da merkte sie, in welcher Gasse der junge Herr geboren war, klagte am andern Morgen ihrem Vater ihr Leid und bat, er möchte ihr von dem Manne helfen, der nichts anderes als ein Schneider wäre. Der König sprach ihr Trost zu und sprach: „Laß in der nächsten Nacht deine Schlafkammer offen, meine Diener sollen außen stehen und, wenn er eingeschlafen ist, hineingehen, ihn binden und auf ein Schiff tragen, das ihn in die weite Welt führt.“ Die Frau war damit zufrieden, des Königs Waffenträger aber, der alles mit angehört hatte, war dem jungen Herrn gewogen und hinterbrachte ihm den ganzen Anschlag. „Dem Ding will ich einen Riegel vorschieben“, sagte das Schneiderlein. Abends legte es sich zu gewöhnlicher Zeit zu Bett; als seine Frau glaubte, er sei eingeschlafen, stand sie auf, öffnete die Tür und legte sich wieder. Das Schneiderlein, das sich nur stellte, als wenn es schliefe, fing an mit heller Stimme zu rufen: „Junge, mach das Wams und flick mir die Hosen, oder ich will dir die Elle über die Ohren schlagen! Ich habe siebene mit einem Streich getroffen, zwei Riesen getötet, ein Einhorn fortgeführt und ein Wildschwein gefangen und sollte mich vor denen fürchten, die draußen vor der Kammer stehen?“ Als diese den Schneider also sprechen hörten, überkam sie eine große Furcht, sie liefen, als wenn das wilde Heer hinter ihnen wäre, und keiner wollte sich mehr an ihn wagen. Also war und blieb das Schneiderlein sein Lebtag ein König.

Tischchen deck dich, Goldesel und Knüppel aus dem Sack

Vorzeiten war ein Schneider, der drei Söhne hatte und nur eine einzige Ziege. Aber die Ziege, weil sie alle zusammen mit ihrer Milch ernährte, mußte ihr gutes Futter haben und täglich hinaus auf die Weide geführt werden. Die Söhne taten das auch nach der Reihe. Einmal brachte sie der älteste auf den Kirchhof, wo die schönsten Kräuter standen, ließ sie da fressen und herumspringen. Abends, als es Zeit war heimzugehen, fragte er: „Ziege, bist du satt?“ Die Ziege antwortete:

„Ich bin so satt,
Ich mag kein Blatt: meh! meh!“

„So komm nach Haus“, sprach der Junge, faßte sie am Strickchen, führte sie in den Stall und band sie fest. „Nun“, fragte der alte Schneider, „hat die Ziege ihr gehöriges Futter?“ – „Oh“, antwortete der Sohn, „die ist so satt, sie mag kein Blatt.“ Der Vater aber wollte sich selbst überzeugen, ging hinab in den Stall, streichelte das liebe Tier und fragte: „Ziege, bist du auch satt?“ Die Ziege antwortete:

„Wovon sollt' ich satt sein?
Ich sprang nur über Gräbelein
Und fand kein einzig Blättelein:
meh! meh!“

„Was muß ich hören!“ rief der Schneider, lief hinauf und sprach zu dem Jungen: „Ei, du Lügner! Sagst, die Ziege wäre satt, und hast sie hungern lassen?“ Und in seinem Zorne nahm er die Elle von der Wand und jagte ihn mit Schlägen hinaus.

Am andern Tag war die Reihe am zweiten Sohn; der suchte an der Gartenhecke einen Platz aus, wo lauter gute

Kräuter standen, und die Ziege fraß sie rein ab. Abends, als er heim wollte, fragte er: „Ziege, bist du satt?“ Die Ziege antwortete:

„Ich bin so satt,
Ich mag kein Blatt: meh! meh!“

„So komm nach Haus“, sprach der Junge, zog sie heim und band sie im Stalle fest. „Nun“, fragte der alte Schneider, „hat die Ziege ihr gehöriges Futter?“ – „Oh“, antwortete der Sohn, „die ist so satt, sie mag kein Blatt.“ Der Schneider wollte sich darauf nicht verlassen, ging hinab in den Stall und fragte: „Ziege, bist du auch satt?“ Die Ziege antwortete:

„Wovon sollt' ich satt sein?
Ich sprang nur über Gräbelein
Und fand kein einzig Blättelein:
meh! meh!“

„Der gottlose Bösewicht!“ schrie der Schneider, „so ein frommes Tier hungern zu lassen!“, lief hinauf und schlug mit der Elle den Jungen zur Haustür hinaus.

Die Reihe kam jetzt an den dritten Sohn, der wollte seine Sache gut machen, suchte Buschwerk mit dem schönsten Laube aus und ließ die Ziege daran fressen. Abends, als er heim wollte, fragte er: „Ziege, bist du satt?“ Die Ziege antwortete:

„Ich bin so satt,
Ich mag kein Blatt: meh! meh!“

„So komm nach Haus“, sagte der Junge, führte sie in den Stall und band sie fest. „Nun“, fragte der alte Schneider, „hat die Ziege ihr gehöriges Futter?“ – „Oh“, antwortete der Sohn, „die ist so satt, sie mag kein Blatt.“ Der Schneider traute nicht, ging hinab und fragte: „Ziege, bist du auch satt?“ Das boshafte Tier antwortete:

„Wovon sollt' ich satt sein?
Ich sprang nur über Gräbelein
Und fand kein einzig Blättelein:
meh! meh!“

„O du Lügenbrut!“ rief der Schneider, „einer so gottlos und pflichtvergessen wie der andere! Ihr sollt mich nicht länger zum Narren haben!“ Und vor Zorn ganz außer sich, sprang er hinauf und gerbte dem armen Jungen mit der Elle den Rücken so gewaltig, daß er zum Haus hinaussprang.

Der alte Schneider war nun mit seiner Ziege allein. Am andern Morgen ging er hinab in den Stall, liebkoste die Ziege und sprach: „Komm, mein liebes Tierlein, ich will dich selbst zur Weide führen.“ Er nahm sie am Strick und brachte sie zu grünen Hecken und unter Schafrippe und was sonst die Ziegen gern fressen. „Da kannst du dich einmal nach Herzenslust sättigen“, sprach er zu ihr und ließ sie weiden bis zum Abend. Da fragte er: „Ziege, bist du satt?“ Sie antwortete:

„Ich bin so satt,
Ich mag kein Blatt: meh! meh!“

„So komm nach Haus“, sagte der Schneider, führte sie in den Stall und band sie fest. Als er wegging, kehrte er sich noch einmal um und sagte: „Nun bist du doch einmal satt!“ Aber die Ziege machte es ihm nicht besser und rief:

„Wovon sollt' ich satt sein?
Ich sprang nur über Gräbelein
Und fand kein einzig Blättelein:
meh! meh!“

Als der Schneider das hörte, stutzte er und sah wohl, daß er seine drei Söhne ohne Ursache verstoßen hatte. „Wart“, rief er, „du undankbares Geschöpf! Dich fortzujagen ist noch zu wenig, ich will dich zeichnen, daß du dich unter ehrbaren Schneidern nicht mehr darfst sehen lassen.“ In einer Hast sprang er hinauf, holte sein Bartmesser, seifte der Ziege den Kopf ein und schor sie glatt wie seine flache Hand. Und weil die Elle zu ehrenvoll gewesen wäre, holte er die Peitsche und versetzte ihr solche Hiebe, daß sie in gewaltigen Sprüngen davonlief.

Der Schneider, als er so ganz einsam in seinem Hause saß, verfiel in große Traurigkeit und hätte seine Söhne gern wiedergehabt, aber niemand wußte, wo sie hingeraten waren. Der älteste war zu einem Schreiner in die Lehre gegangen, da lernte er fleißig und unverdrossen, und als seine Zeit herum war, daß er wandern sollte, schenkte ihm der Meister ein Tischchen, das gar kein besonderes Ansehen hatte und von gewöhnlichem Holz war; aber es hatte eine gute Eigenschaft. Wenn man es hinstellte und sprach: „Tischchen, deck dich!“, so war das gute Tischchen auf einmal mit einem sauberen Tüchlein bedeckt und stand da ein Teller und Messer und Gabel daneben und Schüsseln mit Gesottenem und Gebratenem, soviel Platz hatte, und ein großes Glas mit rotem Wein leuchtete, daß einem das Herz lachte. Der junge Gesell dachte: „Damit hast du genug für dein Lebtag“, zog guter Dinge in der Welt umher und bekümmerte sich gar nicht darum, ob ein Wirtshaus gut oder schlecht und ob etwas darin zu finden war oder nicht. Wenn es ihm gefiel, so kehrte er gar nicht ein, sondern im Felde, im Walde, auf einer Wiese, wo er Lust hatte, nahm er sein Tischchen vom Rücken, stellte es vor sich und sprach: „Deck dich!“, so war alles da, was sein Herz begehrte. Endlich kam es ihm in den Sinn, er wollte zu seinem Vater zurückkehren, sein Zorn würde sich gelegt haben, und mit dem Tischchendeckdich würde er ihn gern wieder aufnehmen. Es trug sich zu, daß er auf dem Heimweg abends in ein Wirtshaus kam, das mit Gästen angefüllt war; sie hießen ihn willkommen und luden ihn ein, sich zu ihnen zu setzen und mit ihnen zu essen, sonst würde er schwerlich noch etwas bekommen. „Nein“, antwortete der Schreiner, „die paar Bissen will ich euch nicht vor dem Munde wegnehmen, lieber sollt ihr meine Gäste sein.“ Sie lachten und meinten, er treibe seinen Spaß mit ihnen. Er aber stellte sein hölzernes Tischchen mitten in die Stube und sprach: „Tischchen, deck dich!“ Augenblicklich war es mit Speisen besetzt, so gut, wie sie der Wirt nicht hätte herbeischaffen können und wovon der Geruch den Gästen lieblich in die Nase stieg. „Zugegriffen, liebe Freunde", sprach der Schreiner, und die Gäste, als sie sahen, wie es gemeint war, ließen sich nicht zweimal bitten, rückten heran, zogen ihre Messer und griffen tapfer zu. Und was sie am meisten verwunderte: wenn eine Schüssel leer geworden war, stellte sich gleich von selbst eine volle an ihren Platz. Der Wirt stand in einer Ecke und sah dem Dinge zu. Er wußte gar nicht, was er sagen sollte, dachte aber: „Einen solchen Koch könntest du in deiner Wirtschaft wohl brauchen." Der Schreiner und seine Gesellschaft waren lustig bis in die späte Nacht; endlich legten sie sich schlafen, und der junge Geselle ging auch zu Bett und stellte sein Wünschtischchen an die Wand. Dem Wirte aber ließen seine Gedanken keine Ruhe. Es fiel ihm ein, daß in seiner Rumpelkammer ein altes Tischchen stünde, das gerade so aussähe, das holte er ganz sachte herbei und vertauschte es mit dem Wünschtischchen.

Am andern Morgen zahlte der Geselle sein Schlafgeld, packte sein Tischchen auf, dachte gar nicht daran, daß er ein falsches hätte, und ging seiner Wege. Zu Mittag kam er bei seinem Vater an, der ihn mit großer Freude empfing. „Nun, mein lieber Sohn, was hast du gelernt?" sagte er zu ihm. „Vater, ich bin ein Schreiner geworden." – „Ein gutes Handwerk!" erwiderte der Alte; „aber was hast du von deiner Wanderschaft mitgebracht?" – „Vater, das Beste, was ich mitgebracht habe, ist das Tischchen." Der Vater betrachtete es von allen Seiten und sagte: „Daran hast du kein Meisterstück gemacht, das ist ein altes und schlechtes Tischchen." – „Aber es ist ein Tischchendeckdich", antwortete der Sohn, „wenn ich es hinstelle und sage ihm, es solle sich decken, so stehen gleich die schönsten Gerichte darauf und ein Wein dabei, der das Herz erfreut. Ladet nur alle Verwandte und Freunde ein, die sollen sich einmal laben und erquicken, denn das Tischchen macht sie alle satt." Als die Gesellschaft beisammen war, stellte er sein Tischchen mitten in die Stube und sprach: „Tischchen, deck dich!" Aber das Tischchen regte sich nicht und blieb so leer wie ein anderer Tisch, der die Sprache nicht versteht. Da merkte der arme Geselle, daß ihm das Tischchen vertauscht war, und schämte sich, daß er wie ein Lügner dastand. Die Verwandten aber lachten ihn aus und mußten ungetrunken und ungegessen wieder heimwandern. Der Vater holte seine Lappen wieder herbei und schneiderte fort, der Sohn aber ging bei einem Meister in die Arbeit.

Der zweite Sohn war zu einem Müller gekommen und bei ihm in die Lehre gegangen. Als er seine Jahre herum hatte, sprach der Meister: „Weil du dich so wohl gehalten hast, schenke ich dir einen Esel von einer besonderen Art, er zieht nicht am Wagen und trägt auch keine Säcke." – „Wozu ist er denn nütze?" fragte der junge Geselle. „Er speit Gold", antwortete der Müller. „Wenn du ihn auf ein Tuch stellst und sprichst: ‚Bricklebrit!' – so speit dir das gute Tier

Goldstücke aus, hinten und vorn." – „Das ist eine schöne Sache", sprach der Geselle, dankte dem Meister und zog in die Welt. Wenn er Gold nötig hatte, brauchte er nur zu seinem Esel „Bricklebrit!" zu sagen, so regnete es Goldstükke, und er hatte weiter keine Mühe, als sie von der Erde aufzuheben. Wo er hinkam, war ihm das Beste gut genug, und je teurer je lieber, denn er hatte immer einen vollen Beutel. Als er sich eine Zeitlang in der Welt umgesehen hatte, dachte er: „Du mußt deinen Vater aufsuchen; wenn du mit dem Goldesel kommst, wird er seinen Zorn vergessen und dich gut aufnehmen." Es trug sich zu, daß er in dasselbe Wirtshaus geriet, wo seinem Bruder das Tischchen vertauscht worden war. Er führte seinen Esel an der Hand, und der Wirt wollte ihm das Tier abnehmen und anbinden, der junge Geselle aber sprach: „Gebt Euch keine Mühe; meinen Grauschimmel führe ich selbst in den Stall und binde ihn auch selbst an, denn ich muß wissen, wo er steht." Dem Wirt kam das verwunderlich vor, und er meinte, einer, der seinen Esel selbst besorgen müßte, hätte nicht viel zu verzehren; aber als der Fremde in die Tasche griff, zwei Goldstücke herausholte und sagte, er sollte nur etwas Gutes für ihn einkaufen, so machte er große Augen, lief und suchte das Beste, das er auftreiben konnte. Nach der Mahlzeit fragte der Gast, was er schuldig wäre. Der Wirt wollte die doppelte Kreide nicht sparen und sagte, noch ein paar Goldstücke müßte er zulegen. Der Geselle griff in die Tasche, aber sein Gold war eben zu Ende. „Wartet einen Augenblick, Herr Wirt", sprach er, „ich will nur gehen und Gold holen", nahm aber das Tischtuch mit. Der Wirt wußte nicht, was das heißen sollte, war neugierig, schlich ihm nach, und da der Gast die Stalltür zuriegelte, guckte er durch ein Astloch. Der Fremde breitete unter dem Esel das Tuch aus und rief: „Bricklebrit!" – und augenblicklich fing das Tier an Gold zu speien von hinten und vorn, daß es ordentlich auf die Erde herabregnete. „Ei der Tausend", sagte der Wirt, „da sind die Dukaten bald geprägt! So ein Goldbeutel ist nicht übel!" Der Gast bezahlte seine Zeche und legte sich schlafen; der Wirt aber schlich in der Nacht hinab in den Stall, führte den Münzmeister weg und band einen andern Esel an seine Stelle.

Den folgenden Morgen in der Früh

zog der Geselle mit seinem Esel ab und meinte, er hätte seinen Goldesel. Mittags kam er bei seinem Vater an, der sich freute, als er ihn wiedersah, und ihn gern aufnahm. „Was ist aus dir geworden, mein Sohn?“ fragte der Alte. „Ein Müller, lieber Vater“, antwortete er. „Was hast du von deiner Wanderschaft mitgebracht?“ – „Weiter nichts als einen Esel.“ – „Esel gibt's hier genug“, sagte der Vater, „da wäre mir doch eine gute Ziege lieber gewesen.“ – „Ja“, antwortete der Sohn, „aber es ist kein gemeiner Esel, sondern ein Goldesel; wenn ich sage: ‚Bricklebrit!‘ – so speit Euch das gute Tier ein ganzes Tuch voll Goldstücke. Laßt nur alle Verwandten herbeirufen, ich mache sie alle zu reichen Leuten.“ – „Das lass' ich mir gefallen“, sagte der Vater, „dann brauch' ich mich mit der Nadel nicht weiter zu quälen“, sprang selbst fort und rief die Verwandten herbei. Sobald sie beisammen waren, hieß sie der Müller Platz machen, breitete sein Tuch aus und brachte den Esel in die Stube. „Jetzt gebt acht“, sagte er und rief: „Bricklebrit!“ – aber es waren keine Goldstücke, was herabfiel, und es zeigte sich, daß das Tier nichts von der Kunst verstand, denn es bringt's nicht jeder Esel so weit. Da machte der arme Müller ein langes Gesicht, sah, daß er betrogen war, und bat die Verwandten um Verzeihung, die so arm heimgingen, als sie gekommen waren. Es blieb nichts übrig, der Alte mußte wieder nach der Nadel greifen und der Junge sich bei einem Müller verdingen.

Der dritte Bruder war zu einem Drechsler in die Lehre gegangen, und weil es ein kunstreiches Handwerk ist, mußte er am längsten lernen. Seine Brüder aber meldeten ihm in einem Briefe, wie es ihnen ergangen wäre und wie sie der Wirt noch am letzten Abend um ihre schönen Wünschdinge gebracht hatte. Als der Drechsler nun ausgelernt hatte und wandern wollte, schenkte ihm sein Meister, weil er sich so wohl gehalten hatte, einen Sack und sagte: „Es liegt ein Knüppel darin.“ – „Den Sack kann ich umhängen, und er kann mir gute Dienste leisten“, sprach der Gesell, „aber was soll der Knüppel darin? Der macht ihn nur schwer.“ – „Das will ich dir sagen“, antwortete der Meister, „hat dir jemand etwas zuleide getan, so sprich nur: ‚Knüppel aus dem Sack!‘ – so springt dir der Knüppel heraus unter die Leute und tanzt ihnen so lustig auf dem Rücken herum, daß sie sich acht Tage lang nicht regen und bewegen können; und eher läßt er nicht ab, als bis du sagst: ‚Knüppel in den Sack.‘“ Der Gesell dankte ihm, hängte den Sack um, und wenn ihm jemand zu nahe kam und auf den Leib wollte, so sprach er: „Knüppel aus dem Sack!“ Alsbald sprang der Knüppel heraus und klopfte einem nach dem andern Rock oder Wams gleich auf dem Rücken aus und wartete nicht erst, bis er ihn ausgezogen hatte, und das ging so geschwind, daß, ehe sich's einer versah, die Reihe schon an ihm war. Der junge Drechsler langte zur Abendzeit in dem Wirtshaus an, wo seine Brüder waren betrogen worden. Er legte seinen Ranzen vor sich auf den Tisch und fing an zu erzählen, was er alles Merkwürdige in der Welt gesehen habe. „Ja“, sagte er, „man findet wohl ein Tischleindeckdich, einen Goldesel und dergleichen – lauter gute Dinge, die ich nicht verachte; aber das alles ist nichts gegen den Schatz, den ich mir erworben habe und in meinem Sack da mit mir führe.“ Der Wirt spitzte die Ohren: „Was in aller Welt mag das sein?“ dachte er. „Der Sack ist wohl mit lauter Edelsteinen angefüllt; den sollte ich billig auch noch haben, denn aller guten Dinge sind drei.“ Als Schlafenszeit war, streckte sich der Gast auf die Bank und legte seinen Sack als Kopfkissen unter. Der Wirt, als er meinte, der Gast läge in tiefem Schlaf, ging herbei, ruckte und zog ganz sachte und vorsichtig an dem Sack, ob er ihn vielleicht wegziehen und

einen andern unterlegen könnte. Der Drechsler aber hatte schon lange darauf gewartet; wie nun der Wirt eben einen herzhaften Ruck tun wollte, rief er: „Knüppel aus dem Sack!“ Alsbald fuhr das Knüppelchen heraus, dem Wirt auf den Leib und rieb ihm die Nähte, daß es eine Art hatte. Der Wirt schrie um Erbarmen, aber je lauter er schrie, desto kräftiger schlug der Knüppel den Takt dazu auf dem Rücken, bis er endlich erschöpft zur Erde fiel. Da sprach der Drechsler: „Wenn du das Tischchendeckdich und den Goldesel nicht wieder herausgibst, so soll der Tanz von neuem angehen.“ – „Ach nein“, rief der Wirt ganz kleinlaut, „ich gebe alles gern wieder heraus, laßt nur den verwünschten Kobold wieder in den Sack kriechen!“ Da sprach der Geselle: „Ich will Gnade für Recht ergehen lassen, aber hüte dich vor Schaden!“ Dann rief er: „Knüppel in den Sack!“ und ließ ihn ruhen.

Der Drechsler zog am andern Morgen mit dem Tischchendeckdich und dem Goldesel heim zu seinem Vater. Der Schneider freute sich, als er ihn wiedersah, und fragte auch ihn, was er in der Fremde gelernt hätte. „Lieber Vater“, antwortete er, „ich bin Drechsler geworden.“ – „Ein kunstreiches Handwerk!“ sagte der Vater. „Was hast du von der Wanderschaft mitgebracht?“ – „Ein kostbares Stück, lieber Vater“, antwortete der Sohn, „einen Knüppel in dem Sack.“ – „Was!“ rief der Vater. „Einen Knüppel? Das ist der Mühe wert! Den kannst du dir von jedem Baume abhauen.“ – „Aber einen solchen nicht, lieber

Vater! Sage ich: ‚Knüppel aus dem Sack!' – so springt der Knüppel heraus und macht mit dem, der es nicht gut mit mir meint, einen schlimmen Tanz und läßt nicht eher nach, als bis er auf der Erde liegt und um gut Wetter bittet. Seht Ihr, mit diesem Knüppel habe ich das Tischchendeckdich und den Goldesel wieder herbeigeschafft, die der diebische Wirt meinen Brüdern abgenommen hatte. Jetzt laßt sie beide rufen und ladet alle Verwandten ein, ich will sie speisen und tränken und will ihnen die Taschen mit Gold füllen." Der alte Schneider wollte nicht recht trauen, brachte aber doch die Verwandten zusammen. Da deckte der Drechsler ein Tuch in die Stube, führte den Goldesel herein und sagte zu seinem Bruder: „Nun, lieber Bruder, sprich mit ihm." Der Müller sagte: „Bricklebrit!" – und augenblicklich sprangen die Goldstücke auf das Tuch herab, als käme ein Platzregen, und der Esel hörte nicht eher auf, als bis alle so viel hatten, daß sie nicht mehr tragen konnten. (Ich sehe dir's an, du wärst auch gern dabeigewesen.) Dann holte der Drechsler das Tischchen und sagte: „Lieber Bruder, nun sprich mit ihm." Und kaum hatte der Schreiner „Tischchen, deck dich!" gesagt, so war es gedeckt und mit den schönsten Schüsseln reichlich besetzt. Da ward eine Mahlzeit gehalten, wie der gute

Schneider noch keine in seinem Hause erlebt hatte, und die ganze Verwandtschaft blieb zusammen bis in die Nacht und waren alle lustig und vergnügt. Der Schneider verschloß Nadel und Zwirn, Elle und Bügeleisen in einem Schrank und lebte mit seinen drei Söhnen in Freude und Herrlichkeit.

Wo aber ist die Ziege hingekommen, die schuld war, daß der Schneider seine drei Söhne fortjagte? Das will ich dir sagen. Sie schämte sich, daß sie einen kahlen Kopf hatte, lief in eine Fuchshöhle und verkroch sich hinein. Als der Fuchs nach Hause kam, funkelten ihm ein Paar große Augen aus der Dunkelheit entgegen, daß er erschrak und wieder zurücklief. Der Bär begegnete ihm, und da der Fuchs ganz verstört aussah, so sprach er: „Was ist dir, Bruder Fuchs, was machst du für ein Gesicht?“ – „Ach“, antwortete der Rote, „ein grimmig Tier sitzt in meiner Höhle und hat mich mit feurigen Augen angeglotzt.“ – „Das wollen wir bald austreiben“, sprach der Bär, ging mit zu der Höhle und schaute hinein; als er aber die feurigen Augen erblickte, wandelte ihn ebenfalls Furcht an; er wollte mit dem grimmigen Tier nichts zu tun haben und nahm Reißaus. Die Biene begegnete ihm, und da sie merkte, daß es ihm in seiner Haut nicht wohl zumute war, sprach sie: „Bär, du machst ja ein verdrießlich Gesicht, wo ist deine Lustigkeit geblieben?“ – „Du hast gut reden“, antwortete der Bär, „es sitzt ein grimmiges Tier mit Glotzaugen in dem Hause des Roten, und wir können es nicht herausjagen.“ Die Biene sprach: „Du dauerst mich, Bär. Ich bin ein armes, schwaches Geschöpf, das ihr im Wege nicht anguckt, aber ich glaube doch, daß ich euch helfen kann.“ Sie flog in die Fuchshöhle, setzte sich der Ziege auf den glatten, geschorenen Kopf und stach sie so gewaltig, daß sie aufsprang, „meh! meh!“ schrie und wie toll in die Welt hineinlief, und weiß niemand auf diese Stunde, wo sie hingelaufen ist.

Die Wichtelmänner

Es war ein Schuster ohne seine Schuld so arm geworden, daß ihm endlich nichts mehr übrigblieb als Leder zu einem einzigen Paar Schuhe. Nun schnitt er am Abend die Schuhe zu, die wollte er den nächsten Morgen in Arbeit nehmen; und weil er ein gutes Gewissen hatte, so legte er sich ruhig zu Bett, befahl sich dem lieben Gott und schlief ein.

Morgens, nachdem er sein Gebet verrichtet hatte und sich zur Arbeit niedersetzen wollte, so standen die beiden Schuhe ganz fertig auf seinem Tisch. Er verwunderte sich und wußte nicht, was er dazu sagen sollte. Er nahm die Schuhe in die Hand, um sie näher zu betrachten. Sie waren so sauber gearbeitet, daß kein Stich daran falsch war, gerade als wenn es ein Meisterstück sein sollte. Bald darauf trat auch schon ein Käufer ein, und weil ihm die Schuhe so gut gefielen, so bezahlte er mehr als gewöhnlich dafür, und der Schuster konnte von dem Geld Leder zu zwei Paar Schuhen erhandeln.

Er schnitt sie abends zu und wollte den nächsten Morgen mit frischem Mut an die Arbeit gehen, aber er brauchte es nicht, denn als er aufstand, waren sie schon fertig, und es blieben auch nicht die Käufer aus, die ihm so viel Geld gaben, daß er Leder zu vier Paar Schuhen einkaufen konnte. Er fand frühmorgens auch die vier Paar fertig; und so ging's immer fort: was er abends zuschnitt, das war am Morgen verarbeitet, also daß er bald wieder sein ehrliches Auskommen hatte und endlich ein wohlhabender Mann ward.

Nun geschah es eines Abends nicht lange vor Weihnachten, als der Mann wieder zugeschnitten hatte, daß er vor dem Schlafengehen zu seiner Frau sprach: „Wie wär's, wenn wir die Nacht aufblieben, um zu sehen, wer uns solche hilfreiche Hand leistet?“ Die Frau war's zufrieden und steckte ein Licht an; darauf verbargen sie sich in den Stubenekken, hinter den Kleidern, die da aufgehängt waren, und gaben acht.

Als es Mitternacht war, da kamen zwei kleine, niedliche nackte Männlein, setzten sich vor des Schusters Tisch, nahmen alle zugeschnittene Arbeit zu sich und fingen an, mit ihren Fingerlein so behend und schnell zu stechen, zu nähen, zu klopfen, daß der Schuster vor Verwunderung die Augen nicht abwenden konnte. Sie ließen nicht nach, bis alles zu Ende gebracht war und fertig auf dem Tische stand, dann sprangen sie schnell fort.

Am andern Morgen sprach die Frau: „Die kleinen Männer haben uns reich gemacht, wir müßten uns doch dankbar dafür bezeigen. Sie laufen so herum, haben nichts am Leib und müssen frieren. Weißt du was? Ich will Hemdlein, Rock, Wams und Höslein für sie nähen, auch jedem ein Paar Strümpfe stricken; mach du jedem ein Paar Schühlein dazu.“

Der Mann sprach: „Das bin ich wohl zufrieden“, und abends, wie sie alles fertig hatten, legten sie die Geschenke statt der zugeschnittenen Arbeit zusammen auf den Tisch und versteckten sich dann, um mit anzusehen, wie sich die Männlein dazu anstellen würden. Um Mitternacht kamen sie herangesprungen und wollten sich gleich an die Arbeit machen, als sie aber kein zugeschnittenes Leder, sondern die niedlichen Kleidungsstücke fanden, verwunderten sie sich erst, dann aber bezeigten sie eine gewaltige Freude. Mit der größten Geschwindigkeit zogen sie sich an, strichen die schönen Kleider am Leib und sangen:

„Sind wir nicht Knaben glatt und fein?
Was sollen wir länger Schuster sein!“

Dann hüpften und tanzten sie und sprangen über Stühle und Bänke. Endlich tanzten sie zur Tür hinaus. Von nun an kamen sie nicht wieder, dem Schuster aber ging es wohl, solange er lebte, und es glückte ihm alles, was er unternahm.

Der Wolf und die sieben jungen Geißlein

Es war einmal eine alte Geiß, die hatte sieben junge Geißlein und hatte sie lieb, wie eine Mutter ihre Kinder liebhat. Eines Tages wollte die alte Geiß in den Wald gehen und Futter holen, da rief sie alle sieben herein und sprach: „Liebe Kinder, ich will hinaus in den Wald, seid auf der Hut vor dem Wolf! Wenn er hereinkommt, frißt er euch alle mit Haut und Haar. Der Bösewicht verstellt sich oft, aber an seiner rauhen Stimme und an seinen schwarzen Füßen werdet ihr ihn gleich erkennen." Die Geißlein sagten: „Liebe Mutter, wir wollen uns schon in acht nehmen, du kannst ohne Sorge fortgehen." Da meckerte die alte Geiß und machte sich getrost auf den Weg.

Es dauerte nicht lange, so klopfte jemand an die Haustür und rief: „Macht auf, ihr lieben Kinder, eure Mutter ist da und hat jedem von euch etwas mitgebracht!" Aber die Geißerchen hörten an der rauhen Stimme, daß es der Wolf war. „Wir machen nicht auf", riefen sie, „du bist unsere Mutter nicht, die hat eine feine und liebliche Stimme; aber deine Stimme ist rauh, du bist der Wolf!" Da ging der Wolf fort zu einem Krämer und kaufte sich ein großes Stück Kreide, die aß er und machte damit seine Stimme fein.

Dann kam er zurück, klopfte an die Haustür und rief: „Macht auf, ihr lieben Kinder, eure Mutter ist da und hat jedem von euch etwas mitgebracht." Aber der Wolf hatte seine schwarze Pfote in das Fenster gelegt, das sahen die Kinder und riefen: „Wir machen nicht auf, unsere Mutter hat keinen schwarzen Fuß wie du; du bist der Wolf." Da lief der Wolf zu einem Bäcker und sprach: „Ich habe mich an den Fuß gestoßen, streich mir Teig darüber!" Und als ihm der Bäcker die Pfote bestrichen hatte, lief er zum

Müller und sprach: „Streu mir weißes Mehl auf meine Pfote!“ Der Müller dachte: „Der Wolf will einen betrügen“, und weigerte sich, aber der Wolf sprach: „Wenn du es nicht tust, so fresse ich dich!“ Da fürchtete sich der Müller und machte ihm die Pfote weiß. Ja, so sind die Menschen.

Nun ging der Bösewicht zum drittenmal zu der Haustür, klopfte an und sprach: „Macht mir auf, Kinder, euer liebes Mütterchen ist heimgekommen und hat jedem von euch etwas aus dem Walde mitgebracht.“ Die Geißerchen riefen: „Zeig uns erst deine Pfote, damit wir wissen, daß du unser liebes Mütterchen bist.“ Da legte er die Pfote ins Fenster, und als sie sahen, daß sie weiß war, glaubten sie, es wäre alles wahr, was er sagte, und machten die Tür auf. Wer aber hereinkam, das war der Wolf. Sie erschraken und wollten sich verstecken. Das eine sprang unter den Tisch, das zweite ins Bett, das dritte in den Ofen, das vierte in die Küche, das fünfte in den Schrank, das sechste unter die Waschschüssel, das siebente in den Kasten der Wanduhr. Aber der Wolf fand sie alle und machte nicht langes Federlesen; eins nach dem andern schluckte er in seinen Rachen; nur das jüngste in dem Uhrenkasten, das fand er nicht. Als der Wolf seine Lust gebüßt hatte, trollte er sich fort, legte sich draußen auf der grünen Wiese unter einen Baum und fing an zu schlafen.

Nicht lange danach kam die alte Geiß aus dem Walde wieder heim. Ach, was mußte sie da erblicken! Die Haustür stand sperrweit auf: Tisch, Stühle und Bänke waren umgeworfen, die Waschschüssel lag in Scherben, Decke und Kissen waren aus dem Bette gezogen. Sie suchte ihre Kinder, aber nirgends waren sie zu finden. Sie rief sie nacheinander bei Namen, aber niemand antwortete. Endlich, als sie an das jüngste kam, da rief eine feine Stimme: „Liebe Mutter, ich stecke im Uhrenkasten!“ Sie holte es heraus, und es erzählte ihr, daß der Wolf gekommen wäre und die andern gefressen hätte. Da könnt ihr denken, wie sie über ihre armen Kinder geweint hat.

Endlich ging sie in ihrem Jammer hinaus, und das jüngste Geißlein lief mit. Als sie auf die Wiese kam, so lag da der Wolf an dem Baume und schnarchte, daß die Äste zitterten. Sie betrachtete ihn von allen Seiten und sah, daß sich in seinem angefüllten Bauch etwas regte und zappelte. „Ach Gott", dachte sie, „sollten meine armen Kinder, die er zum Abendbrot hinuntergewürgt hat, noch am Leben sein?" Da mußte das Geißlein nach Hause laufen und Schere, Nadel und Zwirn holen. Dann schnitt sie dem Ungetüm den Wanst auf, und kaum hatte sie einen Schnitt getan, so streckte schon ein Geißlein den Kopf heraus, und als sie weiterschnitt, sprangen nacheinander alle sechse heraus und waren noch alle am Leben und hatten nicht einmal Schaden gelitten, denn das Ungetüm hatte sie in der Gier ganz hinuntergeschluckt. Das war eine Freude! Da herzten sie ihre liebe Mutter und hüpften wie ein Schneider, der Hochzeit hält. Die Alte aber sagte: „Jetzt geht und sucht Wackersteine (Feldsteine), damit wollen wir dem gottlosen Tier den Bauch füllen, solange es noch im Schlafe liegt." Da schleppten die sieben Geißerchen in aller Eile die Steine herbei und steckten sie ihm in den Bauch, soviel sie hineinbringen konnten. Dann nähte ihn die Alte in aller Geschwindigkeit wieder zu, daß er nichts merkte und sich nicht einmal regte.

Als der Wolf endlich ausgeschlafen hatte, machte er sich auf die Beine, und weil ihm die Steine im Magen so großen Durst erregten, wollte er zu einem Brunnen und trinken. Als er aber anfing zu gehen und sich hin und her zu bewegen, stießen die Steine in seinem Bauch aneinander und rappelten. Da rief er:

„Was rumpelt und pumpelt
In meinem Bauch herum?
Ich meinte, es wären sechs Geißlein,
So sind's lauter Wackerstein!"

Und als er an den Brunnen kam und sich über das Wasser bückte und trinken wollte, da zogen ihn die schweren Steine hinein, und er mußte jämmerlich ersaufen.

Als die sieben Geißlein das sahen, kamen sie herbeigelaufen, riefen laut: „Der Wolf ist tot! Der Wolf ist tot!" und tanzten mit ihrer Mutter vor Freude um den Brunnen herum.

Märchen von Ludwig Bechstein

Der goldene Rehbock

Es waren einmal zwei arme Geschwister, ein Knabe und ein Mädchen; das Mädchen hieß Margarete, der Knabe hieß Hans. Ihre Eltern waren gestorben und hatten ihnen auch gar kein Eigentum hinterlassen. Daher mußten sie ausgehen, um sich durch Betteln am Leben zu erhalten. Zur Arbeit waren beide noch zu schwach und zu klein; denn Hänschen zählte erst zwölf Jahre, und Gretchen war noch jünger. Des Abends gingen sie vors erste beste Haus, klopften an und baten um ein Nachtlager, und viele Male waren sie schon von guten, mildtätigen Menschen aufgenommen worden; auch hatte ihnen schon mancher barmherzige Mensch ein Kleidungsstück geschenkt.

So kamen sie einmal an ein einsam stehendes Häuschen; sie klopften ans Fenster, und als gleich darauf eine alte Frau heraussah, fragten sie diese, ob sie hier nicht über Nacht bleiben dürften. Die Antwort war: „Meinetwegen, kommt nur herein!“ Aber als sie eintraten, sprach die Frau: „Ich will euch wohl über Nacht behalten, aber wenn es mein Mann erfährt, seid ihr verloren; denn er ißt gern einen jungen Menschenbraten. Darum schlachtet er alle Kinder, die ihm in die Hand kommen!“ Da wurde den Kindern sehr angst, doch konnten sie nicht mehr weiter, denn es war schon ganz dunkle Nacht geworden. So ließen sich sich gutwillig von der Frau in ein Faß stecken und verhielten sich darin ganz still. Einschlafen aber konnten sie lange nicht, zumal sie nach einer Stunde die schweren Tritte eines Mannes vernahmen, der wahrscheinlich der Menschenfresser war. Dessen wurden sie bald gewiß; denn dieser fing an, mit brüllender Stimme seine Frau zu zanken, weil sie keinen Menschenbraten für ihn zugerichtet hatte. Am Morgen verließ er jedoch das Haus wieder; dabei tappte er so laut, daß die Kinder, die endlich doch noch eingeschlafen waren, darüber erwachten.

Als sie von der Frau etwas zum Frühstücken bekommen hatten, sagte diese: „Ihr Kinder müßt nun auch etwas für mich tun: Da habt ihr zwei Besen; geht oben hinauf und kehrt mir meine Stuben aus, zwölf an der Zahl. Aber kehrt davon nur elf, die zwölfte dürft ihr um des Himmels willen nicht aufmachen. Ich will unterdessen ausgehen. Seid fleißig, daß ihr fertig seid, wenn ich wiederkomme!" Die Kinder kehrten sehr emsig, und bald waren sie fertig. Nun wollte Gretchen doch gar zu gerne wissen, was in der zwölften Stube wäre, die sie nicht sehen sollten, weil es ihnen verboten war, sie zu öffnen. Sie guckte ein wenig durchs Schlüsselloch und sah da einen herrlichen kleinen goldenen Wagen, mit einem goldenen Rehbock bespannt. Geschwind rief sie Hänschen herbei, daß er auch hineingucken solle. Und als sie sich erst tüchtig umgesehen hatten, ob die Frau auch noch nicht heimkehre, und da von dieser nichts zu sehen war, schlossen sie schnell die Tür auf, zogen den Wagen samt Rehbock heraus, setzten sich drunten in den Wagen hinein und fuhren auf und davon. Aber nicht lange, so sahen sie von weitem die alte Frau und auch den Menschenfresser auf sich zukommen, gerade auf dem Wege,

den sie mit dem geraubten Wagen eingeschlagen hatten. Hänslein sprach: „Ach, Schwester, was machen wir! Wenn uns die beiden Alten entdecken, sind wir verloren!“ – „Still!“ sprach Gretchen. „Ich weiß ein kräftiges Zaubersprüchlein, welches ich noch von unserer Großmutter gelernt habe:

Rosenrote Rose sticht;
Siehst du mich, so sieh mich nicht!“

Und alsbald waren sie in einen Rosenstrauch verwandelt. Gretchen wurde zur Rose, Hänslein zu Dornen, der Rehbock zum Stiele, der Wagen zu Blättern.

Nun kamen beide, der Menschenfresser und seine Frau, dahergegangen, und letztere wollte sich die schöne Rose abbrechen, aber die stach sie so sehr, daß ihre Finger bluteten und sie ärgerlich davonging. Als die Alten fort waren, machten sich die Kinder eilig auf und fuhren weiter und kamen bald an einen Backofen, der voller Brot war. Da hörten sie aus demselben eine hohle Stimme rufen: „Rückt mir mein Brot, rückt mir mein Brot!“ Schnell nahm Gretchen das Brot heraus und tat es in ihren Wagen, worauf sie weiterfuhren. – Dann kamen sie an einen großen Birnbaum, der voll reifer schöner Früchte hing. Aus diesem tönte es wieder: „Schüttelt mir meine Birnen, schüttelt mir meine Birnen!“ Gretchen schüttelte, und Hänschen half auflesen und die Birnen in den goldenen Wagen schütten. – Schließlich kamen sie an einen Weinstock, der rief: „Pflückt mir meine Trauben, pflückt mir meine Trauben!“ Gretchen pflückte auch diese und packte sie in ihren Wagen.

Unterdessen aber waren der Menschenfresser und seine Frau daheim angelangt und hatten mit Ingrimm wahrgenommen, daß die Kinder verschwunden waren und der goldene Wagen samt Rehbock. Sie selbst hatten das Gefährt vor langen Jahren geraubt und dabei den rechtmäßigen Eigentümer totgeschlagen. Der mit dem Rehbock bespannte Wagen war nicht nur von hohem Wert, sondern er besaß auch noch die vortreffliche Eigenschaft, daß ihm überall, wohin er kam, Gaben gespendet wurden – vom Baum und Beerenstrauch, vom Backofen und vom Weinstock. So hatten der Menschenfresser und seine Frau lange Jahre hindurch herrlich und in Freuden leben können. – Da sie nun sahen, daß sie ihres Wagens beraubt waren, machten sie sich flugs auf, den Kindern nachzueilen, um ihnen die köstliche Beute wieder abzujagen. Dabei lief dem Menschenfresser schon das Wasser im Munde zusammen beim Gedanken an die Menschenbraten; denn die Kinder wollte er fangen und sofort schlachten. Mit langen Schritten eilten die beiden Alten den Kindern nach und sahen sie schon bald in der Ferne. Die Kinder kamen gerade an einen großen Teich und konnten nicht weiter; es war da weder eine Fähre noch eine Brücke, daß sie hätten hinüberflüchten können. Nur viele Enten schwammen lustig herum. Gretchen lockte sie ans Ufer, warf ihnen Futter hin und sprach:

„Ihr Entchen, ihr Entchen
Schwimmt alle zusammen,
Macht uns ein Brückchen,
Daß wir hinüberkommen!“

Da schwammen die Entchen zusammen, bildeten eine Brücke, und die Kinder samt Rehbock und Wagen kamen glücklich ans andere Ufer. Aber flugs kam auch schon der Menschenfresser und brummte mit häßlicher Stimme das Verslein, das er von Gretchen gehört hatte. Schnell schwammen die Entchen wieder zusammen und trugen die beiden Alten – hinüber, meint ihr? Nein, in der Mitte des Teiches, wo das Wasser am tiefsten war, schwammen die Entchen auseinander, und der böse Menschenfresser plumpste mitsamt seiner Alten in die Tiefe, wo beide umkamen. Hänschen und Gretchen aber wurden sehr glücklich, und sie spendeten von ihrem Segen den Armen und taten viel Gutes, weil sie immer daran dachten, wie bitter es gewesen war, als sie noch arm waren und betteln gehen mußten.

Goldmarie und Pechmarie

Es war einmal eine Witwe, die hatte zwei Töchter, eine richtige Tochter und eine Stieftochter. Beide hießen Marie. Die rechte Tochter war nicht gut und fromm; dagegen war die Stieftochter ein bescheidenes, sittsames Mädchen, das viele Kränkungen und Zurücksetzungen von Mutter und Schwester erdulden mußte. Doch blieb sie dennoch stets freundlich und weinte nur manchmal heimlich in ihrem Schlafkämmerlein, wenn sie von Mutter und Schwester so viel Schlimmes zu erleiden hatte. Aber bald war sie dann wieder heiter und frischen Mutes und sprach zu sich selbst: „Sei ruhig, der liebe Gott wird dir schon helfen." Dann tat sie fleißig ihre Arbeit und machte alles nett und sauber. Aber ihrer Mutter arbeitete sie noch immer nicht genug. Und eines Tages sagte die Mutter sogar zur Stieftochter: „Marie, ich kann dich nicht länger hier im Hause behalten. Du arbeitest wenig und ißt viel, und deine Mutter hat dir kein Vermögen hinterlassen, auch dein Vater nicht; es ist alles mein, und ich kann und mag dich nicht länger ernähren, daher mußt du fortgehen, dir einen Dienst bei einer Herrschaft zu suchen." Und sie buk von Asche und Milch einen Kuchen, füllte noch ein Krüglein mit Wasser, gab dann beides der armen Marie und schickte sie aus dem Hause.

Marie war sehr betrübt ob dieser Härte, doch schritt sie mutig durch die Felder und Wiesen und dachte: „Es wird dich schon jemand als Magd aufnehmen, und vielleicht sind fremde Menschen sogar gütiger als die Stiefmutter." Als sie hungrig wurde, setzte sie sich ins Gras nieder, zog ihren Aschenkuchen hervor und trank aus ihrem Krüglein, und viele Vöglein flatterten herbei, die pickten an ihrem Kuchen, und sie goß Wasser in ihre Hand und ließ die munteren Vöglein trinken. Da verwandelte sich unbemerkt ihr Aschenkuchen in eine Torte und ihr Wasser in köstlichen Wein. Gestärkt und freudig zog die arme Marie weiter und kam, als es dunkel wurde, an ein seltsam gebautes Haus, davor waren zwei Tore, eines sah pechschwarz aus, das andere war von purem Gold. Bescheiden ging Marie durch das minder schöne Tor in den Hof und klopfte an die Haustür. Ein Mann von schrecklich wildem Aussehen machte die Tür auf und fragte barsch nach ihrem Begehren. Sie sprach zitternd: „Ich wollte nur fragen, ob Ihr nicht so gütig sein möchtet, mich über Nacht zu beherbergen?“, und der Mann brummte: „Komm herein!“ Sie folgte ihm und erbebte noch mehr, als sie im Zimmer nichts weiter sah und hörte als Hunde und Katzen und deren abscheuliches Geheul. Es war außer dem wilden Türschemann (so hieß dieser Mensch) niemand weiter im ganzen Hause.

Nun brummte Türschemann der armen Marie zu: „Bei wem willst du schlafen, bei mir oder bei Hunden und Katzen?“ Marie sprach: „Bei Hunden und Katzen.“ Da mußte sie aber erst recht neben ihm schlafen, und er gab ihr ein schönes weiches Bett, worin Marie ganz herrlich und ruhig schlief. Am Morgen brummte Türschemann: „Mit wem willst du frühstücken, mit mir oder mit Hunden und Katzen?“ Sie sprach: „Mit Hunden und Katzen.“ Da mußte sie mit ihm Kaffee und süßen Rahm trinken. Als Marie fortgehen wollte, brummte Türschemann abermals: „Zu welchem Tor willst du hinaus, zum Goldtor oder zum Pechtor?“ Und sie sprach: „Zum Pechtor.“ Da mußte sie durchs goldene gehen, und wie sie durchging, saß Türschemann oben darauf und schüttelte so sehr, daß das Tor erzitterte und Marie ganz von Gold überdeckt war, das vom Tor auf sie herabfiel.

Nun ging sie wieder heim ins elterliche Haus. Dort kamen ihr die Hühner, die sie sonst immer gefüttert hatte, freudig entgegengelaufen und -geflogen, und der Hahn schrie: „Kikeriki, da kommt Goldmarie! Kikeriki!“ Und ihre Mutter kam die Treppe herunter und knickste so ehrfurchtsvoll vor der goldenen Dame, als wenn es eine Prinzessin wäre, die ihr die Ehre ihres Besuches schenkte. Aber Marie sprach: „Mutter, kennst du mich nicht mehr? Ich bin doch die Marie.“

Da kam auch die Schwester, ganz erstaunt und verwundert wie die Mutter. Beide waren voll des Neides, und Marie mußte erzählen, wie wunderbar es ihr ergangen und wie sie zu dem Golde gekommen war.

Jetzt nahm die Stiefmutter sie wohl auf und hielt sie auch besser als zuvor, und Marie wurde von jedermann geehrt und geliebt. Bald fand sich auch ein braver junger Mann, der Marie als Gattin heimführte und glücklich mit ihr zusammenlebte.

Der anderen Marie aber wuchs der Neid im Herzen immer größer, und sie beschloß, auch fortzugehen, um übergoldet wiederzukommen. Ihre Mutter gab ihr süßen Kuchen und Wein mit auf die Reise, und als Marie davon aß und die Vöglein geflogen kamen, um auch mit zu schmausen, jagte sie diese ärgerlich fort. Ihr Kuchen aber verwandelte sich unbemerkt in Asche und ihr Wein in mattes Wasser. Am Abend kam Marie ebenfalls an Türschemanns Toren an; sie ging stolz zu dem goldenen hinein und klopfte dann an die Haustür. Als Türschemann ihr auftat und nach ihrem Begehren fragte, sagte sie schnippisch: „Nun, ich will hier übernachten.“ Und er brummte: „Komm herein!“ Dann fragte er auch sie: „Bei wem willst du schlafen, bei mir oder bei Hunden und Katzen?“ Sie sagte schnell: „Bei Euch, Herr Türschemann.“ Aber er führte sie in die Stube, wo Hunde und Katzen schliefen, und schloß sie dort ein. Am Morgen war ihr Gesicht häßlich zerkratzt und zerbissen. Türschemann brummte wieder: „Mit wem willst du Kaffee trinken, mit mir oder mit Hunden und Katzen?“ – „Ei, mit Euch!“ sagte sie und mußte nun erst recht mit den Katzen und Hunden trinken. Nun wollte sie fort. Türschemann brummte abermals: „Zu welchem Tor willst du hinaus, zum Goldtor oder zum Pechtor?“ Und sie sagte: „Zum Goldtor, das versteht sich doch von selbst!“ Aber dieses wurde sogleich verschlossen, und sie mußte zum Pechtor hinaus, und Türschemann saß obendrauf, rüttelte und schüttelte, daß das Tor wackelte, und da fiel so viel Pech auf Marie herunter, daß sie über und über schwarz wurde.

Als nun Marie voll Wut ob ihres häßlichen Aussehens nach Hause kam, krähte der Gockel ihr schon entgegen: „Kikeriki, da kommt die Pechmarie! Kikeriki!“ Und die Mutter wandte sich voll Abscheu von ihr; sie konnte nun ihre häßliche Tochter nicht mehr vor den Leuten sehen lassen. So blieb diese hart gestraft, weil sie so sehr auf Gold erpicht gewesen war.

Der kleine Däumling

Es war einmal ein armer Korbmacher, der hatte mit seiner Frau sieben Jungen, einer immer kleiner als der andere, und der jüngste maß nicht viel mehr als eine Fingerlänge – daher nannte man ihn auch Däumling. Zwar ist er später noch etwas gewachsen, doch nicht gar zu sehr, und den Namen Däumling hat er behalten. Doch war er ein gar kluger und pfiffiger Knirps, der an Gewandtheit und Schlauheit seine Brüder alle in den Sack steckte.

Den Eltern ging es erst gar übel; denn Korbmachen und Strohflechten ist kein so nahrhaftes Handwerk wie Semmelbacken und Kälberschlachten, und als vollends eine teure Zeit kam, wurde dem armen Korbmacher und seiner Frau himmelangst, denn sie wußten nicht, wie sie ihre sieben Würmer satt machen sollten, die alle mit gutem Appetit gesegnet waren. Da beratschlagten eines Abends, als die Kinder zu Bett gegangen waren, die beiden Eltern miteinander, was sie anfangen wollten, und sie beschlossen, die Kinder mit in den Wald zu nehmen, wo die Weiden wachsen, aus denen man Körbe flicht, und sie heimlich zu verlassen.

Das alles aber hörte der Däumling, der nicht schlief wie seine Brüder. Er merkte sich der Eltern üblen Ratschlag wohl, und, da er vor Sorge kein Auge zutun konnte, grübelte er die ganze Nacht, wie er sich und seinen Brüdern helfen könnte.

Frühmorgens lief der Däumling an den Bach, suchte die kleinen Taschen voll weißer Kiesel und ging wieder heim. – Seinen Brüdern sagte er von dem, was er erlauscht hatte, kein Sterbenswörtchen. – Nun machten sich die Eltern auf in den Wald, hießen die Kinder nachfolgen, und der Däumling ließ ein Kieselsteinchen nach dem andern auf den Weg fallen; das sah niemand, weil er als der Jüngste, Kleinste und Schwächste stets hintennach ging.

Im Wald schlichen sich die Eltern unbemerkt fort. Als die Kinder merkten, daß sie allein waren, erhoben sie allzumal, Däumling ausgeschlossen, ein Zetergeschrei. Däumling lachte und sprach zu seinen Brüdern: „Heult und schreit nicht so jämmerlich! Wir wollen den Weg schon allein finden!“ Und nun ging er voran, nicht hinterdrein, richtete sich genau nach den weißen Kieselsteinen und fand auch den Weg ohne alle Mühe.

Als die Eltern heimkamen, bescherte ihnen Gott Geld ins Haus: Eine alte Schuld, auf die sie nicht mehr gehofft hatten, wurde von einem Nachbarn an sie bezahlt, und nun wurden Eßwaren gekauft, daß sich der Tisch bog. Aber da kam ihnen die Reue, daß sie die Kinder verstoßen hatten, und die Frau begann erbärmlich zu lamentieren: „Ach, du lieber, allerliebster Gott! Wenn wir doch die Kinder nicht im Walde gelassen hätten! Ach, jetzt könnten sie sich dicksatt essen, und so haben die Wölfe sie vielleicht schon im Magen! Ach, wären nur unsere lieben Kinder da!“ – „Mutter, da sind wir ja!“ sprach ganz ruhig der kleine Däumling, der bereits mit seinen Brüdern vor der Tür angelangt war und die Wehklage gehört hatte; er öffnete die Tür, und hinein trippelten nun die kleinen Korbmacher – eins, zwei, drei, vier, fünf, sechs, sieben. Ihren guten Appetit hatten sie wieder mitgebracht, und da der Tisch so reichlich gedeckt war, wurden alle dicksatt. Die Freude war groß, daß die Kinder wieder da waren, und es wurde, solange das Geld reichte, lustig drauflosgelebt; dies ist armer Leute Gewohnheit.

Nicht lange währte es, so war in des Korbmachers Hütte wieder Schmalhans Küchenmeister, und bei den Eltern erwachte aufs neue der Vorsatz, die Kinder im Wald ihrem Schicksal zu überlassen. Da der Plan abermals als lautes Abendgespräch zwischen Vater und Mutter verhandelt wurde, hörte der kleine Däumling alles mit an und nahm sich's zu Herzen.

Am andern Morgen wollte er wieder aus dem Häuschen schlüpfen, Kieselsteine aufzulesen, aber – o weh! – da war es verriegelt, und Däumling war viel zu klein, als daß er den Riegel hätte erreichen können. Da gedachte er, sich anders zu helfen, und als es fort in den Wald ging, steckte Däumling Brot ein und streute davon Krümlein auf den Weg; er meinte, ihn dadurch wiederzufinden.

Alles begab sich wie das erstemal, nur mit dem Unterschied, daß Däumling den Heimweg nicht fand, weil die Vögel alle Krümchen aufgepickt hatten. Nun war guter Rat teuer, und die Brüder stimmten ein Geheul im Wald an, daß es zum Steinerweichen war. Dabei tappten sie durch den Wald, bis es ganz finster wurde, und sie fürchteten sich über die Maßen – bis auf Däumling, der nicht schrie und sich auch nicht fürchtete. Unter dem schimmernden Laubdach eines Baumes auf weichem Moos schliefen die sieben Brüder ein, und als es Tag war, stieg Däumling auf einen Baum, die Gegend zu erkunden. Erst sah er nichts als lauter Waldbäume, dann aber entdeckte er das Dach eines kleinen Waldhäuschens, merkte sich die Richtung, rutschte vom Baum herab und ging seinen Brüdern tapfer voran. Nach manchem Kampf mit Dickicht, Dornen und Disteln sahen alle das Häuschen durch die Büsche schimmern, und sie schritten guten Mutes darauf los und klopften auch ganz bescheiden an die Tür. Da trat eine Frau heraus, und Däumling bat gar schön, sie doch einzulassen; sie hätten sich verirrt und wüßten nicht, wohin. Die Frau sagte: „Ach, ihr armen Kinder!" und ließ den Däumling mit seinen Brüdern eintreten, sagte ihnen aber auch gleich, daß sie im Hause eines Menschenfressers seien, der besonders gern die kleinen Kinder esse. Das war eine schöne Aussicht! Die Kinder zitterten wie Espenlaub, als sie dieses hörten; sie hätten so gern selbst etwas zu essen gehabt – und nun sollten sie statt dessen gegessen werden. Doch die Frau war gut und mitleidig; sie verbarg die Kinder und gab ihnen auch Milch und Brot.

Bald darauf hörte man Tritte, und es pochte laut an die Tür; das war kein anderer als der heimkehrende Menschenfresser. Dieser setzte sich an den Tisch zur Mahlzeit, ließ Wein auftragen und schnüffelte, als wenn er etwas röche; dann rief er seiner Frau zu: „Ich wittere Menschenfleisch!" Die Frau wollte es

ihm ausreden, aber er ging seinem Geruch nach und fand die Kinder. Die waren ganz hin vor Entsetzen! Schon wetzte er sein langes Messer, die Kinder zu schlachten; doch ganz allmählich gab er den Bitten seiner Frau nach, sie noch ein wenig am Leben zu lassen und zu füttern, weil sie doch gar zu dünn seien, besonders der kleine Däumling. So ließ sich denn der böse Mann endlich beschwichtigen.

Die Kinder wurden zu Bett gebracht, und zwar in derselben Kammer, wo in einem großen Bett des Menschenfressers sieben Töchter schliefen, die so alt waren wie die sieben Brüder. Sie waren von Angesicht sehr häßlich; jede hatte aber ein goldenes Krönlein auf dem Kopf. – Das alles war der Däumling gewahr geworden; er machte sich ganz still aus dem Bett, nahm seine und seiner Brüder Nachtmützen, setzte diese des Menschenfressers Töchtern auf und deren Krönlein sich und seinen Brüdern.

Der Menschenfresser trank viel Wein, und da ihn dabei wieder die böse Lust ankam, die Kinder zu morden, nahm er sein Messer und schlich sich in die Kammer, wo sie schliefen. Es war aber stockdunkel in der Kammer, und der Menschenfresser tappte blind umher, bis er an ein Bett stieß; nun fühlte er nach den Köpfen der darin Schlafenden. Da spürte er die Krönchen und dachte: „Halt! das sind meine Töchter. Bald hätte ich einen dummen Streich gemacht!“

Er tappte nach dem andern Bett, fühlte da die Nachtmützen und schnitt seinen sieben Töchtern die Hälse ab, einer nach der andern. Dann legte er sich nieder und schlief seinen Rausch aus. Als der Däumling ihn schnarchen hörte, weckte er seine Brüder, schlich sich mit ihnen aus dem Haus und suchte das Weite. Aber sosehr sie auch eilten, sie wußten weder Weg noch Steg und liefen in die Irre, voller Angst und Sorge wie am Tage zuvor.

Am Morgen erwachte der Menschenfresser und sprach zu seiner Frau: „Geh und richte die Krabben von gestern zu!" Sie meinte, sie solle die Kinder nun wekken und ging, voller Angst um sie, hinauf in die Kammer. Wie erschrak die Frau, als sie nun sah, was geschehen war; sie fiel gleich in Ohnmacht über den schrecklichen Anblick, der sich ihr bot. Als sie dem Menschenfresser zu lange ausblieb, ging er selbst hinauf, und da sah er, was er angerichtet hatte. Die Wut, in die er geriet, ist nicht zu beschreiben.

Jetzt zog er seine Siebenmeilenstiefel an; das waren Stiefel, mit denen man, wenn man nur sieben Schritte tat, eine ganze Meile gegangen war, und das war nicht wenig. – Nicht lange darauf sahen die sieben Brüder ihn von weitem über Berge und Täler schreiten und fürchteten sich sehr; doch Däumling versteckte sich mit ihnen unter einem großen Felsen. Als der Menschenfresser an diesen Felsen kam, setzte er sich darauf, um ein wenig zu ruhen, weil er müde geworden war, und bald schlief er ein und schnarchte so laut, daß es war, als brause ein Sturmwind übers Land. Da schlich der Däumling wie ein Mäuschen aus seinem Loch hervor, zog ihm die Meilenstiefel aus und zog sie sich selber an. Zum Glück hatten die Stiefel die Eigenschaft, an jeden Fuß zu passen; sie saßen wie angemessen und angegossen. – Nun nahm er an jede Hand einen seiner Brüder, diese faßten einander wieder an den Händen, und so ging es – hast du nicht gesehen – mit Siebenmeilenstiefelschritten nach Hause. Da waren sie alle willkommen. Däumling empfahl seinen Eltern, ein sorglich Auge auf die Brüder zu haben; er selbst wolle schon mit Hilfe der Stiefel für sein eigenes Fortkommen sorgen. Und als er das kaum gesagt hatte, tat er einen Schritt, da war er sogleich weit fort – noch einen, da stand er auf einem Berg – und noch einen, da war er den Eltern und Brüdern ganz aus den Augen verschwunden.

Später hat der Däumling mit den Stiefeln sein Glück gemacht, dazu große und weite Reisen; er hat vielen Herren gedient, und wenn es ihm irgendwo nicht gefallen hat, ist er spornstreichs weitergegangen. Kein Verfolger zu Fuß oder zu Pferd konnte ihn je einholen, und seine Abenteuer, die er mit den Stiefeln bestand, sind nicht zu beschreiben.

Das Märchen vom Schlaraffenland

Hört zu, ich will euch von einem guten Lande erzählen; dahin würde gar so mancher auswandern, wüßte er nur den Weg. Aber der ist zu weit für die Jungen und für die Alten, denen es im Winter zu heiß und im Sommer zu kalt ist.

Die schöne Gegend aber heißt Schlaraffenland. Da sind die Häuser mit Eierfladen gedeckt, und Türen und Wände sind von Lebkuchen und die Balken von Schweinebraten. Was man bei uns für ein Goldstück kauft, kostet dort nur einen Pfennig. Um jedes Haus steht ein Zaun, der ist von Bratwürsten oder von bayrischen Würsteln geflochten; die sind teils auf dem Rost gebraten, teils frisch gesotten, je nachdem sie einer so oder so gern ißt. Aus allen Brunnen rinnen einem süße Weine und auch Champagner direkt ins Maul hinein, wenn man es an die Röhren hält. Wer also gern solche Weine trinkt, der eile, daß er in das Schlaraffenland hineinkomme!

Auf den Birken und Weiden wachsen frischgebackene Semmeln, und unter den Bäumen fließen Milchbäche; in diese fallen die Semmeln hinein und weichen so von selbst auf für diejenigen, die sie gern einbrocken. Das ist etwas für Weiber und Kinder, für Knechte und Mägde, kann ich euch sagen! Hallo, Gretel, hallo, Stoffel! Wollt ihr nicht mit auswandern? Kommt mit zum Semmelbach, und vergeßt nicht, einen großen Milchlöffel mitzubringen!

Die Fische schwimmen im Schlaraffenland oben auf dem Wasser, sie sind auch schon gebacken oder gesotten und schwimmen ganz nahe am Ufer. Wenn aber einer gar zu faul und ein echter Schlaraff ist, so braucht er nur zu rufen:

„Pst, pst!“ – und die Fische kommen zu ihm heraus aufs Land spaziert und hüpfen dem guten Schlaraffen in die Hand, daß er sich nicht einmal zu bücken braucht.

Auch könnt ihr glauben, daß die Vögel dort gebraten in der Luft herumfliegen: Gänse und Truthähne, Tauben und Kapaune, Lerchen und Krammetsvögel, und wem es zu viel Mühe macht, die Hand danach auszustrecken, dem fliegen sie schnurstracks ins Maul hinein. Die Spanferkel geraten dort alle Jahre überaus trefflich; sie laufen gebraten umher, und jedes trägt ein Tranchiermesser im Rücken, damit, wer da will, sich ein frisches, saftiges Stück abschneiden kann.

Die Käse wachsen im Schlaraffenland wie die Steine, groß und klein; die Steine selbst sind lauter Taubenköpfe mit Gefülltem oder auch kleine Fleischpastetchen. Wenn es regnet, so regnet's lauter Honig in süßen Tropfen, da kann einer lecken und schlecken, daß es eine Lust ist; und wenn es im Winter schneit, so schneit es klaren Zucker; und wenn es hagelt, so hagelt es Würfelzucker, untermischt mit Feigen, Rosinen und Mandeln.

Im Schlaraffenland legen die Rosse keine Roßäpfel, sondern Eier, ganze große Körbe voll und ganze Haufen, so daß man tausend um einen Pfennig kauft. Und das Geld kann man von den Bäumen schütteln wie bei uns die Kastanien. Jeder mag sich das Beste herunterschütteln und das Minderwertige liegenlassen.

In dem Land gibt es auch große Wälder; da wachsen im Buschwerk und auf Bäumen die schönsten Kleider: Röcke, Mäntel, Hosen und Wämser in allen Farben – schwarz, grün, gelb für die Postillone, blau und rot –, und wer ein neues Gewand braucht, der geht in den Wald und wirft es mit einem Stein herunter oder schießt mit dem Bolzen hinauf. In der Heide wachsen feine Damenkleider von Samt und Seide. Das Gras besteht aus Bändern in allen Farben. Die Wacholderstöcke tragen goldene Fingerringe und kostbare Anstecknadeln, und ihre Beeren sind nicht schwarz, sondern echte Perlen. An den Tannen hängen Damenuhren und Anhängerkettchen, sehr kunstreich. Und auf den Stauden, da wachsen Stiefel und Schuhe, auch Herren- und Damenhüte und allerlei Kopfputz, mit Paradiesvögeln, Kolibris, Brillantkäfern, Perlen und Goldborten verziert.

Dieses Wunderland hat auch zwei große Messen und Märkte mit guten Möglichkeiten: Wer zum Beispiel eine alte Frau hat und sie nicht mehr mag, weil sie ihm nicht mehr hübsch genug ist, der

kann sie dort gegen eine junge und schöne eintauschen und bekommt noch eine Summe Geldes dazu. Die alten und garstigen – denn ein Sprichwort sagt: „Wenn man alt wird, wird man garstig" – kommen in eines der Jungbäder, mit denen das Land reich gesegnet ist. Diese Bäder besitzen große Kräfte: Aus alten Weibern, die etwa drei oder höchstens vier Tage darin baden, werden schmukke Dirnlein von siebzehn oder achtzehn Jahren.

Auch mancherlei Kurzweil gibt es im Schlaraffenland: Wer hierzulande gar kein Glück hat, der hat dort welches im Spiel und im Lustschießen. Mancher schießt hier all sein Lebtag daneben; dort aber trifft er genau ins Ziel, selbst wenn er auch noch so weit davon entfernt ist.

Auch für die größten Schlafsäcke und Faulpelze, die hier von ihrer Faulheit so arm werden, daß sie Bankrott machen und betteln gehen müssen, ist jenes Land vortrefflich. Denn jede Stunde Schlaf bringt dort einen Gulden ein, und jedes Gähnen einen Doppeltaler. Und wer im Spiel verliert, dem fällt sein Geld gleich wieder in die Tasche. Die Trinker haben den besten Wein umsonst und erhalten für jeden Trunk und Schluck noch drei Batzen Lohn; das gilt sowohl für Frauen als auch für Männer. Wer die Leute am besten aufziehen und necken kann, kriegt ein Goldstück. Keiner darf etwas umsonst tun; und wer die größte Lüge sagt, bekommt die größte Belohnung dafür.

Hierzulande lügt so mancher daraufhin los und hat nichts für seine Mühe; dort aber hält man Lügen für die beste Kunst. Daher lügen sich in dieses Land wohl allerlei Dok- und andere „toren", Roßtäuscher und Handwerksleute, die ihren Kunden vieles aufschwatzen und nimmer Wort halten.

Wer dort ein gelehrter Mann sein will, der muß auf einen Dummkopf studiert haben. Solche Studenten gibt's auch bei uns zulande; die haben aber keinen Dank davon und keine Ehre. Auch muß einer dabei faul und gefräßig sein; denn: „dumm, faul und gefräßig" – das sind bei den Schlaraffen drei schöne Künste. Ich kenne einen, der könnte alle Tage Professor werden, wenn er's nur wollte!

Wer gern arbeitet, Gutes tut und Böses läßt, der ist im Schlaraffenland unbeliebt und wird daraus verwiesen. Wer aber tölpisch ist, gar nichts kann und dabei doch voll dummen Dünkels steckt, der wird dort als Edelmann angesehen. Wer nichts kann als schlafen, essen und trinken, tanzen und spielen, der wird zum Grafen ernannt. Der aber, der durch das allgemeine Stimmrecht als der Faulste und zu allem Guten Untauglichste erwählt wird, der wird König über das ganze Land und hat das größte Einkommen.

Nun kennt ihr des Schlaraffenlandes Art und Eigenschaft. Wer sich also dorthin auf die Reise machen will, aber den Weg nicht weiß, der frage einen Blinden; aber auch ein Stummer ist gut dazu, denn er sagt ihm gewiß keinen falschen Weg.

Der Müller und die Nixe

Es war einmal ein Müller, der war reich an Geld und Gut und führte mit seiner Frau ein vergnügtes Leben. Aber Unglück kommt über Nacht: Der Müller wurde arm und konnte zuletzt kaum noch die Mühle, in der er saß, sein eigen nennen. Da ging er am Tage voll Kummer umher, und wenn er sich abends niederlegte, fand er keine Ruhe, sondern verbrachte die ganze Nacht in traurigen Gedanken. Eines Morgens stand er früh vor Tage auf und ging ins Freie; er dachte, es würde ihm dort leichter ums Herz werden. Als er nun auf dem Damme an seinem Mühlteich sorgenvoll auf und nieder ging, hörte er es auf einmal in dem Weiher rauschen, und als er hinsah, stieg eine weiße Frau daraus empor. Da erkannte er, daß es die Nixe des Weihers sein mußte, und vor großer Furcht wußte er nicht, ob er davongehen oder stehenbleiben sollte. Als er so zauderte, erhob die Nixe ihre Stimme, rief ihn beim Namen und fragte ihn, warum er so traurig sei. Als der Müller die freundlichen Worte hörte, faßte er sich ein Herz und erzählte ihr, wie er einst so reich und glücklich gewesen und jetzt so arm sei, daß er sich vor Not und Sorgen nicht zu helfen wisse. Da redete ihm die Nixe mit tröstlichen Worten zu und versprach, ihn noch reicher zu machen, als er je zuvor gewesen sei, wenn er ihr dafür das geben wolle, was in seinem Hause gerade geboren werde. Der Müller dachte, sie wolle ein Junges von seinem Hunde oder seiner Katze haben, sagte ihr also zu, was sie verlangte, und eilte guten Mutes nach seiner Mühle. Aus der Hintertür trat ihm seine Magd mit freudiger Gebärde entgegen und rief ihm zu, seine Frau habe soeben einen Knaben geboren. Da stand nun der Müller und konnte sich über die Geburt seines Kindes, die er nicht so bald erwartet hatte, nicht freuen. Traurig ging er ins Haus und erzählte seiner Frau und seinen Verwandten, die herbeikamen, was er der Nixe gelobt hatte. „Möge alles Glück, das sie mir versprochen hat, verfliegen", sprach er, „wenn ich nur mein Kind retten kann!" Aber niemand wußte anderen Rat, als daß man das Kind sorgfältig in acht nehmen müsse, damit es niemals dem Weiher zu nahe käme.

Der Knabe wuchs fröhlich auf, und unterdessen kam der Müller nach und nach zu Geld und Gut, und es dauerte nicht lange, so war er reicher, als er je gewesen war. Aber er konnte sich seines Glückes nicht recht freuen, da er immer an sein Gelübde denken und fürchten mußte, die Nixe werde über kurz oder lang auf die Erfüllung dringen. Aber Jahr auf Jahr verging. Der Knabe wurde groß und lernte die Jägerei, und weil er ein schmucker Jäger war, nahm ihn der Herr des Dorfes in seinen Dienst, und der Jäger freite ein junges Weib und lebte mit ihm friedlich und in Freuden.

Einstmals verfolgte er auf der Jagd einen Hasen, der endlich auf das freie Feld ausbog. Der Jäger setzte ihm eifrig nach und streckte ihn mit einem Schusse nieder. Sogleich machte er sich ans Ausweiden und achtete nicht darauf, daß er sich in der Nähe des Weihers befand, vor dem er sich von Kind auf hatte hüten müssen. Als er mit seiner Arbeit fertig war, ging er an das Wasser, um seine blutigen Hände zu waschen. Kaum hatte er sie in den Weiher getaucht, als die Nixe emporstieg, ihn mit nassen Armen umfing und mit hinabzog, daß die Wellen über ihm zusammenschlugen.

Als der Jäger nicht heimkehrte, bekam seine Frau große Angst, und als man nach ihm suchte und am Mühlteiche seine Jagdtasche liegen fand, zweifelte sie nicht mehr an seinem Unglück. Ohne Rast und Ruh irrte sie an dem Weiher umher und rief wehklagend Tag und Nacht nach ihrem Mann. Endlich fiel sie ganz erschöpft in einen tiefen Schlaf; es träumte ihr, sie wäre durch eine blühende Flur zu einer Hütte gewandert, in der eine Zauberin wohnte, die ihr ihren Mann wiederzubringen versprach. Als sie am Morgen erwachte, beschloß sie, der Eingebung zu folgen und die Zauberin aufzusuchen. So wanderte sie fort und kam bald zur blühenden Flur und dann zu der Hütte, in der die Zauberin wohnte. Dieser erzählte die Frau ihren Kummer und daß ein Traum ihr Rat und Hilfe von ihr versprochen habe. Die Zauberin gebot ihr, bei Vollmond an den Weiher zu gehen, dort mit einem goldenen Kamme ihre schwarzen Haare zu strählen und dann den Kamm ans Ufer zu legen. Die junge Jägersfrau beschenkte die Zauberin reichlich und machte sich auf den Heimweg.

Die Zeit bis zum Vollmond verging ihr langsam. Als es aber endlich soweit war, lief sie zum Weiher und strählte sich dort mit einem goldenen Kamme ihre schwarzen Haare, und als sie fertig war, legte sie den goldenen Kamm ans Ufer nieder und blickte dann voller Ungeduld ins Wasser. Da rauschte und brauste es aus der Tiefe, und eine Welle spülte den

goldenen Kamm vom Ufer. Nicht lange danach hob ihr Mann den Kopf aus dem Wasser und sah sie traurig an. Aber bald kam wieder eine Welle angerauscht, und der Kopf versank, ohne daß sein Mund ein Wort gesprochen hatte. Der Weiher lag wieder ruhig wie zuvor und glänzte im Mondenschein, und die Jägersfrau war um nichts besser daran als vorher.

Trostlos durchwachte sie Tage und Nächte, bis sie wieder ermüdet in Schlaf sank und derselbe Traum, der sie zur Zauberin gewiesen hatte, wieder über sie kam. Abermals ging sie am Morgen nach der blühenden Flur und nach der Hütte und klagte der Zauberin wiederum ihren Kummer. Diese gab ihr den Bescheid, sie solle beim Vollmond an den Weiher gehen, auf einer goldenen Flöte blasen und dann die Flöte an das Ufer legen.

Als es Vollmond geworden war, ging die Jägersfrau zum Weiher, blies auf einer goldenen Flöte und legte sie dann ans Ufer. Da rauschte und brauste es aus der Tiefe, und eine Welle spülte die Flöte vom Ufer fort. Bald darauf hob der Jäger den Kopf über das Wasser und tauchte immer höher empor, bis über die Brust; er breitete seine Arme nach seiner Frau aus. Da kam wieder eine rauschende Welle und zog ihn in die Tiefe zurück. Die Jägersfrau hatte voller Freude und Hoffnung am Ufer gestanden und versank nun in tiefen Gram, als sie ihren Mann wieder in dem Wasser verschwinden sah.

Aber zum Troste erschien ihr wiederum der Traum, der sie zu der blühenden Flur und zu der Hütte der Zauberin verwies. Die Alte gab ihr diesmal den Bescheid, sie solle, sobald es Vollmond sein werde, an den Weiher gehen, dort auf einem goldenen Rädchen spinnen und dann das Rädchen ans Ufer stellen.

Als der Vollmond kam, befolgte die Jägersfrau den Rat, ging an den Weiher, setzte sich nieder, spann auf einem goldenen Rädchen und stellte dann das Rädchen ans Ufer. Da rauschte und brauste es aus der Tiefe, eine Welle spülte das goldene Rad vom Ufer, und bald hob der Jäger den Kopf über das Wasser und tauchte immer höher empor, bis er endlich ans Ufer stieg und seiner Frau um den Hals fiel. Da fing das Wasser an zu rauschen und zu brausen und überschwemmte das Ufer weit und breit und riß beide, wie sie sich umfaßt hielten, mit sich hinab. In ihrer Herzensangst rief die Jägerin den Beistand der Zauberin an, und auf einmal war sie in eine Kröte und ihr Mann in einen Frosch verwandelt. Aber sie konnten nicht beisammenbleiben, das Wasser riß sie nach verschiedenen Seiten hin.

Nachdem die Überschwemmung vorüber war, wurden zwar beide wieder zu Menschen, aber der Jäger und die Jägerin waren jedes in eine fremde Gegend verschlagen und wußten nichts voneinander.

Der Jäger entschloß sich, als Schäfer zu leben, und auch die Jägerin wurde eine Schäferin. So hüteten sie nun lange Jahre ihre Herden, eines vom andern entfernt.

Einstmals trug es sich zu, daß der Schäfer dahin kam, wo die Schäferin lebte. Die Gegend gefiel ihm, und er sah, daß sie recht fruchtbare Weideplätze für seine Herde hatte. So brachte er seine Tiere dorthin und hütete sie wie zuvor. Schäfer und Schäferin wurden gute Freunde, aber sie erkannten einander nicht.

An einem Abend aber saßen die beiden bei Vollmond zusammen, ließen ihre Herden grasen, und der Schäfer blies auf seiner Flöte. Da gedachte die Schäferin jenes Abends, als sie am Weiher bei Vollmond auf der goldenen Flöte geblasen hatte; sie konnte sich nicht länger halten und brach in lautes Weinen aus.

Der Schäfer fragte sie, warum sie denn so weine und klage, und so erzählte sie ihm alles, was ihr widerfahren war. Da fiel es wie Schuppen von den Augen des Mannes, er erkannte seine Jägerin wieder und gab sich auch ihr zu erkennen.

Nun kehrten sie fröhlich in ihre Heimat zurück und lebten zusammen ungestört und in Frieden.

Die Perlenkönigin

Nicht weit von einem friedsamen Dörflein, welches am Seegestade lag und meist von Fischern bewohnt war, ließ sich alle Jahre zu etlichen bestimmten Malen eine überirdisch schöne Jungfrau am Ufer sehen; dieselbe kam allemal in einem wunderschönen Schifflein, welches gerade aussah wie von puren hellfarbigen Perlen zusammengefügt, dahergesegelt, und niemand wußte, woher sie kam oder wohin sie wieder zurückkehrte, wenn sie verschwand. Die treuherzigen Fischersleute hatten sie aber gar lieb, zumal die Kinder, denen sie jedesmal schöne Perlen die Menge ans Ufer streute und ihnen zuwinkte, dieselben aufzulesen. Da waren die Kleinen dann geschäftig und lasen die Perlen auf und erfreuten sich an deren Farbenglanz. Und dann kamen die Fischer und Fischerinnen und trugen der guten schönen Perlenkönigin eine Mahlzeit zusammen: Fische und Brot und guten Wein, und die holde Jungfrau war gegen alle freundlich und aß einige Bissen und trank ein wenig Wein.

Oft auch zur Zeit, da die schöne Unbekannte dort am Ufer zu landen pflegte, kamen aus andern fremden Ländern Prinzen und viele Edle herbei, um die schöne Jungfrau zu sehen und vielleicht zu freien; denn es ging von ihr weit und breit die Rede, daß sie ebenso reich an Erdenschätzen wie an Leibesschönheit sei. Aber alle mußten auch wieder unbefriedigt von dannen ziehen. Die hohe Jungfrau verlangte von jedem, der um sie warb, daß er zuvor drei Proben bestehe, die sie ihm aufgegeben. Und diese waren bisher für alle zu schwer und hoch. Keiner vermochte sie zu lösen, und so mußten die hohen Bewerber dann zurückstehen und ein wenig beschämt und verstimmt wieder abziehen.

Das erste war, was die Jungfrau aufgab, zu erraten, was für Haare sie habe; denn sie trug stets das Haupt ganz dicht verschleiert; das hatte noch keiner erraten, wiewohl schon alle Farben – schwarz, rot, blond, braun, weiß, grün, grau, blau – geraten worden waren. Das zweite war, die Halskette der Jungfrau umzuhängen. Wurden dann die glänzend hellen Perlen davon trübe, so war's ein böses Zeichen, dann weinte die schöne Dame allemal, und ihre Tränen wurden eine ebenso helle Perle wie die an der Kette und fügten sich derselben an. Und so wie die Perlenschnur wieder am Halse der Jungfrau hing, glänzte sie auch wieder hell und wundersam. Das dritte war, zu erraten, was die Jungfrau auf der Brust trage. Und dies erriet keiner. Und so gewann auch keiner, und wäre er auch der reichste Fürst gewesen, die Gunst der Jungfrau, also daß sie ihm Hand und Herz schenke. Sie blieb geheimnisvoll. Alle List, um etwas Näheres über sie selbst und über ihre Heimat zu erfahren, blieb fruchtlos; denn allzuschnell war das Perlenschifflein allemal vor den Blicken der Menschen auf dem Gewässer verschwunden. Doch zur bestimmten Zeit kam sie wieder, so freundlich und liebreich wie zuvor, und streute Perlen aus am Ufer.

Und da war ein Knäblein, das hatte sie unter allen Kindern am liebsten, das nahm sie allemal in ihre Arme und drückte es herzlich, und der Knabe hatte die schöne gütige Dame auch gar sehr lieb; doch als er größer wurde, wurde er verschämt und schüchtern und wagte zuletzt gar nicht mehr, Perlen aufzulesen, mußte auch meist mit seinem Vater auf die See fahren und fischen.

So war die Jungfrau schon mehrere Male dort ans Ufer gestiegen und hatte ihren lieben Fischerknaben nicht gesehen; da wurde sie betrübt, denn ach, ihr Herz hatte sich gerade diesen Jüngling auserwählt, und sie wünschte nichts mehr, als daß einst dieser schöne Fischer imstande sein möge, die drei Aufgaben zu lösen, und ihr dann auf immer nach der schönen Perleninsel, ihrer Heimat, zu folgen. Sie beschloß im stillen, als sie wieder einmal, ohne den geliebten Fischerjüngling gesehen zu haben, mit ihrem Schifflein vom Ufer abließ, am selbigen Abend wiederzukommen, um dem Teuren unsichtbar nahezutreten.

Und ja, als der goldne Mond aufgegangen war und sich auf den Wassern spiegelte, fuhr das Perlenschifflein wieder durch die Wellen dem befreundeten Ufer zu, wo dort in der kleinen Fischerhütte der Geliebte längst entschlummert ruhte. Die holde Jungfrau trat ein in das kleine Gemach und beugte sich sanft zu dem Schläfer, dem nur Moos zum Lager diente. Und sie lösete ihre Perlenschnur

vom Hals und hängte sie dem Jüngling um, und die Perlen blieben so hell und klar wie zuvor, o welche Freude durchströmte da ihr liebendes Herz! Sie küßte den Teuren segnend und schied und kehrte alle Abende wieder und hing allemal die Perlen um den Jünglings Hals, und die Perlen blieben allemal hell und glänzend. Der Jüngling war aber in seinem Herzen ebenfalls in Liebe zur schönen Perlenkönigin entbrannt und war dabei fromm und gut, nur war er allzu schüchtern und verzagt, um ihr öffentlich zu nahen.

Als sie nun wieder einmal des Nachts an des Jünglings Lager weilte, erwachte derselbe, blieb aber ruhig, so daß sie wähnte, er schlafe. Da nahm sie wieder die Perlenschnur vom Hals und hängte sie ihm um und weinte warme Tränen auf seine Wangen und warf den Schleier zurück und nahm ihre Haare und trocknete die Tränen damit ab. Da sah der Jüngling, daß ihre Haare golden waren. Dann schlug sie das Busentuch zurück, da glänzte ein heller Spiegel auf ihrer Brust, aus welchem des Jünglings Bild sanft und schön herausblickte. Doch wann sie schied, wurde sie allemal betrübt und traurig; denn sobald die helle Perlenschnur nur ein einziges Mal trüb werden mochte am Halse ihres geliebten Fischers, hätte sie nimmer wieder ihm nahen dürfen.

So kam die bestimmte Zeit, wo die schöne Perlenkönigin wieder nahe dem Fischerdörflein ans Ufer stieg und nach ihrer gewohnten Weise für die frohen Kinder Perlen ausstreute; und dieses Mal waren viele edle Fürsten und Herren gekommen, um die reiche schöne Prinzessin zu erwerben; auch der Fischerjüngling stand von ferne und faßte Mut, der Angebeteten zu nahen. Doch es kam erst zuletzt an ihn, als alle andern wieder beschämt von ihr gewichen waren. Da trat er bescheiden hin und bat um die drei Aufgaben, und die Jungfrau glühte vor Freude und gab sie ihm, und sandte heimlich flehende Blicke gen Himmel, daß doch ihr geliebter Jüngling die Proben bestehen möge. Kein anderer konnte sie ja lösen. Der schöne Fischer beugte sich sittsam vor der Holden und sprach: „Oh, deine Haare müssen golden sein." Und im Augenblick fiel der Schleier herab, und ihre goldenen Lokken wallten hernieder. Dann hängte die freudige Jungfrau die Perlenschnur um den Hals des Jünglings, und sie blieb rein und glänzend. Und wieder sprach der Fischer: „Und deine Brust muß ein reiner schöner Spiegel sein, holde Jungfrau!" Und auch das Brusttuch der Jungfrau zeigte ein sanftes schönes Bild, das Bild des Jünglings.

Da erschollen vom Perlenschifflein ein heller Jubel und freudetönende Musik, und ein Kreis von schönen Frauen und blühenden Männern erhob sich freudevoll vom Schifflein und nahm das holde Paar auf, und der kleine schöne Perlennachen glitt auf der spiegelhellen Wasserfläche dahin, nach der wunderlieblichen Perleninsel, als der Heimat der lieben Braut des Fischerjünglings, um nimmer, nimmer wiederzukehren.

Siebenschön

Es waren einmal in einem Dorfe ein paar arme Leute, die hatten ein kleines Häuschen und nur eine einzige Tochter, die war wunderschön und gut über alle Maßen. Sie arbeitete, fegte, wusch, spann und nähte für sieben und war so schön wie sieben zusammen, darum ward sie Siebenschön geheißen. Aber weil sie ob ihrer Schönheit immer von den Leuten angestaunt wurde, schämte sie sich und nahm sonntags, wenn sie in die Kirche ging – denn Siebenschön war auch frömmer wie sieben andre, und das war ihre größte Schönheit –, einen Schleier vor ihr Gesicht. So sah sie einstens der Königssohn und hatte seine Freude über ihre edle Gestalt, ihren herrlichen Wuchs, so schlank wie eine junge Tanne, aber es war ihm leid, daß er vor dem Schleier nicht auch ihr Gesicht sah, und fragte seiner Diener einen: „Wie kommt es, daß wir Siebenschöns Gesicht nicht sehen?“ – „Das kommt daher“, antwortete der Diener, „weil Siebenschön so sittsam ist.“ Darauf sagte der Königssohn: „Ist Siebenschön so sittsam zu ihrer Schönheit, so will ich sie lieben mein Leben lang und will sie heiraten. Gehe du hin und bringe ihr diesen goldenen Ring von mir und sage ihr, ich habe mit ihr zu reden, sie solle abends zu der großen Eiche kommen.“ Der Diener tat, wie ihm befohlen war, und Siebenschön glaubte, der Königssohn wolle ein Stück Arbeit bei ihr bestellen, ging daher zur großen Eiche, und da sagte ihr der Prinz, daß er sie liebhabe um ihrer großen Sittsamkeit und Tugend willen und sie zur Frau nehmen wolle; Siebenschön aber sagte: „Ich bin ein armes Mädchen, und du bist ein reicher Prinz, dein Vater würde sehr böse werden, wenn du mich wolltest zur Frau nehmen." Der Prinz drang aber noch mehr in sie, und da sagte sie endlich, sie wolle sich's bedenken, er solle ihr ein paar Tage Bedenkzeit gönnen. Der Königssohn konnte aber unmöglich ein paar Tage warten, er schickte schon am folgenden Tage Siebenschön ein Paar silberne Schuhe und ließ sie bitten, noch einmal unter die große Eiche zu kommen. Da sie nun kam, so fragte er schon, ob sie sich besonnen habe? Sie aber sagte, sie habe noch keine Zeit gehabt, sich zu besinnen, es gebe im Haushalt gar viel zu tun, und sie sei ja doch ein armes Mädchen und er ein reicher Prinz, und sein Vater werde sehr böse werden, wenn er, der Prinz, sie zur Frau nehmen wolle. Aber der Prinz bat von neuem und immer mehr, bis Siebenschön versprach, sich gewiß zu bedenken und ihren Eltern zu sagen, was der Prinz im Willen habe. Als der folgende Tag kam, da schickte der Königssohn ihr ein Kleid, das war ganz von Goldstoff, und ließ sie abermals zu der Eiche bitten. Aber als nun Siebenschön dahin kam und der Prinz wieder fragte, da mußte sie wieder sagen und klagen, daß sie abermals gar zu viel und den ganzen Tag zu tun gehabt und keine Zeit zum Bedenken und daß sie mit ihren Eltern von dieser Sache auch noch nicht habe reden können, und wiederholte auch noch einmal, was sie dem Prinzen schon zweimal gesagte hatte, daß sie arm, er aber reich sei und daß er seinen Vater nur erzürnen werde. Aber der Prinz sagte ihr, das alles habe nichts auf sich, sie solle nur seine Frau werden, so werde sie später auch Königin, und da sie sah, wie aufrichtig der Prinz es mit ihr meinte, so sagte sie endlich ja und kam nun jeden Abend zu der Eiche und zu dem Königssohne – auch sollte der König noch nichts davon erfahren. Aber da war am Hofe eine alte häßliche Hofmeisterin, die lauerte dem Königssohn auf, kam hinter sein Geheimnis und sagte es dem Könige an. Der König ergrimmte, sandte Diener aus und ließ das Häuschen, worin Siebenschöns Eltern wohnten, in Brand stecken, damit sie darin abbrenne. Sie tat dies aber nicht, sie sprang, als sie das Feuer merkte, heraus und alsbald in einen leeren Brunnen hinein, ihre Eltern aber, die armen alten Leute, verbrannten in dem Häuschen.

Da saß nun Siebenschön drunten im Brunnen und grämte sich und weinte sehr, konnt's aber doch nicht auf die Länge drunten im Brunnen aushalten, krabbelte herauf, fand im Schutt des Häuschens noch etwas Brauchbares, machte es zu Geld und kaufte dafür Mannskleider, ging als ein frischer Bub an des Königs Hof und bot sich zu einem Bedienten an. Der König fragte den jungen Diener nach dem Namen, da erhielt er die Antwort: „Unglück!", und dem König gefiel der junge Diener also wohl, daß er ihn gleich annahm und auch bald vor allen andern Dienern gut leiden konnte.

Als der Königssohn erfuhr, daß Siebenschöns Häuschen verbrannt war, wurde er sehr traurig, glaubte nicht anders, als Siebenschön sei mit verbrannt, und der König glaubte das auch und wollte haben, daß sein Sohn nun endlich eine Prinzessin heirate, und mußte dieser nun eines benachbarten Königs Tochter freien. Da mußte auch der ganze Hof und die Dienerschaft mit zur Hochzeit ziehen, und für Unglück war das am traurigsten, es lag ihm wie ein Stein auf dem Herzen. Er ritt auch mit hintennach, der letzte im Zuge, und sang wehklagend mit klarer Stimme:

„Siebenschön war ich genannt,
Unglück ist mir jetzt bekannt."

Das hörte der Prinz von weitem, und es fiel ihm auf, und er hielt und fragte: „Ei, wer singt doch da so schön?" – „Es wird wohl mein Bedienter, der Unglück, sein", antwortete der König, „den ich zum Diener angenommen habe." Da hörten sie noch einmal den Gesang:

„Siebenschön war ich genannt,
Unglück ist mir jetzt bekannt."

Da fragte der Prinz noch einmal, ob das wirklich niemand anders sei als des Königs Diener? Und der König sagte, er wisse es nicht anders.

Als nun der Zug ganz nahe an das Schloß der neuen Braut kam, da erklang noch einmal die schöne klare Stimme:

„Siebenschön war ich genannt,
Unglück ist mir jetzt bekannt."

Jetzt wartete der Prinz keinen Augenblick mehr länger, er spornte sein Pferd an und ritt wie ein Offizier längs des ganzen Zugs in gestrecktem Galopp hin, bis er an Unglück kam und Siebenschön erkannte.

Da nickte er ihr freundlich zu und jagte wieder an die Spitze des Zuges und zog in das Schloß ein.

Da nun alle Gäste und alles Gefolge im großen Saal versammelt waren und die Verlobung vor sich gehen sollte, so sagte der Prinz zu seinem künftigen Schwiegervater: „Herr König, ehe ich mit Eurer Prinzessin Tochter mich feierlich verlobe, wollet mir erst ein kleines Rätsel lösen. Ich besitze einen schönen Schrank, dazu verlor ich vor einiger Zeit den Schlüssel, kaufte mir also einen neuen; bald darauf fand ich den alten wieder, jetzt saget mir, Herr König, wessen Schlüssel ich mich bedienen soll?" – „Ei, natürlich des alten wieder!" antwortete der König. „Das Alte soll man in Ehren halten und es über Neuem nicht hintansetzen." – „Ganz wohl, Herr König", antwortete nun der Prinz, „so zürnt mir nicht, wenn ich Eure Prinzessin Tochter nicht freien kann, sie ist der neue Schlüssel, und dort steht der alte." Und nahm Siebenschön an der Hand und führte sie zu seinem Vater, indem er sagte: „Siehe, Vater, das ist meine Braut." Aber der alte König rief ganz erstaunt und erschrocken aus: „Ach lieber Sohn, das ist ja Unglück, mein Diener!" – „Nein", sagte der Königssohn, „hier ist gar kein Unglück, sondern hier ist Siebenschön, meine liebe Braut."

Und darauf nahm der Prinz Urlaub von der Versammlung und führte Siebenschön als Herrin und Frau auf sein schönstes Schloß.

Märchen von Hans Christian Andersen

Der Buchweizen

Wenn man nach einem Gewitter an einem Buchweizenfeld vorübergeht, nimmt man oft wahr, daß es schwarz und wie versengt aussieht. Es ist gerade, als ob eine Feuerflamme darüber hinweggegangen wäre, und der Landmann sagt dann: „Das hat der Buchweizen vom Blitzstrahl bekommen!“ Aber weshalb hat er das bekommen? – Ich will erzählen, was mir der Sperling gesagt hat, und der Sperling hat es von einer alten Weide, die neben einem Buchweizenfeld stand und noch dort steht. Es ist eine ehrwürdige, hohe Weide, aber knorrig und alt, in der Mitte ist sie gespalten, und Gras und Brombeerranken wachsen aus der Höhlung hervor. Der Baum neigt sich vornüber, und die Zweige hängen auf die Erde hinunter, wie wenn sie grünes, langes Haar vorstellten.

Auf allen Feldern ringsumher wuchs Korn, Roggen, Gerste und Hafer. O der köstliche Hafer! Wenn er reif ist, nimmt er sich wie eine ganze Menge kleiner, gelber Kanarienvögel auf einem Zweig aus. Das Korn versprach einen reichen Erntesegen, und je schwerer es war, desto tiefer neigte es sich in frommer Demut.

Aber da war auch ein Buchweizenfeld, und dies lag der alten Weide gerade gegenüber. Dem Buchweizen fiel es nicht ein, sich wie das andere Korn zu neigen; er trug den Kopf hoch und stand stolz und steif da.

„Ich bin wohl ebenso reich wie die Ähre“, sagte er, „und bin überdies weit hübscher. Meine Blüten gleichen an Schönheit den Apfelblüten. Es ist eine Lust, mich und die Meinigen zu betrachten. Kennst du jemand, der sich prächtiger ausnimmt als wir, du alter Weidenbaum?“

Und die Weide nickte mit dem Kopfe,

als wollte sie sagen: „Freilich kenne ich welche!“ Doch der Buchweizen blähte sich vor lauter Hochmut und sagte: „Der dumme Baum, er ist so alt, daß ihm schon Gras im Leib wächst!“

Plötzlich zog sich ein entsetzliches Unwetter zusammen. Alle Feldblumen falteten ihre Blätter zusammen oder neigten ihre kleinen Köpfe herab, während der Sturm über sie dahinfuhr; aber der Buchweizen trug den Kopf sehr stolz und hoch.

„Neige dein Haupt wie wir!“ sagten die Blumen.

„Das habe ich gar nicht nötig!“ versetzte der Buchweizen.

„Neige dein Haupt wie wir!“ rief das Korn. „Jetzt kommt der Sturmengel geflogen! Er hat Flügel, die von den Wolken bis zur Erde herunter reichen. Er zerschlägt dich, ehe du ihn um Gnade anflehen kannst!“

„Ich will mich aber nicht neigen!“ sagte der Buchweizen.

„Schließe deine Blüten und neige deine Blätter!“ ermahnte auch die alte Weide. „Sieh nicht in den Blitz, wenn die Wolke bricht! Selbst die Menschen dürfen das nicht, denn in dem Blitz kann man bis in Gottes Himmel hineinschauen; doch vermag dieser Anblick sogar die Menschen zu blenden. Was würde da nicht erst uns, den Gewächsen der Erde, geschehen, wagten wir es, die wir doch weit geringer sind.“

„Weit geringer?“ entgegnete der Buchweizen. „Nun will ich erst recht in Gottes Himmel sehen!“ Und er tat es in seinem Übermut und Stolz. Es war, als wenn die ganze Welt in Flammen stände, so blitzte es.

Als sich das Unwetter verzogen hatte, standen die Blumen und das Korn in der stillen, reinen Luft vom Regen erfrischt da, aber der Buchweizen war vom Blitz kohlschwarz gebrannt; er war nun ein totes, unnützes Gewächs auf dem Feld.

Der alte Weidenbaum bewegte seine Zweige im Wind, und große Wassertropfen träufelten von seinen grünen Blättern, gerade als ob der Baum weinte, und die Sperlinge fragten: „Weshalb weinst du? Hier ist es ja wunderbar erquickend! Sieh, wie die Sonne leuchtet, sieh, wie die Wolken eilen! Kannst du den Duft der Blumen und Büsche empfinden? Weshalb weinst du also, du alte Weide?“

Und die Weide erzählte von dem Stolz, von dem Übermut und der Strafe des Buchweizens. Ich, der ich die Geschichte erzähle, habe sie von den Sperlingen gehört; sie erzählten sie mir eines Abends, als ich sie um ein Märchen bat.

Däumelinchen

Es war einmal eine Frau, die sich so sehr ein ganz kleines Kind wünschte, aber sie wußte nicht, woher sie es nehmen sollte. Da ging sie zu einer alten Hexe und sagte zu ihr: „Ich möchte so herzlich gern ein kleines Kind haben, kannst du mir nicht sagen, wo ich das bekommen kann?"

„Oh, damit wollen wir schon fertig werden", sagte die Hexe. „Da hast du ein Gerstenkorn; das ist nicht von der Art wie die, welche auf dem Feld wachsen oder welche die Hühner zu fressen erhalten. Lege es in einen Blumentopf, so wirst du was zu sehen bekommen."

„Ich danke dir", sagte die Frau und gab der Hexe zwölf Schillinge, denn soviel kostete es. Dann ging sie nach Hause und pflanzte das Gerstenkorn. Sogleich wuchs da eine herrliche, große Blume, die aussah wie eine Tulpe, aber die Blätter schlossen sich fest zusammen, als ob sie noch Knospe wäre.

„Das ist eine schöne Blume!" sagte die Frau und küßte sie auf die roten und gelben Blätter; aber indem sie küßte, öffnete sich die Blume mit einem Knall. Es war eine wirkliche Tulpe, wie man nun sehen konnte, aber mitten in der Blume saß auf dem grünen Samtgriffel ein kleines Mädchen, gar fein und niedlich. Es war kaum einen halben Daumen hoch, und deshalb wurde es Däumelinchen genannt.

Eine niedliche, lackierte Walnußschale bekam Däumelinchen als Wiege, blaue Veilchenblätter waren ihre Matratzen und ein Rosenblatt ihre Decke. Da schlief sie des Nachts, aber am Tage spielte sie auf dem Tische, wo die Frau einen Teller hingestellt und ringsum mit einem Kranze von Blumen belegt hatte, deren Stengel im Wasser standen. Darin schwamm ein großes Tulpenblatt, und auf diesem konnte sie sitzen und von der einen Seite des Tellers nach der andern fahren; zum Rudern hatte sie zwei weiße Pferdehaare. Das sah wunderhübsch aus. Sie konnte auch singen, und zwar so zart und fein, wie man es noch nie gehört hatte.

Einst, als sie nachts in ihrem schönen Bett lag, kam eine alte Kröte durch das Fenster, in dem eine Scheibe entzwei war, hereingekrochen. Die Kröte war sehr häßlich, groß und naß; sie hüpfte auf den Tisch hinab, wo Däumelinchen lag und unter dem roten Rosenblatt schlief.

„Das wäre eine schöne Frau für meinen Sohn!" sagte die Kröte und nahm die Walnußschale, worin Däumelinchen schlief, und hüpfte mit ihr durchs Fenster in den Garten hinunter.

Dort floß ein großer, breiter Bach, aber das Ufer war sumpfig und morastig. Hier wohnte die Kröte mit ihrem Sohne. Hu, der war häßlich und garstig und glich ganz seiner Mutter. „Koax, koax, brekkekekex!" Das war alles, was er sagen konnte, als er die niedliche Kleine in der Walnußschale erblickte.

„Sprich nicht so laut, denn sonst erwacht sie!" sagte die alte Kröte. „Sie könnte uns noch entlaufen, denn sie ist so leicht wie ein Schwanenflaum. Wir wollen sie auf eins der breiten Seerosenblätter in den Bach setzen; das ist für sie, die so leicht und klein ist, eine Insel. Da kann sie nicht davonlaufen, während wir die Staatsstube unter dem Morast, wo ihr wohnen und hausen sollt, instand setzen."

Draußen im Bach wuchsen viele Seerosen mit breiten, grünen Blättern, welche aussahen, als schwämmen sie oben auf dem Wasser. Das Blatt, welches am weitesten lag, war auch das größte; da schwamm die alte Kröte hinaus und setzte die Walnußschale mit Däumelinchen darauf.

Das kleine, kleine Däumelinchen erwachte frühmorgens, und als sie sah, wo sie war, fing sie recht bitterlich an zu weinen, denn es war an allen Seiten des großen, grünen Blattes Wasser, und sie konnte nicht an Land kommen.

Die alte Kröte saß unten im Morast und putzte ihre Stube mit Schilf und gelben Blumen aus; es sollte da recht hübsch für die neue Schwiegertochter werden. Dann schwamm sie mit dem häßlichen Sohn zum Blatt hinauf, wo Däumelinchen war. Sie wollten ihr hübsches Bett holen, das sollte in das Brautgemach gestellt werden, bevor sie es selbst betrat. Die alte Kröte verneigte sich tief im Wasser vor ihr und sagte: „Hier siehst du meinen Sohn; er wird dein Mann sein, und ihr werdet recht prächtig unten im Morast wohnen!"

„Koax, koax, brekkekekex!" war alles, was der Sohn sagen konnte.

Dann nahmen sie das niedliche, kleine Bett und schwammen damit fort, aber Däumelinchen saß allein auf dem grünen Blatt und weinte, denn sie mochte nicht bei der garstigen Kröte wohnen oder ihren häßlichen Sohn zum Mann haben. Die kleinen Fische, welche unten im Wasser schwammen, hatten die Kröte wohl gesehen und auch gehört, was sie gesagt hatte; deshalb streckten sie die Köpfe hervor: Sie wollten auch das kleine Mädchen sehen. Sobald sie es erblickten, fanden sie es so niedlich, daß es ihnen recht leid tat, daß es zur häßlichen Kröte hinunter sollte. Nein, das durfte nie geschehen! Sie versammelten sich unten im Wasser rings um den grünen Stengel, welcher das Blatt hielt, auf dem es stand, und nagten mit den Zähnen den Stiel ab; da schwamm das Blatt mit Däumelinchen den Bach hinab und davon, weit weg, wo die Kröte sie nicht erreichen konnte.

Däumelinchen segelte an vielen Städten vorbei, und die kleinen Vögel saßen in den Büschen, sahen sie und sangen: „Welch liebliches, kleines Mädchen!" Das Blatt schwamm mit ihm immer weiter und weiter fort. So reiste Däumelinchen außer Landes.

Ein niedlicher, kleiner, ganz weißer Schmetterling umflatterte sie stets und ließ sich zuletzt auf das Blatt nieder. Däumelinchen gefiel ihm, und sie war sehr erfreut darüber, denn nun konnte die Kröte sie nicht erreichen, und es war so schön, wo sie fuhr; die Sonne schien auf das Wasser, und dieses glänzte wie das herrlichste Silber. Sie nahm ihren Gürtel und band das eine Ende um den Schmetterling, das andere Ende des

Bandes befestigte sie am Blatt; das glitt nun schneller davon und sie mit, denn sie stand ja darauf.

Da kam ein großer Maikäfer angeflogen, der erblickte sie und schlang augenblicklich seine Klauen um ihren schlanken Leib und flog mit ihr auf den Baum. Das grüne Blatt schwamm den Bach hinab und der Schmetterling mit, denn er war an dem Blatt festgebunden und konnte nicht von ihm loskommen.

Gott, wie war das arme Däumelinchen erschrocken, als der Maikäfer mit ihr auf den Baum flog! Aber hauptsächlich war sie wegen des schönen, weißen Schmetterlings betrübt, den sie festgebunden hatte; wenn er sich nun nicht befreien könnte, müßte er ja verhungern. Allein darum kümmerte sich der Maikäfer nicht. Er setzte sich mit ihr auf das größte grüne Blatt des Baumes, gab ihr das Süße der Blumen zu essen und sagte, daß sie sehr niedlich sei, obgleich sie einem Maikäfer durchaus nicht gliche. Später kamen alle andern Maikäfer, die auf dem Baume wohnten, und machten Visite. Sie betrachteten Däumelinchen und sagten: „Sie hat ja nicht mehr als zwei Beine, das sieht erbärmlich aus!“ – „Sie hat keine Fühlhörner!“ sagte ein anderer. – „Sie ist so schlank in der Taille; pfui, sie sieht wie ein Mensch aus! Wie sie häßlich ist!“ sagten alle Maikäferinnen, und doch war Däumelinchen gar niedlich. Das erkannte auch der Maikäfer, der sie geraubt hatte. Aber als alle andern sagten, sie sei häßlich, glaubte er es zuletzt auch und wollte sie nicht haben; sie könne gehen, wohin sie wolle. Nun flogen sie mit ihr den Baum hinab und setzten sie auf ein Gänseblümchen; da weinte sie, weil sie so häßlich sei, daß die Maikäfer sie nicht haben wollten, und doch war sie das Lieblichste, was man sich denken konnte, so fein und zart wie das schönste Rosenblatt.

Den ganzen Sommer über lebte das arme Däumelinchen allein in dem großen Wald. Sie flocht sich ein Bett aus Grashalmen und hing es unter einem Kleeblatt auf, so war sie vor dem Regen geschützt; sie pflückte das Süße der Blumen zur Speise und trank vom Tau, der jeden Morgen auf den Blättern stand. So vergingen Sommer und Herbst, aber nun kam der Winter. Alle Vögel, die so schön von ihr gesungen hatten, flogen davon; Bäume und Blumen entblätterten sich; das große Kleeblatt, unter dem sie gewohnt hatte, rollte sich zusammen, und es blieb nichts als ein verwelkter Stengel zurück. Sie fror schrecklich, denn ihre Kleider waren entzwei, und sie war selbst so fein und klein, das arme Däumelinchen; sie mußte erfrieren. Es fing an zu schneien, und jede Schneeflocke, die auf sie fiel, war, als wenn man auf uns eine ganze Schaufel voll wirft, denn wir sind so groß, und sie war nur einen Zoll lang. Da hüllte sie sich in ein dürres Blatt ein, aber das riß in der Mitte entzwei und wollte nicht wärmen; sie zitterte vor Kälte.

Dicht vor dem Wald, wohin sie nun gekommen war, lag ein großes Kornfeld, aber das Korn war seit langer Zeit fort, nur die nackten, trockenen Stoppeln standen aus der gefrorenen Erde hervor. Die waren ein Wald für sie zu durchwandern. Oh, wie zitterte sie vor Kälte! Da gelangte sie vor die Tür einer Feldmaus. Die hatte ein kleines Loch unter den Kornstoppeln. Da wohnte die Maus warm und gemütlich, hatte die ganze Stube voll Korn, eine herrliche Küche und Speisekammer. Das arme Däumelinchen stellte sich an die Tür wie ein armes Bettelmädchen und bat um ein kleines Stück von einem Gerstenkorn, denn sie hatte seit zwei Tagen nicht das mindeste zu essen gehabt.

„Du armes Tierchen!“ sagte die Feldmaus, denn im Grunde war sie eine gute Alte, „komm herein in meine warme Stube und speise mit mir!“

Da ihr nun Däumelinchen gefiel, sagte sie: „Du kannst meinetwegen den Winter über bei mir bleiben, aber du mußt meine Stube sauber und rein halten und mir Geschichten erzählen, denn die liebe ich sehr.“ Und Däumelinchen tat, was die gute, alte Feldmaus verlangte, und hatte es dafür außerordentlich gut.

„Nun werden wir bald Besuch erhalten“, sagte die Feldmaus; „mein Nachbar pflegt mich jede Woche einmal zu besuchen. Er steht sich noch besser als ich, hat große Säle und trägt einen schönen, schwarzen Samtpelz. Wenn du den nur zum Manne bekommen könntest, so wärst du gut versorgt. Aber er kann nicht sehen. Du mußt ihm die niedlichsten Geschichten erzählen, die du weißt.“

Aber darum kümmerte sich Däumelinchen nicht; ihr lag nichts an dem Nachbarn, schließlich er war ein Maulwurf.

Dieser kam in seinem schwarzen Samtpelz und stattete Besuch ab. Er sei so reich und so gelehrt, sagte die Feldmaus, seine Wohnung sei auch mehr als zwanzigmal größer als die ihre. Gelehrsamkeit besaß er wohl, aber die Sonne und die schönen Blumen mochte er nicht leiden; von diesen sprach er schlecht, denn er hatte sie nie gesehen.

Däumelinchen mußte singen, und sie sang: „Maikäfer flieg!“ und „Geht der Pfaffe auf das Feld“. Da verliebte sich der Maulwurf in sie der schönen Stimme halber, aber er sagte nichts: Er war ein besonnener Mann.

Er hatte sich vor kurzem einen langen Gang durch die Erde von seinem bis zu ihrem Hause gegraben; in diesem erhielten die Feldmaus und Däumelinchen Erlaubnis zu spazieren, soviel sie wollten. Aber er bat sie, sich nicht vor dem toten Vogel zu fürchten, der dort läge. Es sei ein ganzer Vogel mit Federn und Schnabel, der sicher erst kürzlich gestorben war und nun da begraben lag, wo er seinen Gang gemacht hatte.

Der Maulwurf nahm ein Stück faules Holz ins Maul, denn das schimmerte wie Feuer im Dunkeln, und ging dann voran und leuchtete ihnen in dem langen, finsteren Gang. Als sie dahin kamen, wo der tote Vogel lag, stemmte der Maulwurf seine breite Nase gegen die Decke und stieß die Erde auf, so daß ein großes Loch entstand, durch welches das Licht hinunterscheinen konnte. Mitten auf dem Fußboden lag eine tote

Schwalbe, die schönen Flügel fest an die Seiten gedrückt, die Füße und den Kopf unter die Federn gezogen; der arme Vogel war sicher vor Kälte gestorben. Das tat Däumelinchen recht leid; sie hielt sehr viel von allen kleinen Vögeln, die hatten ja den ganzen Sommer so schön vor ihr gesungen und gezwitschert. Aber der Maulwurf stieß ihn mit seinen krummen Beinen und sagte: „Nun pfeift er nicht mehr! Es muß doch erbärmlich sein, als kleiner Vogel geboren zu werden! Gott sei Dank, daß keins von meinen Kindern das wird; ein solcher Vogel hat ja nichts außer seinem ‚Quivit' und muß im Winter verhungern!"

„Ja, das mögt Ihr als vernünftiger Mann wohl sagen", sprach die Feldmaus. „Was hat der Vogel für all sein ‚Quivit', wenn der Winter kommt? Er muß hungern und frieren. Doch das soll wohl gar vornehm sein!"

Däumelinchen sagte nichts; als aber die beiden andern dem Vogel den Rükken wandten, neigte sie sich herab, schob die Federn zur Seite, welche den Kopf bedeckten, und küßte ihn auf die geschlossenen Augen.

„Vielleicht war er es, der so hübsch vor mir im Sommer gesungen", dachte sie. „Wieviel Freude hat er mir gemacht, der liebe, schöne Vogel!"

Der Maulwurf stopfte nun das Loch zu, durch welches der Tag hereinschien, und begleitete dann die Damen nach Hause. Aber des Nachts konnte Däumelinchen gar nicht schlafen; da stand sie aus ihrem Bett auf und flocht von Heu einen großen, schönen Teppich, den trug sie hin, breitete ihn über den toten Vogel aus und legte die feinen Staubfäden von Blumen, die weich wie Baumwolle waren und die sie in der Stube der Feldmaus gefunden hatte, an die Seiten des Vogels, damit er in der Erde warm läge.

„Lebe wohl, du schöner kleiner Vogel!" sagte sie. „Lebe wohl und habe Dank für deinen herrlichen Gesang im Sommer, als alle Bäume grün waren und die Sonne warm auf uns herabschien!" Dann legte sie ihr Haupt an des Vogels Herz. Der Vogel aber war nicht tot: Er lag nur erstarrt da, war nun erwärmt und bekam wieder Leben.

Im Herbst fliegen alle Schwalben nach den heißen Ländern fort, aber ist eine da, die sich verspätet, dann friert sie so, daß sie wie tot niederstürzt und liegenbleibt, wo sie hinfällt; der kalte Schnee bedeckt sie dann.

Däumelinchen zitterte, so war sie erschrocken, denn der Vogel war ja groß, sehr groß gegen sie, die nur einen Zoll lang war. Aber sie faßte doch Mut, legte die Baumwolle dichter um die arme Schwalbe, holte ein Krauseminzblatt, welches sie selbst zur Decke gehabt hatte, und legte es über den Kopf des Vogels.

In der nächsten Nacht schlich sie sich wieder zu ihm. Da war er lebendig, aber sehr matt; er konnte nur einen kurzen Augenblick seine Augen öffnen und Däumelinchen ansehen, die mit einem Stück faulen Holzes in der Hand – denn eine andere Laterne hatte sie nicht – vor ihm stand.

„Ich danke dir, du niedliches, kleines Kind!“ sagte die kranke Schwalbe zu ihr. „Ich bin so herrlich erwärmt! Bald erlange ich meine Kräfte wieder und kann dann draußen im warmen Sonnenschein umherfliegen.“

„Oh“, sagte sie, „es ist kalt draußen; es schneit und friert! Bleib in deinem warmen Bett, ich werde dich schon pflegen!“

Dann brachte sie der Schwalbe Wasser in einem Blumenblatt. Diese trank und erzählte ihr, wie sie sich den einen Flügel an einem Dornbusch wund gerissen und deshalb nicht so schnell habe fliegen können wie die andern Schwalben, die fortgeflogen seien, weit fort, nach den warmen Ländern. So sei sie zuletzt auf die Erde gefallen, aber mehr konnte sie sich nicht entsinnen und wußte gar nicht, wie sie hierhergekommen war.

Den ganzen Winter blieb sie nun da unten, und Däumelinchen hegte und pflegte sie so recht von Herzen. Weder der Maulwurf noch die Feldmaus erfuhren etwas davon, denn die mochten ja die arme Schwalbe nicht leiden.

Sobald das Frühjahr kam und die Sonne die Erde erwärmte, sagte die Schwalbe dem Däumelinchen Lebewohl, die das Loch öffnete, welches der Maulwurf oben gemacht hatte. Die Sonne schien so herrlich zu ihnen herein, und die Schwalbe fragte, ob sie mitkommen wolle; sie könne auf ihrem Rücken sitzen: sie wollten weit in den grünen Wald hineinfliegen. Aber Däumelinchen wußte, daß es die alte Feldmaus betrüben würde, wenn sie die so verließe.

„Nein, ich kann nicht!“ sagte Däumelinchen.

„Lebe wohl, lebe wohl, du gutes Mädchen!“ sagte die Schwalbe und flog hinaus in den Sonnenschein. Däumelinchen sah ihr nach, und die Tränen traten ihr in die Augen, denn sie war der armen Schwalbe herzlich gut.

„Quivit, quivit!“ sang der Vogel und flog davon.

Däumelinchen war sehr betrübt. Sie erhielt keine Erlaubnis, in den warmen Sonnenschein hinauszugehen. Das Korn, welches auf dem Feld über dem Hause der Feldmaus gesät war, wuchs auch hoch in die Luft empor; das war ein dichter Wald für das arme, kleine Mädchen, das nur einen Zoll lang war.

„Nun bist du Braut, Däumelinchen!“ sagte die Feldmaus. „Der Nachbar hat um dich angehalten. Welch großes Glück für ein armes Kind! Nun mußt du deine Aussteuer nähen, sowohl Wollen- wie Leinenzeug, denn es darf an nichts fehlen, wenn du des Maulwurfs Frau wirst!“

Däumelinchen mußte die Spindel drehen, und die Feldmaus mietete vier Spinnen, die Tag und Nacht für sie webten. Jeden Abend besuchte sie der Maulwurf und sprach dann immer davon, daß, wenn der Sommer zu Ende gehe, die Sonne lange nicht so warm scheinen werde; sie brenne ja jetzt die Erde so fest wie einen Stein. Ja, wenn der Sommer vorbei sei, dann wolle er mit Däumelinchen Hochzeit halten.

Aber die war gar nicht froh, denn sie mochte den langweiligen Maulwurf nicht leiden. Jeden Morgen, wenn die Sonne aufging, und jeden Abend, wenn sie unterging, stahl sie sich zur Tür hinaus, und wenn dann der Wind die Kornähren trennte, so daß sie den blauen Himmel erblicken konnte, dachte sie daran, wie hell und schön es hier draußen sei, und wünschte sehnlichst, die liebe Schwalbe wiederzusehen. Aber die kam nie wieder; die war gewiß weit weg in ein ganz anderes Land geflogen.

Als es Herbst wurde, hatte Däumelinchen die ganze Aussteuer fertig.

„In vier Wochen sollst du Hochzeit halten!" sagte die Feldmaus zu ihr. Aber Däumelinchen weinte und sagte, sie wolle den langweiligen Maulwurf nicht haben.

„Schnickschnack!" sagte die Feldmaus. „Sei nicht widerspenstig, denn sonst werde ich dich mit meinen weißen Zähnen beißen. Es ist ja ein schöner Mann, den du bekommst! Die Königin selbst hat nicht solch einen schwarzen Samtpelz. Er hat Küche und Keller voll. Danke Gott dafür!"

Nun sollte die Hochzeit sein. Der Maulwurf war schon gekommen, Däumelinchen zu holen; sie sollte bei ihm wohnen, tief unter der Erde, und nie an die warme Sonne hinauskommen, denn die mochte er nicht leiden. Die arme Kleine war sehr betrübt; sie sollte nun der schönen Sonne Lebewohl sagen, die sie doch bei der Feldmaus wenigstens von der Tür aus hatte sehen dürfen.

„Lebe wohl, du helle Sonne!" sagte sie, streckte die Arme hoch empor und ging auch eine kleine Strecke vor dem Hause der Feldmaus weiter; denn nun war das Korn geerntet, und hier standen nur die trockenen Stoppeln. „Lebe wohl, lebe wohl!" sagte sie und schlang ihre Arme um eine kleine, rote Blume, die da noch blühte. „Grüß die kleine Schwalbe von mir, wenn du sie zu sehen bekommst!"

„Quivit, quivit!" ertönte es plötzlich über ihrem Kopfe. Sie sah empor: Es war die kleine Schwalbe, die gerade vorbeikam. Sobald sie Däumelinchen erblickte, wurde sie sehr froh. Diese erzählte ihr, wie ungern sie den häßlichen Maulwurf zum Manne nehme, und daß sie dann tief unter der Erde wohnen solle, wohin nie die Sonne scheine. Sie mußte dabei weinen.

„Nun kommt der kalte Winter", sagte die kleine Schwalbe. „Ich fliege weit fort nach den warmen Ländern; willst du mit mir kommen? Du kannst auf meinem Rücken sitzen, dann fliegen wir von dem häßlichen Maulwurf und seiner dunklen Stube fort, weit weg, über die Berge, nach den warmen Ländern, wo die Sonne schöner scheint als hier, wo immer Sommer ist und es herrliche Blumen gibt. Fliege nur mit mir, du liebes kleines Däumelinchen, die mein Leben gerettet hat, als ich erfroren in dem dunklen Erdkeller lag!"

„Ja, ich werde mit dir ziehen", sagte Däumelinchen, setzte sich auf des Vogels Rücken, mit den Füßen auf seinen entfalteten Schwingen, und band ihren

Gürtel an einer der stärksten Federn fest. Da flog die Schwalbe hoch in die Luft, über Wald und See, hoch hinauf über die großen Berge, wo immer Schnee liegt. Und Däumelinchen fror in der kalten Luft, aber dann verkroch sie sich unter des Vogels warme Federn und steckte nur den kleinen Kopf hervor, um alle die Schönheiten unter sich zu bewundern.

Endlich kamen sie nach den warmen Ländern. Dort schien die Sonne weit heller als hier; der Himmel war zweimal so hoch, und in Gräben und auf Hecken wuchsen die schönsten grünen und blauen Weintrauben; in den Wäldern hingen Zitronen und Apfelsinen; es duftete von Myrten und Krauseminze, und auf den Landstraßen liefen die niedlichsten Kinder und spielten mit großen bunten Schmetterlingen. Aber die Schwalbe flog noch weiter fort, und es wurde schöner und schöner. Unter den herrlichsten grünen Bäumen am blauen See stand ein blendendweißes Marmorschloß, noch aus alten Zeiten; Weinreben rankten sich um die hohen Säulen empor; oben waren viele Schwalbennester, und in einem davon wohnte die Schwalbe, welche Däumelinchen trug. „Hier ist mein Haus!“ sagte die Schwalbe. „Aber es schickt sich nicht, daß du mit darin wohnst; ich bin nicht so eingerichtet, daß du damit zufrieden sein kannst. Suche dir nur selbst eine der prächtigsten Blumen, die da

unten wachsen, dann will ich dich hineinsetzen, und du sollst es gut haben, wie du es nur wünschest."

„Das ist herrlich!" sagte Däumelinchen und klatschte in die kleinen Hände.

Da lag eine große, weiße Marmorsäule, welche zu Boden gefallen und in drei Stücke zersprungen war, aber zwischen diesen wuchsen die schönsten großen, weißen Blumen. Die Schwalbe flog mit Däumelinchen herunter und setzte sie auf eins der breiten Blätter. Aber wie erstaunte diese! Da stand ein kleiner Mann mitten in der Blume, so weiß und durchsichtig, als wäre er von Glas. Die niedlichste Goldkrone trug er auf dem Kopf und die herrlichsten Flügel an den Schultern; er war selbst nicht größer als Däumelinchen. Es war der Blumenelf. In jeder Blume wohnte so ein kleiner Mann oder eine Frau, aber dieser war der König über alle.

„Gott, wie ist er schön!" flüsterte Däumelinchen der Schwalbe zu. Der kleine Prinz erschrak sehr über die Schwalbe, denn sie war ja gegen ihn, der so klein und fein war, ein Riesenvogel. Aber als er Däumelinchen erblickte, wurde er hoch erfreut; sie war das schönste Mädchen, das er je gesehen hatte. Deshalb nahm er seine Goldkrone vom Haupte und setzte sie ihr auf, fragte, wie sie heiße und ob sie seine Frau werden wolle; dann solle sie Königin über alle Blumen sein. Ja, das war freilich ein anderer Mann als der Sohn der Kröte und der Maulwurf mit dem schwarzen Samtpelz. Sie sagte deshalb „ja" zu dem herrlichen Prinzen. Und aus jeder Blume kamen eine Dame und ein Herr, so niedlich, daß es eine Lust war; jeder brachte Däumelinchen ein Geschenk, aber das Beste von allen war ein Paar schöner Flügel von einer großen, weißen Fliege, die wurden Däumelinchen am Rücken befestigt, und nun konnte sie auch von Blume zu Blume fliegen. Da gab es viel Freude, und die kleine Schwalbe saß oben in ihrem Nest und sollte das Hochzeitslied singen. Das tat sie denn auch, so gut sie konnte, im Herzen aber war sie doch betrübt, denn sie war Däumelinchen so gut und hätte sich nie von ihr trennen mögen.

„Du sollst nicht Däumelinchen heißen!" sagte der Blumenelf zu ihr. „Das ist ein häßlicher Name, und du bist zu schön dazu. Wir wollen dich Maja nennen."

„Lebe wohl, lebe wohl!" sagte die kleine Schwalbe mit schwerem Herzen und flog wieder fort von den warmen Ländern, weit weg nach Dänemark zurück. Dort hatte sie ein kleines Nest über dem Fenster, wo der Mann wohnte, der Märchen erzählen kann. Vor ihm sang sie: „Quivit, quivit!" Daher wissen wir die ganze Geschichte.

Das häßliche junge Entlein

Es war herrlich draußen auf dem Lande. Es war Sommer, das Korn stand gelb, der Hafer grün, das Heu war unten auf den grünen Wiesen in Schobern aufgesetzt, und der Storch ging auf seinen langen, roten Beinen und plapperte ägyptisch, denn diese Sprache hatte er von seiner Frau Mutter gelernt. Rings um die Äcker und Wiesen gab es große Wälder und mitten in den Wäldern tiefe Seen. Ja, es war wirklich herrlich draußen auf dem Lande. Mitten im Sonnenschein lag dort ein altes Landgut, von tiefen Kanälen umgeben, und von der Mauer bis zum Wasser hinunter wuchsen große Klettenblätter, die so hoch waren, daß kleine Kinder unter den höchsten aufrecht stehen konnten; es war ebenso wild darin wie im tiefsten Wald. Hier saß auf ihrem Nest eine Ente, welche ihre Jungen ausbrüten mußte, aber es war ihr fast zu langweilig, ehe die Jungen kamen. Dazu erhielt sie selten Besuch; die andern Enten schwammen lieber in den Kanälen herum, als daß sie hinaufliefen, sich unter ein Klettenblatt zu setzen, um mit ihr zu schnattern.

Endlich platzte ein Ei nach dem andern. „Piep, piep!“ sagte es, und alle Eidotter waren lebendig geworden und steckten den Kopf heraus.

„Rapp, rapp!“ sagte sie, und so rappelten sich alle, was sie konnten, und sahen nach allen Seiten unter den grünen Blättern; und die Mutter ließ sie sehen, soviel sie wollten, denn das Grüne ist gut für die Augen.

„Wie groß ist doch die Welt!“ sagten alle Jungen, denn nun hatten sie freilich viel mehr Platz als im Ei.

„Glaubt ihr, daß dies die ganze Welt ist?“ sagte die Mutter. „Die erstreckt sich noch weit über die andere Seite des Gartens, gerade hinein in des Pfarrers Feld; aber da bin ich noch nie gewesen." – „Ihr seid doch alle beisammen?" fuhr sie fort und stand auf. „Nein, ich habe nicht alle; das größte Ei liegt noch da; wie lange soll denn das dauern! Jetzt bin ich dessen bald überdrüssig!", und so setzte sie sich wieder.

„Nun, wie geht es?" sagte eine alte Ente, welche gekommen war, um ihr einen Besuch abzustatten.

„Es währt recht lange mit dem einen Ei!" sagte die Ente, die dasaß. „Es will nicht platzen. Doch sieh nur die andern an: Sind es nicht die niedlichsten Entlein, die man je gesehen? Sie gleichen allesamt ihrem Vater. Der Bösewicht kommt nicht einmal, mich zu besuchen."

„Laß mich das Ei sehen, welches nicht platzen will", sagte die Alte. „Glaube mir, es ist ein Kalkutten-Ei! Ich bin auch einmal so angeführt worden und hatte meine große Sorge und Not mit den Jungen, denn ihnen ist bange vor dem Wasser. Ich konnte sie nicht hineinbringen; ich rappte und schnappte, aber es half nichts. – Laß mich das Ei sehen! Ja, das ist ein Kalkutten-Ei! Laß das liegen und lehre lieber die andern Kinder schwimmen!"

„Ich will doch noch ein bißchen darauf sitzen", sagte die Ente; „habe ich nun so lange gesessen, so kann ich auch noch einige Tage sitzen."

„Nach Belieben", sagte die alte Ente und ging von dannen.

Endlich platzte das große Ei. „Piep, piep!" sagte das Junge und kroch heraus. Es war sehr groß und häßlich. Die Ente betrachtete es. „Es ist doch ein gewaltig großes Entlein", sagte sie, „keins von den andern sieht so aus. Sollte es wohl ein kalkuttisches Küchlein sein? Nun, wir wollen bald dahinterkommen; in das Wasser muß es, sollte ich es auch selbst hineinstoßen!"

Am nächsten Tag war schönes, herrliches Wetter; die Sonne schien auf alle grünen Kletten. Die Entleinmutter ging mit ihrer ganzen Familie zu dem Kanal hinunter. Platsch! da sprang sie in das Wasser. „Rapp, rapp!" sagte sie, und ein Entlein nach dem andern plumpste hinein; das Wasser schlug ihnen über dem Kopf zusammen, aber sie kamen gleich wieder empor und schwammen ganz prächtig; die Beine gingen von selbst, und alle waren sie im Wasser, selbst das häßliche, graue Junge schwamm mit.

„Nein, es ist kein Kalkutt", sagte sie; „sieh, wie herrlich es die Beine gebraucht, wie gerade es sich hält! Es ist mein eigenes Kind. Im Grunde ist es doch hübsch, wenn man es nur recht betrachtet. Rapp, rapp! – Kommt nur mit mir, ich werde euch in die große Welt führen, euch im Entenhof präsentieren; aber haltet euch immer nahe zu mir, damit euch niemand tritt, und nehmt euch vor den Katzen in acht!"

Und so kamen sie in den Entenhof. Drinnen war ein schrecklicher Lärm, denn da waren zwei Familien, die sich um einen Aalkopf bissen, und am Ende bekam ihn doch die Katze.

„Seht, so geht es in der Welt zu!" sagte die Entleinmutter und wetzte ihren

Schnabel, denn sie wollte auch den Aalkopf haben. „Braucht nun die Beine!“ sagte sie; „seht, daß ihr euch rappeln könnt, und neigt euern Hals vor der alten Ente dort, denn die ist die vornehmste von allen hier. Sie ist aus spanischem Geblüt, deshalb ist sie so dick, und seht, sie hat einen roten Lappen um das Bein, das ist etwas außerordentlich Schönes und die größte Auszeichnung, welche einer Ente zuteil werden kann; das bedeutet soviel, daß man sie nicht verlieren will und daß sie von Tier und Menschen erkannt werden soll. – Rappelt euch! Setzt die Füße nicht einwärts: Ein wohlerzogenes Entlein setzt die Füße weit auswärts, gerade wie Vater und Mutter; seht, so! Nun neigt euren Hals und sagt: ‚Rapp!‘“

Und das taten sie; aber die andern Enten ringsumher betrachteten sie und sagten ganz laut: „Sieh da! Nun sollen wir noch den Anhang haben; als ob wir nicht schon so genug wären! Und pfui! wie das eine Entlein aussieht, das wollen wir nicht dulden!“ Und sogleich flog eine Ente hin und biß es in den Nacken.

„Laß es gehen!“ sagte die Mutter; „es tut ja niemandem etwas.“

„Ja, aber es ist zu groß und zu ungewöhnlich“, sagte die beißende Ente, „und deshalb muß es gepufft werden.“ „Es sind hübsche Kinder, welche die Mutter hat“, sagte die alte Ente mit dem Lappen um das Bein, „alle schön, bis auf das eine, das ist nicht geglückt. Ich möchte, daß sie es umarbeitete.“ – „Das geht nicht, Ihro Gnaden“, sagte die Entleinmutter, „es ist nicht hübsch, aber es hat ein gutes Gemüt und schwimmt so herrlich wie jedes andere, ja, ich darf sagen, noch etwas besser; ich denke, es wird hübsch heranwachsen und mit der Zeit etwas kleiner werden. Es hat zu lange im Ei gelegen und deshalb nicht die rechte Gestalt bekommen!“ Und so zupfte sie es im Nacken und glättete das Gefieder. „Es ist überdies ein Entrich“, sagte sie, „und darum macht es nicht soviel aus. Ich denke, er wird gute Kräfte bekommen; er schlägt sich schon durch.“

„Die andern Entlein sind niedlich“, sagte die Alte; „tut nun, als ob ihr zu Hause wäret, und findet ihr einen Aalkopf, so könnt ihr mir ihn bringen.“

Und nun waren sie zu Hause.

Aber das arme Entlein, welches zuletzt aus dem Ei gekrochen war und so häßlich aussah, wurde gebissen, gestoßen und zum besten gehabt, und das sowohl von den Enten wie von den Hühnern. „Es ist zu groß!“ sagten alle, und der kalkuttische Hahn, welcher mit Sporen zur Welt gekommen war und deshalb glaubte, daß er Kaiser sei, blies sich auf wie ein Fahrzeug mit vollen Segeln und ging auf das Entlein los; dann kollerte er und wurde ganz rot am Kopf. Das arme Entlein wußte nicht, wo es stehen oder gehen sollte; es war betrübt, weil es häßlich aussah und vom ganzen Entenhof verspottet wurde. So ging es den ersten Tag, und später wurde es schlimmer und schlimmer. Das arme Entlein wurde von allen gejagt: Selbst seine Schwestern waren böse ihm gegenüber und sagten immer: „Wenn die Katze dich nur fangen möchte, du häßliches Geschöpf!“ Und die Mutter sagte: „Wenn du nur weit fort wärest!“ Die Enten bissen es, und die Hühner schlugen es, und das Mädchen, welches die Tiere füttern sollte, stieß mit den Füßen nach ihm.

Da lief es und flog über den Zaun; die kleinen Vögel in den Büschen flogen erschrocken auf. „Das geschieht, weil ich so häßlich bin“, dachte das Entlein und schloß die Augen, lief aber gleichwohl weiter. So kam es hinaus zu dem großen Moor, wo die wilden Enten wohnten. Hier lag es die ganze Nacht; es war müde und kummervoll.

Gegen Morgen flogen die wilden Enten auf und betrachteten den neuen Kameraden. „Was bist du für einer?“ fragten sie, und das Entlein wandte sich nach allen Seiten und grüßte, so gut es konnte.

„Du bist außerordentlich häßlich!“ sagten die wilden Enten; „aber das kann uns gleich sein, wenn du nur nicht in unsere Familie hineinheiratest.“ – Das Arme! Es dachte wahrlich nicht daran, sich zu verheiraten, wenn es nur die Erlaubnis erhalten konnte, im Schilfe zu liegen und etwas Moorwasser zu trinken.

So lag es zwei ganze Tage. Da kamen zwei wilde Gänse oder richtiger wilde Gänseriche dorthin. Es war noch nicht lange her, daß sie aus dem Ei gekrochen waren, und deshalb waren sie auch so keck.

„Höre, Kamerad“, sagten sie, „du bist so häßlich, daß wir dich gut leiden können; willst du mitziehen und Zugvogel werden? Hier nahebei in einem andern Moor gibt es einige süße, liebliche, wilde Gänse, sämtlich Fräulein, die alle ‚Rapp!‘ sagen können. Du bist imstande, dein Glück dort zu machen, so häßlich du auch bist!“

Piff! Paff! ertönte es eben, und beide wilden Gänseriche fielen tot in das Schilf nieder, und das Wasser wurde blutrot. – Piff! Paff! erscholl es wieder, und ganze Scharen wilder Gänse flogen aus dem Schilfe auf. Und dann knallte es abermals. Es war große Jagd; die Jäger lagen rings um das Moor herum, ja, einige saßen oben in den Bäumen. Der blaue Rauch zog gleich Wolken in die dunklen Bäume hinein und weit über das Wasser hin; zum Moor kamen die Jagdhunde: platsch, platsch; das Schilf und das Rohr neigten sich nach allen Seiten. Das war ein Schreck für das arme Entlein! Es wendete den Kopf, um ihn unter den Flügel zu stecken, aber in demselben Augenblick stand ein fürchterlich großer Hund dicht bei ihm. Die Zunge hing ihm lang aus dem Halse heraus, und die Augen leuchteten greulich, häßlich; er streckte seine Schnauze dem Entlein gerade entgegen, zeigte ihm die scharfen Zähne und – platsch, platsch! ging er wieder, ohne es zu packen.

„Oh, Gott sei Dank!" seufzte das Entlein; „ich bin so häßlich, daß mich selbst der Hund nicht beißen mag."

Und so lag es still, während die Schrote durch das Schilf sausten und Schuß auf Schuß knallte.

Erst spät am Tag wurde es ruhig, aber das arme Junge wagte noch nicht, sich zu erheben; es wartete noch mehrere Stunden, bevor es sich umsah, und dann eilte es fort aus dem Moor, so schnell es konnte. Es lief über Feld und Wiese: Da tobte ein solcher Sturm, daß es ihm schwer wurde, von der Stelle zu kommen.

Gegen Abend erreichte es eine kleine, armselige Bauernhütte. Die war so baufällig, daß sie selbst nicht wußte, nach welcher Seite sie fallen sollte, und darum blieb sie stehen. Der Sturm umsauste das Entlein so, daß es sich niedersetzen mußte, um sich dagegen zu stemmen, und es wurde schlimmer und schlimmer. Da bemerkte es, daß die Tür aus der einen Angel gegangen war und so schief hing, daß es durch die Spalte in die Stube hineinschlüpfen konnte, und das tat es.

Hier wohnte eine Frau mit ihrem Kater und ihrer Henne. Und der Kater, welchen sie Söhnchen nannte, konnte einen Buckel machen und schnurren; er sprühte sogar Funken, aber dann mußte man ihn gegen das Haar streicheln. Die Henne hatte ganz kleine, niedrige Beine, und deshalb wurde sie stets Küchelchen Kurzbein genannt; sie legte gute Eier, und die Frau hatte sie so lieb wie ihr Kind.

Am Morgen bemerkte man sogleich das fremde Entlein, und der Kater begann zu schnurren und die Henne zu glucken.

„Was ist das?" sagte die Frau und sah sich rings um; aber sie sah nicht gut, und so glaubte sie, daß das Entlein eine fette Ente sei, die sich verirrt habe. „Das ist ja ein seltener Fang!" sagte sie. „Nun kann ich Enteneier bekommen. Wenn es nur kein Entrich ist! Das müssen wir erproben."

Und so wurde das Entlein für drei Wochen auf Probe angenommen; aber es kamen keine Eier. Und der Kater war Herr im Hause, und die Henne war die Dame, und immer sagte sie: „Wir und die Welt!" Denn sie glaubte, daß sie die Hälfte seien, und zwar die bei weitem bessere Hälfte. Das Entlein glaubte, daß man auch eine andere Meinung haben könne, aber das litt die Henne nicht.

„Kannst du Eier legen?" fragte sie. – „Nein!"

„Nun, so wirst du die Güte haben zu schweigen."

Und der Kater sagte: „Kannst du einen krummen Buckel machen, schnurren und Funken sprühen!" – „Nein!"

„So darfst du auch keine Meinung haben, wenn vernünftige Leute sprechen."

Und das Entlein saß im Winkel und war bei schlechter Laune. Da kamen frische Luft und Sonnenschein herein; es bekam solche sonderbare Lust, auf dem Wasser zu schwimmen, daß es nicht unterlassen konnte, dies der Henne zu sagen.

„Was fällt dir ein?" fragte die. „Du hast nichts zu tun, deshalb fängst du Grillen. Lege Eier oder schnurre, so gehen sie vorüber."

„Aber es ist so schön, auf dem Wasser zu schwimmen", sagte das Entlein, „so herrlich, es über dem Kopfe zusammenschlagen zu lassen und auf den Grund zu tauchen!"

„Ja, das ist ein großes Vergnügen!" höhnte die Henne. „Du bist wohl verrückt geworden? Frage den Kater danach – er ist das klügste Geschöpf, das ich kenne –, ob er es liebt, auf dem Wasser zu schwimmen oder unterzutauchen? Ich will nicht von mir sprechen. Frage selbst unsere Herrschaft, die alte

Frau; klüger als sie ist niemand auf der Welt! Glaubst du, daß *die* Lust hat, zu schwimmen und das Wasser über dem Kopfe zusammenschlagen zu lassen?"

„Ihr versteht mich nicht", sagte das Entlein.

„Wir verstehen dich nicht? Wer soll dich denn verstehen können? Du wirst doch wohl nicht klüger sein wollen als der Kater und die Frau – von mir will ich nicht reden! Bilde dir nichts ein, Kind, und danke deinem Schöpfer für all das Gute, das man dir erwiesen! Bist du nicht in eine warme Stube gekommen, und hast du nicht eine Gesellschaft, von der du etwas profitieren kannst? Aber du bist ein Schwätzer, und es ist nicht erfreulich, mit dir umzugehen. Mir kannst du glauben, ich meine es gut mit dir. Ich sage dir Unangenehmes, und daran kann man seine wahren Freunde erkennen. Sieh nur zu, daß du Eier legst oder schnurren und Funken sprühen lernst!"

„Ich glaube, ich gehe hinaus in die weite Welt!" sagte das Entlein.

„Ja, tu das!" sagte die Henne.

Und das Entlein ging; es schwamm auf dem Wasser, es tauchte unter, aber von allen Tieren wurde es wegen seiner Häßlichkeit übersehen.

Nun wurde es Herbst; die Blätter im Walde wurden gelb und braun; der Wind faßte sie, so daß sie umhertanzten, und oben in der Luft war es sehr kalt. Die Wolken hingen schwer von Hagel und Schneeflocken, und auf dem Zaun stand der Rabe und schrie: „Au! Au!" vor Kälte; ja, es fror einen schon, wenn man nur daran dachte. Das arme Entlein hatte es wahrlich nicht gut. Eines Abends – die Sonne ging so schön unter – kam ein Schwarm herrlicher, großer

Vögel aus dem Busch. Das Entlein hatte nie so schöne gesehen; sie waren blendend weiß, mit langen geschmeidigen Hälsen: Es waren Schwäne. Sie stießen einen eigentümlichen Ton aus, breiteten ihre prächtigen, langen Flügel aus und flogen aus der kalten Gegend fort nach wärmeren Ländern, nach offenen Seen. Sie stiegen so hoch, so hoch, und dem häßlichen, jungen Entlein wurde gar sonderbar zumute. Es drehte sich im Wasser wie ein Rad rundherum, streckte den Hals hoch in die Luft nach ihnen und stieß einen so lauten und sonderbaren Schrei aus, daß es sich selbst davor fürchtete. Oh, es konnte die schönen, glücklichen Vögel nicht vergessen, und sobald es sie nicht mehr erblickte, tauchte es unter bis auf den Grund, und als es wieder heraufkam, war es wie außer sich. Es wußte nicht, wie die Vögel hießen, auch nicht, wohin sie flogen, aber doch war es ihnen gut, wie es nie jemandem gewesen. Es beneidete sie durchaus nicht. Wie konnte es ihm einfallen, sich solche Lieblichkeit zu wünschen? Es wäre schon froh gewesen, wenn die Enten es nur unter sich geduldet hätten – das arme häßliche Tier.

Der Winter wurde kalt, sehr kalt. Das Entlein mußte im Wasser umherschwimmen, um dessen völliges Zufrieren zu verhindern; aber in jeder Nacht wurde das Loch, in dem es schwamm, kleiner und kleiner. Es fror so, daß es in der Eisdecke knackte; das Entlein mußte fortwährend die Beine gebrauchen, damit das Loch sich nicht schloß. Zuletzt wurde es matt, lag ganz still und fror so im Eise fest.

Des Morgens früh kam ein Bauer. Da er dies sah, ging er hin, schlug mit seinem Holzschuh das Eis in Stücke und trug das Entlein heim zu seiner Frau. Da kam es wieder zu sich.

Die Kinder wollten mit ihm spielen, aber das Entlein glaubte, sie wollten ihm etwas zuleide tun, und fuhr in der Angst gerade in den Milchnapf hinein, so daß die Milch in die Stube spritzte. Die Frau schlug die Hände zusammen, worauf es in das Butterfaß, dann hinunter in die Mehltonne und wieder heraus flog. Wie sah es da aus! Die Frau schrie und schlug mit der Feuerzange danach; die Kinder rannten einander über den Haufen, um das Entlein zu fangen, sie lachten und schrien. – Gut war es, daß die Tür aufstand und das Entlein zwischen die Reiser in den frischgefallenen Schnee schlüpfen konnte – da lag es ganz ermattet.

Aber all die Not und das Elend, welche das Entlein in dem harten Winter erdulden mußte, zu erzählen, würde zu trübe sein. – – Es lag im Moor zwischen dem Schilf, als die Sonne wieder warm zu scheinen begann. Die Lerchen sangen, es war herrlicher Frühling.

Da konnte auf einmal das Entlein seine Flügel schwingen; sie brausten stärker als früher und trugen es kräftig davon. Ehe es recht wußte, was mit ihm geschah, befand es sich in einem großen Garten, wo der Flieder duftete und seine langen, grünen Zweige bis zu den geschlängelten Kanälen hinunterneigte.

Oh, hier war es so schön, so frühlingsfrisch! Und vorn aus dem Dickicht kamen drei prächtige, weiße Schwäne; sie brausten mit den Federn und schwammen leicht auf dem Wasser. Das Entlein kannte die prächtigen Tiere und wurde von einer eigentümlichen Traurigkeit befangen.

„Ich will zu ihnen hinfliegen, zu den königlichen Vögeln. Aber sie werden mich totschlagen, weil ich, der ich so häßlich bin, mich ihnen zu nähern wage. Doch das ist einerlei! Besser, von *ihnen* getötet, als von den Enten gezwackt, von den Hühnern geschlagen, von dem Mädchen, welches den Hühnerhof hütet, gestoßen zu werden und im Winter Mangel zu leiden!" Und es flog hinaus auf das Wasser und schwamm den prächtigen Schwänen entgegen.

Diese erblickten es und schossen mit brausenden Federn auf es los. „Tötet mich nur!" sagte das arme Tier, neigte seinen Kopf der Wasserfläche zu und erwartete den Tod.

Aber was erblickte es da in dem klaren Wasser? Es sah sein eigenes Bild unter sich und sah, daß es kein plumper, schwarzgrauer Vogel mehr, häßlich und garstig, sondern selbst ein Schwan war.

Es schadet nichts, in einem Entenhof geboren zu sein, wenn man nur in einem Schwanenei gelegen hat.

Es fühlte sich jetzt fast erfreut über all die Not und Drangsal, welche es erdulden mußte. Nun erkannte es erst recht sein Glück an der Herrlichkeit, die es begrüßte. – Und die großen Schwäne umschwammen es und streichelten es mit den Schnäbeln.

In den Garten kamen einige kleine Kinder, die warfen Brot und Korn in das Wasser, und das Kleinste rief: „Da ist ein neuer!" Und die andern Kinder jubelten mit: „Ja, es ist ein neuer angekommen!" Und sie klatschten mit den Händen und tanzten umher, liefen zu Vater und Mutter, und es wurde Brot und Kuchen in das Wasser geworfen, und sie sagten alle: „Der neue ist der schönste! So jung und so prächtig!" Und die alten Schwäne neigten sich vor ihm.

Da fühlte er sich ganz beschämt und steckte den Kopf unter seine Flügel; er wußte selbst nicht, was er beginnen sollte: Er war allzu glücklich, aber durchaus nicht stolz. Er dachte daran, wie er verfolgt und verhöhnt worden war, und hörte nun alle sagen, daß er der schönste aller schönen Vögel sei. Selbst der Flieder bog sich mit den Zweigen zu ihm hinunter, und die Sonne schien warm und mild. Da brausten seine Federn, der schlanke Hals hob sich, und aus vollem Herzen jubelte er: „So viel Glück habe ich mir nicht träumen lassen, als ich noch das häßliche Entlein war!"

Der Halskragen

Es war einmal ein feiner Kavalier, dessen Hausgerät nur aus einem Stiefelknecht und einem Kamm bestand, dafür hatte er aber den schönsten Halskragen von der Welt, und dieses Halskragens Geschichte wollen wir jetzt hören. Er war gerade in das heiratsfähige Alter getreten, als es sich zufällig traf, daß er mit einem Strumpfband zusammen in die Wäsche kam.

„Ei!" sagte der Halskragen. „Nie habe ich bisher eine so schlanke und so feine, eine so sammetweiche und so niedliche Person gesehen. Darf ich um Ihren werten Namen bitten?"

„Den sage ich nicht!" erwiderte das Strumpfband.

„Wo wohnen Sie?" fragte der Kragen weiter.

Aber dem Strumpfband, das sehr verschämt und schüchtern war, schien es unziemlich, darauf zu antworten.

„Sie sind wohl ein Gürtel?" fragte der Halskragen. „Ein inwendiger Gürtel sozusagen? Ich sehe schon, Sie dienen sowohl zum Nutzen als zum Staat, teures Fräulein."

„Ich begreife nicht, wie Sie sich erlauben können, mich anzureden!" sagte das Strumpfband. „Meiner Meinung nach habe ich Ihnen keine Veranlassung dazu gegeben."

„Ganz entschieden, wenn man so schön ist wie Sie!" versetzte der Kragen. „Das ist Veranlassung genug!"

„Kommen Sie mir nicht zu nahe!" rief das Strumpfband. „Sie sehen so männlich verwegen aus!"

„Ich bin auch wirklich ein feiner Kavalier!" sagte der Halskragen. „Ich besitze einen Stiefelknecht und einen Kamm." Und das war gar nicht einmal wahr, sie gehörten ja seinem Herrn, der besaß sie, er prahlte nur.

„Kommen Sie mir nicht zu nahe!" rief das Strumpfband. „Ich bin nicht daran gewöhnt!"

„Zierpuppe!" entgegnete spöttisch der Halskragen, und darauf wurden sie aus der Wäsche genommen. Sie wurden gestärkt, hingen im Sonnenschein über einem Stuhl und wurden dann auf das Plättbrett gelegt. Da kam das warme Eisen.

„Frau!" sagte der Kragen, „liebe Frau Witwe, mir wird ganz heiß! Ich erkenne mich selbst nicht mehr, ich komme rein aus den Falten. Sie brennen mir ein Loch. Uh! Ich bitte Sie um Ihre Hand!"

„Lump!" sagte das Plätteisen und glitt stolz über den Kragen hin, denn es bildete sich ein, ein Dampfkessel zu sein, der Eisenbahnwagen ziehen sollte.

„Lump!" sagte es.

Der Kragen faserte an den Kanten ein wenig aus, weshalb die Papierschere kam und die Fasern abschneiden sollte.

„O!" rief der Halskragen. „Sie sind wohl erste Tänzerin? Wie Sie die Beine ausstrecken können! Das ist das Reizendste, was ich gesehen habe. Kein Mensch kann Ihnen das nachmachen!"

„Das weiß ich!“ versetzte die Schere.

„Sie verdienten, eine Gräfin zu sein!“ meinte der Halskragen. „Alles, was ich besitze, ist ein feiner Kavalier, ein Stiefelknecht und ein Kamm! – Hätte ich nur eine Grafschaft!“

„Das soll wohl gar eine Werbung vorstellen!“ sagte die Schere, die ernstlich böse wurde. Sie versetzte ihm deshalb einen tüchtigen Schnitt, und dann war er entlassen.

„Ich werde mein Auge wohl auf den Kamm richten müssen!“ sagte der Halskragen. „Es ist merkwürdig, wie Sie sich alle Ihre Zähne zu erhalten verstehen, liebes Fräulein! Haben Sie nie daran gedacht, sich zu verloben?“

„Das versteht sich von selber!“ sagte der Kamm. „Ich bin bereits mit dem Stiefelknecht verlobt!“

„Verlobt?“ rief der Kragen. Nun gab es in seiner Bekanntschaft niemand mehr, um die er sich hätte bewerben können, und darum schwor er mit erheuchelter Verachtung das Heiraten ab.

Längere Zeit verstrich, bis der Halskragen in die Papiermühle wanderte. Dort war große Lumpengesellschaft, die feine für sich, die grobe für sich, hübsch, wie es sein muß. Alle hatten sie viel zu erzählen, aber der Halskragen am meisten, der war ein richtiger Prahlhans.

„Ich habe schrecklich viele Geliebten gehabt!“ erzählte der Halskragen. „Nicht einen Augenblick ließ man mich in Ruh. Ein feiner Kavalier war ich nun freilich und dabei immer gestärkt. Ich besaß sowohl einen Stiefelknecht als einen Kamm, die ich nie anwendete. Sie hätten mich damals sehen sollen, mich sehen, wenn ich auf der Seite lag! Nie vergesse ich meine erste Geliebte, sie war ein Gürtel, so fein, so sammetweich, so niedlich! Um meinetwillen stürzte sie sich in ein Waschfaß. – Da war auch eine Witwe, die für mich erglühte, aber ich ließ sie stehen und schwarz werden! Da war ferner eine erste Tänzerin, die brachte mir den Riß bei, der mich noch heute verunziert, sie war sehr schneidig und heftig. Mein eigener Kamm verliebte sich in mich und verlor aus Liebeskummer alle seine Zähne. Ja, in der Hinsicht habe ich viel erlebt. Aber am meisten bedaure ich das Strumpfband, ich wollte sagen, den Gürtel, der sich in das Waschfaß stürzte. Ich habe viel auf meinem Gewissen; mir kann man meine Sehnsucht, weißes Papier zu werden, nicht verdenken!“

Und das wurde er; alle Lumpen wurden weißes Papier, aber der Kragen wurde gerade in das Stück weißes Papier verwandelt, das wir hier sehen, worauf diese Geschichte gedruckt ist, und das aus dem Grund, weil er so fürchterlich mit Dingen prahlte, die sich ganz anders verhielten. Das soll uns eine Warnung sein, damit wir uns nicht ebenso betragen, denn wir können wahrlich nicht wissen, ob wir nicht auch einmal in die Lumpenmühle wandern und in weißes Papier verwandelt werden und dann unsere ganze Geschichte, selbst das Allergeheimste, schwarz auf weiß gedruckt bekommen und dann selbst damit herumlaufen und es ausplaudern müssen wie der Halskragen.

Des Kaisers neue Kleider

Vor vielen Jahren lebte einmal ein Kaiser, der so große Stücke auf hübsche neue Kleider hielt, daß er all sein Geld ausgab, um nur immer recht geputzt einherzugehen. Er kümmerte sich nicht um seine Soldaten, kümmerte sich nicht um Theater und Waldpartien, außer wenn es galt, seine neuen Kleider zu zeigen. Für jede Tagesstunde hatte er einen besonderen Rock, und wie man von einem König sagt: „Er befindet sich im Rat", sagte man hier immer: „Der Kaiser ist im Kleiderzimmer."

In der großen Stadt, in der er residierte, ging es sehr lustig zu; jeden Tag kamen dort viele Fremde an. Eines Tages erschienen auch zwei Betrüger, welche sich für Weber ausgaben und behaupteten, daß sie das schönste Zeug, das man sich denken könnte, zu weben verständen. Nicht allein wären die Farben und das Muster schon ungewöhnlich schön, sondern die Kleider, welche man von diesem Zeuge anfertigte, hätten auch die wunderbare Eigenschaft, daß sie jedem Menschen, der für seinen Beruf nicht taugte oder unerlaubt dumm wäre, unsichtbar blieben.

„Das wären ja herrliche Kleider!" dachte der Kaiser. „Wenn ich solche Röcke anhätte, könnte ich ja dahinterkommen, welche Männer in meinem Reiche zu dem Amt, das sie bekleiden, nicht taugen; ich könnte die Klugen von den Dummen scheiden! Ja, das Zeug muß gleich für mich gewebt werden!" Und er gab den beiden Betrügern ein reichliches Handgeld, damit sie ihre Arbeit beginnen möchten.

Sie stellten auch zwei Webstühle auf, stellten sich, als ob sie arbeiteten, hatten aber nicht das geringste auf dem Stuhl.

Im Verlangen waren sie jedoch nicht faul; sie begehrten die feinste Seide und das prächtigste Gold. Das steckten sie in die eigene Tasche und arbeiteten an den leeren Webstühlen, und zwar bis tief in die Nacht hinein.

„Nun möchte ich doch wohl wissen, wie weit sie mit dem Zeug sind!“ dachte der Kaiser, aber es war ihm doch ein wenig bänglich um das Herz bei dem Gedanken, daß derjenige, der dumm oder für sein Amt schlecht geeignet wäre, es nicht zu sehen vermöchte. Er glaubte zwar wohl, daß er seinetwillen nicht ängstlich zu sein brauchte, er zog es aber doch vor, erst einen andern zu senden, um nachzusehen, wie es stände. Alle Leute in der ganzen Stadt wußten, was für eine wunderbare Kraft das Zeug hätte, und waren sehr gespannt zu sehen, wie töricht oder dumm der Nachbar wäre.

„Ich will meinen alten, ehrlichen Minister zu den Webern schicken!“ dachte der Kaiser. „Er kann am besten unterscheiden, wie sich das Zeug ausnimmt, denn er hat den Verstand, und niemand ist besser als er für sein Amt geeignet!“

Nun ging der alte, gutherzige Minister in den Saal hinein, in dem die beiden Betrüger an den leeren Stühlen saßen und arbeiteten. „Gott behüte uns!“ dachte der alte Minister und sperrte die Augen weit auf. „Ich kann ja gar nichts sehen!“ Aber das sagte er nicht.

Die beiden Betrüger ersuchten ihn näher zu treten und fragten, ob es nicht ein schönes Muster und prächtige Farben wären. Damit zeigten sie auf den leeren Webstuhl, und der arme Minister wurde nicht müde, die Augen aufzureißen, aber er konnte nichts wahrnehmen, denn es war nichts da. „Mein Gott“, dachte er, „sollte ich dumm sein? Das habe ich nie geglaubt, und das darf kein Mensch erfahren! Sollte ich für mein Amt nicht taugen? Nein, es geht nicht an, daß ich erzähle, ich könne das Zeug nicht sehen!“

„Nun, Sie sagen ja nichts dazu!“ äußerte der eine am Webstuhl.

„Oh, es ist vortrefflich, ganz allerliebst!“ sagte der alte Minister und schaute durch seine Brille. „Dieses Muster und diese Farben! Ja, ich werde dem Kaiser berichten, daß es mir außerordentlich gefällt!“

„Nun, das freut uns!“ sagten beide Weber, und darauf bezeichneten sie die Farben mit den Namen und erläuterten das eigentümliche Muster. Der alte Minister lauschte aufmerksam, damit er dasselbe sagen könnte, wenn er zum Kaiser zurückkäme, und so tat er.

Nun verlangten die Betrüger mehr Geld, mehr Seide und Gold, das sie alles noch zum Gewebe brauchten. Sie steckten alles in ihre eigenen Taschen, auf den Webstuhl kam nicht ein Faden, aber sie fuhren wie vorher fort, an den leeren Stühlen zu arbeiten.

Der Kaiser sandte bald wieder einen andern gutmütigen Beamten hin, um zu hören, wie es mit dem Weben ginge, und ob das Zeug bald fertig wäre. Es ging ihm genau wie dem Minister, er guckte und guckte, da aber außer dem leeren Webstuhl nichts da war, konnte er auch nichts sehen.

„Nicht wahr, das ist ein schönes Stück Zeug?“ sagten die beiden Betrüger und zeigten und erklärten das schöne Muster, das gar nicht da war.

„Dumm bin ich doch eben nicht!“ dachte der Mann. „Es ist demnach mein gutes Amt, zu dem ich nicht tauge. Das wäre doch sonderbar, doch darf man es wenigstens nicht merken lassen!“ So rühmte er denn das Zeug, welches er nicht sah, und versicherte ihnen seine Freude über die schönen Farben und das vortreffliche Muster. „Ja, es ist ganz allerliebst!“ sagte er zum Kaiser.

Alle Leute in der Stadt sprachen von dem prächtigen Zeug.

Nun wollte der Kaiser selbst es sehen, solange es noch auf dem Webstuhl wäre. Mit einer ganzen Schar auserwählter Männer, unter welchen sich auch die beiden alten, grundehrlichen Beamten befanden, die vorher dort gewesen waren, begab er sich zu den beiden listigen Betrügern, die nun aus Leibeskräften webten, aber ohne Faser und Faden.

„Ja, ist das nicht wahrhaft kostbar?“ sagten die beiden grundehrlichen Beamten. „Geruhen Eure Majestät nur zu bewundern, was für ein Muster, was für Farben!“, und dabei wiesen sie auf den leeren Webstuhl, denn sie dachten, die andern könnten das Zeug doch sehen.

„Was ist das?“ dachte der Kaiser. „Ich sehe ja gar nichts! Das ist ja entsetzlich! Bin ich dumm? Tauge ich nicht zum Kaiser? Das wäre das Schrecklichste, was mir passieren könnte.“

„Oh, es ist ganz hübsch!“ sagte der Kaiser darauf laut. „Es hat meinen allerhöchsten Beifall!“, und er nickte zufrieden und betrachtete den leeren Webstuhl; er wollte nicht gestehen, daß er nichts sehen konnte. Das ganze Gefolge, welches er mit sich hatte, guckte und guckte, bekam aber nicht mehr heraus als die andern; gleichwohl sprachen sie alle dem Kaiser nach: „Oh, es ist ja ganz hübsch!“, und sie rieten ihm, diese neuen Kleider aus diesem herrlichen Stoff zum erstenmal bei dem feierlichen Aufzug zu tragen, der bevorstand. „Reizend, herrlich und wundervoll!“ ging es von Mund zu Mund, und alle waren innig froh darüber. Der Kaiser verlieh den beiden Betrügern ein Ritterkreuz in das Knopfloch zu hängen und den Titel Geheime Hofweber.

Die ganze Nacht vor dem Vormittag, an dem der Aufzug stattfinden sollte, brachten die Betrüger wachend zu und hatten mehr als sechzehn Lichte angezündet. Alle Leute konnten sehen, wie beschäftigt sie mit der Anfertigung der neuen Kleider des Kaisers waren. Sie stellten sich, als ob sie das Zeug von den Webstühlen nähmen, schnitten mit großen Scheren in der Luft herum, nähten mit Nähnadeln ohne Faden und sagten endlich: „Sieh, nun sind die Kleider fertig!“

Der Kaiser kam mit seinen vornehmsten Hofleuten selbst zu ihnen, und beide Betrüger hoben den einen Arm in die Höhe, als ob sie etwas hielten, und sagten: „Seht, hier sind die Beinkleider! Hier ist der Rock! Hier der Mantel!“ und so weiter. „Es ist so leicht wie Spinnewe-

be! Man sollte meinen, man trüge nichts auf dem Körper, aber das ist gerade der Vorzug dabei!“

„Ja!“ sagten alle Hofleute, konnten aber nichts sehen, denn es war nichts da.

„Geruhen Eure Kaiserliche Majestät nun allergnädigst Hochdero Kleider abzulegen“, sagten die Betrüger, „dann wollen wir Hochdemselben hier vor dem Spiegel die neuen anziehen.“

Der Kaiser legte seine Kleider ab, und die Betrüger taten, als ob sie ihm jedes Stück der neuen Kleider, die angefertigt sein sollten, anzögen; und sie faßten ihn um die Hüften und stellten sich, als ob sie etwas bänden, das sollte die Schleppe sein, und der Kaiser wandte und drehte sich vor dem Spiegel.

„Wie himmlisch sie kleiden, wie herrlich sie sitzen!“ riefen alle. „Welches Muster, welche Farben! Das ist ein kostbarer Anzug!“

„Draußen stehen sie mit dem Thronhimmel, der über Eure Majestät im feierlichen Zug getragen werden soll!“ meldete der Oberzeremonienmeister.

„Nun, ich bin in Ordnung!“ sagte der Kaiser. „Sitzt es nicht gut?“ Und dann wandte er sich noch einmal gegen den Spiegel, denn es sollte so aussehen, als ob er seinen Putz recht betrachtete.

Die Kammerherren, welche die Schleppe tragen sollten, langten mit den Händen gegen den Fußboden, als ob sie die Schleppe aufhöben. Sie gingen und hielten die Hände steif vor sich in der Luft; sie durften es sich nicht merken lassen, daß sie nichts sahen.

So ging denn nun der Kaiser bei dem feierlichen Umzug unter dem prächtigen Thronhimmel, und alle Leute auf den Straßen und in den Fenstern riefen: „O Himmel, wie unvergleichlich sind doch des Kaisers neue Kleider! Welch herrliche Schleppe trägt er am Rock! Wie vortrefflich sitzt alles!“ Niemand wollte sich merken lassen, daß er nichts sähe, denn sonst hätte er ja nicht zu seinem Amte getaugt oder wäre schrecklich dumm gewesen. Keines der kaiserlichen Kleider hatte bisher solches Glück gemacht.

„Aber er hat ja gar nichts an!“ rief plötzlich ein kleines Kind. „O Himmel, hört die Stimme der Unschuld!“ sagte der Vater; und einer flüsterte dem andern zu, was das Kind gesagt hatte.

„Er hat gar nichts an, ein kleines Kind ist dort, das behauptet, er habe gar nichts an!“

„Er hat ja gar nichts an!“ rief endlich das ganze Volk. Das wurmte den Kaiser, denn es schien ihm selbst, als ob das Volk recht hätte, aber er dachte: „Jetzt hilft nichts, als standhaft auszuhalten!“ Er nahm eine noch stolzere Haltung an, und die Kammerherren gingen und trugen die Schleppe, die gar nicht da war.

Das kleine Mädchen mit den Schwefelhölzern

Es war entsetzlich kalt und schneite. Es begann zu dunkeln und Abend zu werden. Es war der letzte Abend im Jahr: Silvesterabend. In dieser Kälte und Dunkelheit ging ein kleines armes Mädchen mit bloßem Kopf und nackten Füßen die Straße entlang. Es hatte freilich Pantoffeln angehabt, als es von zu Hause fortging, aber das waren die seiner verstorbenen Mutter gewesen, und da sie ihm nicht paßten, so hatte es sie verloren, als es über die Straße eilte, weil zwei Wagen so schrecklich schnell vorbeifuhren. Der eine Pantoffel war nicht wieder aufzufinden, und mit dem anderen lief ein Junge davon. Er sagte, den könnte er als Wiege gebrauchen, wenn er selber einmal Kinder bekäme.

Da ging nun das kleine Mädchen auf den nackten zierlichen Füßchen, die vor Kälte ganz rot und blau waren. In seiner alten Schürze trug es eine Menge Schwefelhölzer, und einen Bund davon hielt es in der Hand. Den ganzen Tag über hatte ihm niemand etwas abgekauft, und nicht einer hatte ihm auch nur einen Pfennig geschenkt. Hungrig und frierend schleppte es sich weiter und sah ganz bedrückt aus, das arme kleine Mädchen.

Die Schneeflocken fielen auf sein langes blondes Haar, das schön gelockt über seinen Nacken hinabfloß. Aus allen Fenstern strahlte heller Lichterglanz, und auf der Straße roch es so wunderbar nach Gänsebraten. Es war ja Silvesterabend, und daran mußte die Kleine denken.

In einem Winkel zwischen zwei Häusern, von denen das eine etwas weiter in die Straße vorsprang, kauerte sie sich nieder. Ihre dünnen Beinchen hatte sie unter sich hochgezogen, aber sie fror nur noch mehr. Sie getraute sich nicht, nach Hause zu gehen, denn sie hatte noch kein Schächtelchen mit Streichhölzern verkauft und noch keinen Pfennig eingenommen. Sie hätte gewiß vom Vater Schläge bekommen. Und kalt war es zu Hause auch, denn sie hatten nur das Dach über sich, und der Wind pfiff schneidend hindurch, obgleich Stroh und Lumpen in die größten Ritzen gestopft waren.

Ach, wie gut würde ihr die Wärme eines Schwefelhölzchens tun! Dürfte sie doch nur eines aus dem Schächtelchen herausnehmen, es gegen die Wand streichen und die Finger daran wärmen! Endlich zog das Kind eines heraus.

„Ritsch!" wie das zischte, wie es brannte! Eine warme, helle Flamme strahlte wie ein kleines Licht, als es das Händchen darumhielt. Es war ein seltsames Licht. Dem kleinen Mädchen war es, als säße es vor einem großen eisernen Ofen mit blanken Messingkugeln und Messingbeschlägen; das Feuer brannte so schön und wärmte so wohltuend! Die Kleine streckte schon die Füße aus, um auch diese zu wärmen, da erlosch die Flamme. Der Ofen verschwand, und sie saß da mit einem Stümpfchen des ausgebrannten Schwefelholzes in der Hand.

Ein neues wurde angestrichen, es

brannte, es leuchtete, und wo der Schein auf die Hauswand fiel, wurde diese durchsichtig wie ein Schleier. Sie sah gerade in die Stube hinein, wo der weißgedeckte Tisch stand, und herrlich dampfte die gebratene Gans darauf. Und was noch herrlicher war: die Gans hüpfte aus der Schüssel und watschelte, mit Gabel und Messer im Rücken, durchs Zimmer hin – gerade auf das arme Mädchen zu. Da erlosch das Schwefelholz, und nur die dicke kalte Hauswand war zu sehen.

Die Kleine zündete ein neues an. Da saß sie unter dem herrlichsten Weihnachtsbaum. Der war noch größer und noch prächtiger geschmückt als der, den sie am Heiligen Abend bei dem reichen Kaufmann gesehen hatte. Tausende von Lichtern brannten auf den grünen Zweigen, und bunte Bilder wie die, welche die Schaufenster schmücken, schauten auf sie hernieder. Die arme Kleine streckte beide Hände nach ihnen in die Höhe, da erlosch das Schwefelholz. Die vielen Weihnachtslichter stiegen höher und höher empor, und sie sah erst jetzt, daß es die hellen Sterne waren. Einer von ihnen fiel herab und zog einen langen Feuerstreifen über den Himmel.

„Nun stirbt jemand!" sagte das kleine Mädchen, denn die alte Großmutter, die als einzige gut zu ihm gewesen war, aber schon längst tot war, hatte einmal gesagt: „Wenn ein Stern fällt, steigt eine Seele zu Gott empor!"

Die Kleine strich abermals ein Schwefelholz an der Hauswand an. Es leuchtete weithin, und in seinem Glanze stand die alte Großmutter so hell leuchtend, mild und freundlich da.

„Großmutter!" rief die Kleine. „Oh, nimm mich mit! Ich weiß, du bist wieder fort, wenn das Schwefelholz ausgeht; entschwindest mir genauso wie der warme Ofen, der wunderbare Gänsebraten und der große herrliche Weihnachtsbaum!" Sie strich geschwind den ganzen Rest der Schwefelhölzchen an, der noch in ihrem Bund war, denn sie wollte die Großmutter festhalten. Und die Schwefelhölzer erstrahlten in solchem Glanze, daß es heller war als am lichten Tag.

Nie zuvor war die Großmutter so schön und groß gewesen. Sie nahm das kleine Mädchen auf ihren Arm, und sie schwebten empor in Glanz und Freude, immer höher hinauf, und da gab es keine Kälte, keinen Hunger und keine Angst mehr, denn sie waren beim lieben Gott!

Aber im Winkel am Hause saß in der kalten Morgenstunde das kleine Mädchen mit roten Wangen, mit einem Lächeln um den Mund – tot, erfroren am letzten Abend des alten Jahres. Die Sonne des neuen Jahres ging rot und eisig über der kleinen Toten auf, die mit den Schwefelhölzchen dasaß, von denen fast ein Schächtelchen verbrannt war.

„Sie hat sich wärmen wollen!" sagte man. Niemand aber wußte, was sie Schönes gesehen hatte und in welchem Glanze sie mit der alten Großmutter zur Neujahrsfreude eingegangen war!

Die Prinzessin auf der Erbse

Es war einmal ein Prinz, der wollte eine Prinzessin heiraten, aber es sollte eine wirkliche Prinzessin sein. Da reiste er in der ganzen Welt umher, um eine solche zu finden, aber überall stand dem etwas entgegen. Prinzessinnen gab es genug, aber ob es wirkliche Prinzessinnen waren, konnte er nicht herausbringen. Immer gab es etwas, was nicht in der Ordnung war. Da kam er denn wieder nach Hause und war traurig, denn er wollte doch gar zu gern eine wirkliche Prinzessin haben.

Eines Abends zog ein schreckliches Gewitter auf; es blitzte und donnerte, der Regen strömte herunter – es war entsetzlich. Da klopfte es an das Stadttor, und der alte König ging hin, um aufzumachen.

Es war eine Prinzessin, die draußen vor dem Tor stand. Aber, o Gott, wie sah die vom Regen und dem bösen Wetter aus! Das Wasser lief ihr von dem Haar und den Kleidern herunter; es lief in die Schnäbel der Schuhe hinein und an den Hacken wieder heraus. Und doch sagte sie, daß sie eine wirkliche Prinzessin sei.

„Ja, das werden wir schon erfahren", dachte die alte Königin. Aber sie sagte nichts, ging in die Schlafkammer hinein, nahm alle Betten ab und legte eine Erbse auf den Boden der Bettstelle. Darauf nahm sie zwanzig Matratzen und legte sie auf die Erbse, und dann noch zwanzig Eiderdaunenbetten auf die Matratzen.

Darauf mußte nun die Prinzessin die ganze Nacht liegen. Am Morgen wurde sie gefragt, wie sie geschlafen habe. „O schrecklich schlecht!“ sagte die Prinzessin. „Ich habe meine Augen fast die ganze Nacht nicht geschlossen. Gott weiß, was da im Bette gewesen ist! Ich habe auf etwas Hartem gelegen, so daß ich ganz braun und blau an meinem ganzen Körper bin. Es ist entsetzlich!“

Nun sahen sie ein, daß sie eine wirkliche Prinzessin war, weil sie durch die zwanzig Matratzen und die zwanzig Eiderdaunenbetten hindurch die Erbse verspürt hatte. So empfindlich konnte niemand sein als eine wirkliche Prinzessin.

Da nahm der Prinz sie zur Frau, denn nun wußte er, daß er eine wirkliche Prinzessin gefunden hatte; und die Erbse kam in die Schatzkammer, wo sie noch zu sehen ist, wenn niemand sie gestohlen hat.

Sieh, das ist eine wahre Geschichte.

Die roten Schuhe

Es war einmal ein kleines Mädchen, fein und wunderhübsch, aber im Sommer mußte die Kleine immer mit bloßen Füßen laufen, denn sie war arm, und im Winter in großen Holzschuhen, so daß die kleinen Füße ganz rot wurden, und das war sehr schlimm.

Mitten im Dorfe wohnte eine alte Schustersfrau, die saß und nähte, so gut sie konnte, aus alten roten Tuchstreifen ein Paar kleine Schuhe. Sie waren ganz unförmig, aber es war gut gemeint, und die sollte das kleine Mädchen haben. Das kleine Mädchen hieß Karin.

Gerade an dem Tage, als ihre Mutter begraben wurde, bekam sie die roten Schuhe und zog sie zum erstenmal an. Die Schuhe eigneten sich freilich nicht so recht für die Trauer, aber sie hatte keine anderen, und deshalb steckte sie die bloßen Füße hinein und ging hinter dem armseligen Sarge her.

Da kam gerade ein großer alter Wagen daher, und darin saß eine stattliche alte Dame. Sie sah die Kleine an, hatte Mitleid mit ihr und sagte zum Pfarrer: „Hören Sie, geben Sie mir das kleine Mädchen; ich will gut zu ihm sein!"

Und Karin glaubte, das geschähe alles nur wegen der roten Schuhe, aber die alte Dame sagte, die wären abscheulich, und dann wurden sie verbrannt. Karin selber wurde sauber und nett angezogen. Sie mußte lesen und nähen lernen, und die Leute sagten, sie sei ganz reizend. Aber der Spiegel sagte: „Du bist viel mehr als reizend, du bist schön!"

Da reiste einmal die Königin durch das Land und hatte ihre kleine Tochter bei sich, die war eine Prinzessin. Die Leute strömten zum Schloß, und Karin war auch dabei. Die kleine Prinzessin stand in feinen weißen Kleidern an einem Fenster und ließ sich bewundern. Sie hatte weder eine Schleppe noch eine Goldkrone auf, aber wunderschöne rote Saffianschuhe an. Die waren viel feiner als die, welche die Schustersfrau der kleinen Karin genäht hatte. Nichts auf der Welt war doch mit roten Schuhen zu vergleichen!

Nun war Karin so alt, daß sie eingesegnet werden sollte. Sie bekam neue Kleider, und neue Schuhe sollte sie auch haben. Der beste Schuhmacher in der Stadt nahm Maß von ihrem kleinen Fuße. Es war zu Hause in seinem eigenen Zimmer, da standen große Glasschränke mit entzückenden Schuhen und blanken Stiefeln. Das sah wunderhübsch aus, aber die alte Dame konnte nicht gut sehen und hatte darum auch keinen Spaß daran. Mitten unter den Schuhen standen ein Paar rote, genauso wie die, welche die Prinzessin getragen hatte. Wie schön waren die! Der Schuhmacher erzählte auch, daß sie für ein Grafenkind genäht seien, aber sie hätten nicht gepaßt.

„Das ist wohl Glanzleder?“ fragte die alte Dame. „Sie glänzen so!“

„Ja, sie glänzen!“ sagte Karin, und sie paßten und wurden gekauft. Aber die alte Dame wußte nicht, daß sie rot waren; denn sie hätte Karin niemals erlaubt, mit roten Schuhen zur Einsegnung zu gehen. Aber das tat sie nun.

Alle Leute schauten auf ihre Füße, und als sie durch das Kirchenschiff zur Chorschranke ging, kam es ihr vor, als wenn die alten Bilder auf den Grabmälern, die Gemälde von Pfarrern und Pfarrersfrauen mit steifen Kragen und langen schwarzen Kleidern die Augen auf ihre roten Schuhe geheftet hätten. Und nur an diese dachte sie, als der Pfarrer seine Hand auf ihr Haupt legte und von der heiligen Taufe sprach und von dem Bündnis mit Gott und daß sie nun eine erwachsene Christin werden müsse. Die Orgel spielte ganz feierlich, die hübschen Kinderstimmen sangen, und der alte Kantor sang auch; aber Karin dachte nur an die roten Schuhe.

Am Nachmittag erfuhr die alte Dame von allen Menschen, daß die Schuhe rot waren. Sie sagte, das sei abscheulich, es gehöre sich nicht, und Karin müsse von nun an, wenn sie in die Kirche ginge, immer schwarze Schuhe tragen, auch wenn sie alt wären.

Am nächsten Sonntag war Abendmahl, und Karin sah die schwarzen Schuhe an und die roten – und dann sah sie wieder auf die roten und zog sie an.

Es war herrliches, sonniges Wetter. Karin und die alte Dame gingen den Fußweg durch das Korn entlang. Hier war es ein wenig staubig.

An der Kirchentür stand ein alter Soldat mit einem Krückstock und einem sonderbar langen Bart, der war mehr rot als weiß, und er bückte sich bis zur Erde nieder und fragte die alte Dame, ob er ihre Schuhe abwischen dürfe. Und Karin streckte auch ihren kleinen Fuß hin. „Sieh mal an, was für schöne Tanzschuhe!“ sagte der Soldat. „Sitzt fest, wenn ihr tanzt!“ Und dann klatschte er mit der Hand gegen die Sohlen.

Und die alte Dame gab dem Soldaten

eine kleine Münze, und dann ging sie mit Karin in die Kirche.

Alle Leute in der Kirche schauten auf Karins rote Schuhe, und alle Bilder sahen auf sie nieder. Als Karin vor dem Altar kniete und den goldenen Kelch an ihren Mund setzte, dachte sie nur an die roten Schuhe. Es war, als schwämmen sie vor ihr im Kelch herum, und sie vergaß, ihr Vaterunser zu beten.

Dann gingen alle Leute aus der Kirche, und die alte Dame stieg in ihren Wagen. Karin hob ihren Fuß, um auch einzusteigen. Da sagte der alte Soldat, der dicht neben ihr stand: „Sieh mal an, was für schöne Tanzschuhe!“ Und Karin konnte nicht anders, sie mußte einige Tanzschritte machen. Als sie aber anfing, fuhren die Beine fort zu tanzen. Es war, als hätten die Schuhe Macht über sie erhalten. Sie tanzte um die Kirchenecke, sie konnte es nicht lassen. Der Kutscher mußte hinterherlaufen und sie einfangen. Er hob sie in den Wagen, aber die Füße fuhren fort zu tanzen, und dabei stieß sie die alte Dame ganz gewaltig. Endlich konnte man ihr die Schuhe ausziehen, und die Beine standen still.

Daheim wurden die Schuhe in den Schrank gestellt, aber Karin konnte es nicht lassen, sie immerfort anzuschauen.

Nun lag die alte Dame krank darnieder, und man sagte, sie werde bald sterben. Sie mußte gepflegt und gewartet werden, und dazu wäre niemand so sehr verpflichtet gewesen wie Karin. Aber in der Stadt war ein großer Ball, zu dem Karin eingeladen war. Sie sah auf die alte Dame, die ja doch nicht mehr lange leben würde, sie sah auf die roten Schuhe, und sie fand, daß es kein so großes Unrecht wäre, zog die roten Schuhe an, und das hätte sie auch ruhig tun können. Aber dann ging sie zum Ball und fing an zu tanzen.

Als sie aber nach rechts wollte, tanzten die Schuhe nach links. Als sie den Saal hinauftanzen wollte, tanzten die Schuhe hinunter, die Straße entlang und zum Stadttor hinaus. Sie tanzte und mußte tanzen, bis hinaus in den finsteren Wald.

Da leuchtete es oben zwischen den Bäumen, und sie glaubte, es wäre der Mond, denn es war ein Gesicht. Aber es war der alte Soldat mit dem roten Bart. Er saß da, nickte und sagte: „Sieh mal an, was für schöne Tanzschuhe!“

Da erfaßte sie ein Grausen, und sie wollte schnell die roten Schuhe abstreifen und fortwerfen. Aber sie saßen fest. Und sie riß ihre Strümpfe herunter, aber die Schuhe waren an ihren Füßen angewachsen. Und sie tanzte und mußte tanzen, über Feld und Wiese, in Regen und Sonnenschein, bei Tag und Nacht. Aber nachts war es am grausigsten.

Sie tanzte in den offenen Friedhof hinein, aber die Toten dort tanzten nicht; denn sie hatten Besseres zu tun, als zu tanzen. Sie wollte sich auf das Grab des Armen setzen, wo das bittere Farnkraut wuchs, aber für sie gab es weder Rast noch Ruhe.

Als sie auf das offene Kirchentor zutanzte, sah sie dort einen Engel in langem, weißem Gewande stehen. Seine

Flügel reichten ihm von der Schulter bis zum Boden, sein Antlitz war streng und ernst, und in der Hand hielt er ein Schwert, ganz breit und glänzend.

„Tanzen sollst du!“ sagte er. „Tanzen in deinen roten Schuhen, bis du bleich und kalt wirst, bis deine Haut zusammenschrumpft wie an einem Knochengerippe! Tanzen sollst du von Tür zu Tür, und wo stolze und eitle Kinder wohnen, da wirst du anklopfen, damit sie dich hören und fürchten! Tanzen sollst du, nichts als tanzen!“

„Gnade!“ rief Karin. Aber sie hörte nicht, was der Engel antwortete, denn die Schuhe trugen sie durch die Tür hinaus auf das Feld, über Weg und Steg, und immerzu mußte sie tanzen.

Eines Morgens tanzte sie an einer Tür vorbei, die sie gut kannte. Drinnen ertönte Choralgesang, ein Sarg wurde herausgetragen, der mit Blumen geschmückt war. Da wußte sie, daß die alte Dame gestorben war, und nun fühlte sie, daß sie von allen verlassen und von Gottes Engel verdammt war.

Sie tanzte und mußte tanzen, tanzen durch die finstere Nacht. Die Schuhe trugen sie dahin über Stock und Stein, und sie riß sich blutig. Sie tanzte über die Heide bis zu einem kleinen, verlassenen Hause. Sie wußte, daß hier der Scharfrichter wohnte, und sie klopfte mit dem Finger an die Fensterscheiben und rief: „Komm heraus! Komm heraus! Ich kann nicht hineinkommen, denn ich tanze!“

Und der Scharfrichter sagte: „Du weißt wohl nicht, wer ich bin? Ich schla-

ge bösen Menschen den Kopf ab, und ich fühle, wie meine Axt zittert."

„Schlage mir nicht den Kopf ab!" sagte Karin. „Denn sonst kann ich meine Sünden nicht mehr bereuen! Aber hakke mir meine Füße mit den roten Schuhen ab!"

Dann berichtete sie ihre ganze Sünde, und der Scharfrichter hieb ihr die Füße mit den roten Schuhen ab. Aber die Schuhe tanzten mit den kleinen Füßen quer über das Feld bis in den tiefen Wald hinein.

Und der Scharfrichter schnitzte ihr Holzfüße und Krücken, lehrte sie einen Choral, den die Sünder immer singen, und sie küßte die Hand, die das Beil geführt hatte, und ging fort über die Heide.

„Nun habe ich wegen der roten Schuhe genug gelitten!" sagte sie. „Nun will ich in die Kirche gehen, damit mich alle sehen können!" Und sie ging auf die Kirchentür zu. Als sie aber dorthin kam, tanzten die roten Schuhe vor ihr her, und sie war entsetzt und kehrte um.

Die ganze Woche über war sie traurig und weinte viele bittere Tränen. Als aber der Sonntag kam, sagte sie: „So, nun habe ich genug gelitten! Ich meine, daß ich ebenso gut bin wie viele von denen, die da in der Kirche sitzen und den Kopf hoch tragen!"

Und dann ging sie mutig und mühsam hin. Aber sie kam wieder nicht weiter als bis zur Tür, da sah sie auch schon die roten Schuhe vor sich hertanzen. Und sie war entsetzt, kehrte um und bereute von ganzem Herzen ihre Sünde.

Darauf ging sie zum Pfarrhaus und

bat, daß sie dort dienen dürfe. Sie wolle fleißig sein und alles tun, was sie könne. Auf den Lohn sehe sie nicht, nur daß sie unter ein Dach komme und bei guten Menschen sei. Die Pfarrersfrau hatte Mitleid mit ihr und nahm sie in ihren Dienst. Und sie war fleißig und nachdenklich. Still saß sie da und hörte zu, wenn der Pfarrer abends aus der Bibel vorlas. Die Kleinen hatten sie alle sehr gern. Wenn sie aber von Putz und Tand redeten und schön sein wollten wie eine Königin, dann schüttelte sie nur den Kopf.

Am folgenden Sonntag gingen sie alle zur Kirche, und man fragte sie, ob sie mitkommen wolle. Aber sie blickte traurig, mit Tränen in den Augen, auf ihre Krücken. Da gingen die anderen, um Gottes Wort zu hören; sie aber ging allein in ihre kleine Kammer. Die war nur so groß, daß ein Stuhl und ein Bett darin stehen konnten. Hier setzte sie sich mit ihrem Gesangbuch hin, und während sie fromm und andächtig darin las, trug der Wind die Orgeltöne von der Kirche zu ihr herüber. Und unter Tränen hob sie ihr Antlitz empor und sagte: „O Gott, hilf mir!"

Da schien die Sonne auf einmal so hell, und vor ihr stand der Engel Gottes in dem weißen Gewande. Es war derselbe, den sie in jener Nacht in der Kirchentür gesehen hatte. Aber er trug nicht mehr das scharfe Schwert, sondern einen herrlichen grünen Zweig, der voller Rosen war. Er berührte damit die Dekke, und die hob sich ganz hoch empor, und wo er etwas berührte, da glänzte ein goldener Stern. Und er berührte die Wände, die sich erweiterten, und sie sah die Orgel, die spielte. Sie sah die alten Gemälde mit Pfarrern und Pfarrersfrauen, und die Gemeinde saß in den geschmückten Stühlen und sang aus dem Gesangbuch. Denn die Kirche war selber zu dem armen Mädchen in die enge kleine Kammer gekommen, oder vielleicht war auch Karin in die Kirche gekommen; sie saß im Gestühl bei des Pfarrers Leuten, und als der Choral zu Ende war und sie aufschauten, nickten sie und sagten: „Es war recht, daß du kamst, Karin!"

„Es war Gnade!" sagte sie.

Und die Orgel tönte, und die Kinderstimmen auf dem Chor erklangen so weich und lieblich. Der helle Sonnenschein strömte ganz warm durchs Fenster in den Kirchenstuhl, wo Karin saß. Und ihr Herz ward so von Sonne erfüllt, von Frieden und Freude, daß es brach. Ihre Seele schwebte auf den Sonnenstrahlen zu Gott empor, und dort war niemand, der nach den roten Schuhen fragte.

Der standhafte Zinnsoldat

Es waren einmal fünfundzwanzig Zinnsoldaten, alle Brüder, denn sie waren von einem alten zinnernen Löffel geboren. Das Gewehr hielten sie im Arm und das Gesicht geradeaus; rot und blau war ihre Uniform. Das erste, was sie in dieser Welt hörten, als der Deckel von der Schachtel genommen wurde, in der sie lagen, war das Wort: „Zinnsoldaten!" Das rief ein kleiner Knabe und klatschte in die Hände; er hatte sie bekommen, denn es war sein Geburtstag, und stellte sie nun auf dem Tisch auf. Der eine Soldat glich dem andern leibhaftig, nur ein einziger war zuletzt gegossen, und da hatte das Zinn nicht ausgereicht; doch stand er ebenso fest auf seinem einen Bein wie die andern auf ihren zweien, und gerade er ist es, der merkwürdig wurde.

Auf dem Tisch, auf dem die Zinnsoldaten aufgestellt wurden, stand viel anderes Spielzeug, aber das, was am meisten in die Augen fiel, war ein niedliches Schloß aus Papier. Durch die kleinen Fenster konnte man in die Säle hineinsehen. Vor dem Schloß standen kleine Bäume rings um einen kleinen Spiegel, der wie ein klarer See aussah. Schwäne aus Wachs schwammen darauf und spiegelten sich. Das war alles niedlich, aber das Niedlichste war doch eine kleine Dame, die mitten in der offenen Schloßtür stand. Sie war auch aus Papier geschnitten, aber sie hatte einen Rock vom klarsten Linnen an und ein kleines, schmales, blaues Band über die Schultern, ähnlich einem Gewand. Mitten in diesem saß eine glänzende Flitterrose, so groß wie ihr ganzes Gesicht. Die kleine Dame streckte ihre beiden Arme aus, denn sie war Tänzerin, und dann hob sie das eine Bein so hoch empor, daß der Zinnsoldat es durchaus nicht finden konnte und glaubte, daß sie wie er nur *ein* Bein habe.

„Das wäre eine Frau für mich", dachte er, „aber sie ist sehr vornehm. Sie wohnt in einem Schloß, ich habe nur eine Schachtel, und da sind wir fünfundzwanzig drin, das ist kein Ort für sie. Doch ich muß mit ihr Bekanntschaft machen!" Dann legte er sich, so lang er war, hinter eine Schnupftabaksdose, die auf dem Tisch stand. Da konnte er die kleine, feine Dame recht betrachten, die fortfuhr, auf einem Bein zu stehen, ohne aus dem Gleichgewicht zu kommen.

Als es Abend wurde, kamen alle andern Zinnsoldaten in ihre Schachtel, und die Leute im Hause gingen zu Bett. Nun fing das Spielzeug an zu spielen sowohl: „Es kommt Besuch" als auch „Krieg führen und Ball geben". Die Zinnsoldaten rasselten in der Schachtel, denn sie wollten mit dabeisein, aber sie konnten den Deckel nicht abheben. Der Nußknacker machte Purzelbäume, und der Griffel belustigte sich auf der Tafel. Es war ein Lärm, daß der Kanarienvogel davon erwachte und anfing mitzusprechen, und zwar in Versen. Die beiden einzigen, die sich nicht von der Stelle bewegten, waren der Zinnsoldat und die Tänzerin. Sie hielt sich gerade auf einer Fußzehenspitze und hatte beide Arme ausgestreckt, er war ebenso standhaft auf seinem einen Bein, und seine Augen wandte er keinen Augenblick von ihr.

Jetzt schlug die Uhr zwölf, und klatsch! da sprang der Deckel von der Schnupftabaksdose; aber es war kein Tabak darin, sondern ein kleiner, schwarzer Kobold, das war ein Kunststück.

„Zinnsoldat", sagte der Kobold, „sieh doch nicht nach dem, was dich nichts angeht!"

Aber der Zinnsoldat tat, als ob er es nicht hörte.

„Ja, warte nur bis morgen!" sagte der Kobold.

Als es nun Morgen wurde und die Kinder aufstanden, wurde der Zinnsoldat in das Fenster gestellt, und, war es nun der Kobold oder der Zugwind, auf einmal flog das Fenster auf, und der Soldat fiel Hals über Kopf aus dem dritten Stockwerk hinunter. Das war eine schreckliche Fahrt! Er streckte das Bein gerade in die Höhe und blieb auf dem Helm und dem Bajonett zwischen den Pflastersteinen stecken.

Das Dienstmädchen und der kleine Knabe kamen sogleich herunter, ihn zu suchen. Obgleich sie nun nahe daran waren, auf ihn zu treten, sahen sie ihn doch nicht. Hätte der Zinnsoldat gerufen: Hier bin ich!, so hätten sie ihn wohl gefunden, aber er fand es nicht passend, laut zu schreien, weil er in Uniform war.

Nun fing es an zu regnen. Bald fielen die Tropfen dichter, endlich wurde es ein Platzregen. Als er vorüber war, kamen zwei Straßenjungen. „Sieh einmal", sagte der eine, „da liegt ein Zinnsoldat! Der muß hinaus und auf dem Kahn fahren!"

Da machten sie einen Kahn aus einer Zeitung, setzten den Soldaten mitten hinein, und nun segelte er den Rinnstein hinunter; beide Knaben liefen neben-

einander und klatschten in die Hände. Gott bewahre uns – was für Wellen schlugen in den Rinnstein, und welch ein Strom war da; ja, der Regen hatte aber auch geflutet! Das Papierboot schaukelte auf und nieder, und mitunter drehte es sich so geschwind, daß der Zinnsoldat bebte. Aber er blieb standhaft, verzog keine Miene, sah geradeaus und behielt das Gewehr im Arm. Mit einemmal trieb der Kahn unter eine lange Rinnsteinbrücke, da wurde es so dunkel, als wäre es in seiner Schachtel.

„Wohin mag ich nun kommen?" dachte er. „Ja, ja, daran ist der Kobold schuld! Ach, säße doch die kleine Dame hier im Kahn, da möchte es hier meinetwegen noch einmal so dunkel sein!"

Da kam plötzlich eine große Wasserratte, die unter der Rinnsteinbrücke wohnte.

„Hast du einen Paß?" fragte die Ratte. „Her mit dem Paß!"

Aber der Zinnsoldat schwieg und hielt das Gewehr noch fester.

Der Kahn fuhr fort und die Ratte hinterher. Hu! wie fletschte sie die Zähne und rief den Holzspänen und dem Stroh zu:

„Haltet ihn! Haltet ihn! Er hat keinen Zoll bezahlt! Er hat den Paß nicht gezeigt!"

Aber die Strömung wurde stärker und stärker. Der Zinnsoldat konnte schon da, wo die Brücke aufhörte, den hellen Tag erblicken, allein er hörte auch einen brausenden Ton, der wohl einen tapferen Mann erschrecken konnte. Man denke nur: Die Gosse mündete da, wo die Brücke endete, in einen großen Kanal. Das war für ihn ebenso gefährlich gewesen, wie für uns, einen großen Wasserfall hinunterzufahren.

Nun war er schon so nahe daran, daß er nicht mehr anhalten konnte. Der Kahn fuhr hinaus, der arme Zinnsoldat hielt sich so steif, wie er konnte; niemand sollte ihm nachsagen, daß er mit den Augen blinkte. Der Kahn drehte sich drei-, viermal herum und war bis zum Rand mit Wasser gefüllt: Er mußte sinken! Der Zinnsoldat stand bis an den

Hals im Wasser, und tiefer und tiefer sank der Kahn, und mehr und mehr löste das Papier sich auf; nun ging das Wasser über des Soldaten Kopf. Da dachte er an die kleine, niedliche Tänzerin, die er nie mehr zu Gesicht bekommen sollte, und es klang in seinen Ohren:

„Fahre hin, o Kriegersmann,
Den Tod mußt du erleiden!"

Nun ging das Papier entzwei; der Zinnsoldat stürzte hinab und wurde augenblicklich von einem großen Fisch verschlungen.

Oh, wie dunkel war es im Fischleib! Da war es noch finsterer als unter der Rinnsteinbrücke; und dann war es da sehr eng. Aber der Zinnsoldat blieb standhaft und lag, so lang er war, mit dem Gewehr im Arm.

Der Fisch schwamm hin und her und machte die schrecklichsten Bewegungen. Endlich wurde er ganz still. Es durchfuhr ihn wie ein Blitzstrahl; das Licht schien klar, und eine Stimme rief laut: „Der Zinnsoldat!" Der Fisch war nämlich gefangen, auf den Markt gebracht, verkauft und in die Küche hinaufgekommen, wo die Köchin ihn mit einem großen Messer aufschnitt. Sie faßte mit zwei Fingern den Soldaten um den Leib und trug ihn in die Stube hinein, wo alle einen solchen merkwürdigen Mann sehen wollten, der im Magen eines Fisches herumgereist war; aber der Zinnsoldat war nicht stolz. Sie stellten ihn auf den Tisch, und da – nein, wie sonderbar kann es doch in der Welt zugehen! Der Zinnsoldat war in derselben Stube, in der er früher gewesen war; er sah dieselben Kinder, und dasselbe Spielzeug stand auf dem Tisch: das herrliche Schloß mit der niedlichen, kleinen Tänzerin. Sie hielt sich noch auf dem einen Bein und hatte das andere hoch in der Luft. Sie war auch standhaft. Das rührte den Zinnsoldaten; er war nahe daran, Zinn zu weinen, aber es paßte sich nicht. Er sah sie an, aber sie sagte nichts.

Da nahm der eine der kleinen Knaben den Soldaten und warf ihn in den Ofen und gab keinen Grund dafür an; es war sicher der Kobold in der Dose, der schuld daran war.

Der Zinnsoldat stand beleuchtet da und fühlte eine Hitze, die schrecklich war, aber ob sie von dem wirklichen Feuer oder von der Liebe herrührte, wußte er nicht. Die Farben waren von ihm abgegangen, ob das auf der Reise geschehen oder ob der Kummer daran schuld war, konnte niemand sagen. Er sah die kleine Dame an, sie blickte ihn an, und er fühlte, daß er schmolz; aber noch stand er standhaft mit dem Gewehr im Arm. Da ging plötzlich eine Tür auf, der Wind ergriff die Tänzerin, und sie flog, wie eine Sylphide, in den Ofen zum Zinnsoldaten, loderte in Flammen auf, und fort war sie. Da schmolz der Zinnsoldat zu einem Klumpen, und als das Mädchen am folgenden Tage die Asche herausnahm, fand sie ihn als ein kleines Herz. Von der Tänzerin hingegen war nur die Flitterrose da, die kohlschwarz gebrannt war.

Tölpel-Hans

Tief im Innern des Landes lag ein alter Herrenhof; dort war ein alter Gutsherr, der zwei Söhne hatte, die sich so witzig und gewitzt dünkten, daß die Hälfte genügt hätte; diese wollten sich nun um die Königstochter bewerben, denn dieselbe hatte öffentlich anzeigen lassen, sie wolle denjenigen zum Ehegemahl wählen, der seine Worte am besten zu sprechen wisse.

Die beiden bereiteten sich nun volle acht Tage auf die Bewerbung vor, die längste, aber allerdings auch genügendste Zeit, die ihnen vergönnt war; denn sie hatten Vorkenntnisse, und wie nützlich die sind, weiß jedermann. Der eine wußte das ganze lateinische Wörterbuch und nebenbei auch drei Jahrgänge vom Tageblatt des Städtchens auswendig, und zwar so, daß er alles von vorne und hinten, je nach Belieben, hersagen konnte. Der andere hatte sich in die Innungsgesetze hineingearbeitet, und er wußte auswendig, was jeder Innungsvorsitzende wissen muß, weshalb er auch meinte, er könne bei Staatsaffären mitreden und seinen Senf dazugeben; ferner verstand er noch eins: Er konnte Hosenträger mit Rosen und anderen Blümchen und Schnörkeleien bestikken, bestechen, denn er war auch fein und fingerfertig.

„Ich bekomme die Königstochter!" riefen sie alle beide, und so schenkte der alte Papa einem jeden von ihnen ein prächtiges Pferd. Derjenige, der das Wörterbuch und das Tageblatt auswendig wußte, bekam einen Rappen, der Innungskluge erhielt ein milchweißes Pferd; dann schmierten sie sich die Mundwinkel mit Fischtran ein, damit sie recht geschmeidig würden.

Das ganze Gesinde stand unten im Hofraum und war Zeuge, wie sie die

Pferde bestiegen, und wie von ungefähr kam auch der dritte Bruder hinzu, denn der alte Gutsherr hatte drei Söhne, aber niemand zählte diesen dritten mit zu den anderen Brüdern, weil er nicht so gelehrt wie diese war, und man nannte ihn auch gemeinhin Tölpel-Hans.

„Ei!“ sagte Tölpel-Hans. „Wo wollt ihr hin? Ihr habt euch ja in den Sonntagsstaat geworfen!“

„Zum Hof des Königs, uns die Königstochter zu erschwatzen! Weißt du denn nicht, was dem ganzen Land bekanntgemacht ist?“ Und nun erzählten sie ihm den Zusammenhang.

„Ei der Tausend! Da bin ich auch dabei!“ rief Tölpel-Hans; und die Brüder lachten ihn aus und ritten davon.

„Väterchen!“ schrie Tölpel-Hans. „Ich muß auch ein Pferd haben. Was ich für eine Lust zum Heiraten kriege! Nimmt sie mich, so nimmt sie mich, und nimmt sie mich nicht, so nehm’ ich sie – kriegen tu’ ich sie!“

„Laß das Gewäsch!“ sagte der Alte. „Dir gebe ich kein Pferd. Du kannst ja nicht reden, du weißt ja deine Worte nicht zu sprechen; nein, deine Brüder, ah, das sind ganz andere Kerle.“

„Nun“, sagte Tölpel-Hans, „wenn ich kein Pferd haben kann, so nehme ich den Ziegenbock, der gehört mir sowieso, und tragen kann er mich auch!“ – und gesagt, getan. Er setzte sich rittlings auf den Ziegenbock, preßte die Hacken in dessen Weichen ein und sprengte davon, die große Hauptstraße wie ein Sturmwind dahin. Hei, hopp, das war eine Fahrt! „Hier komm’ ich!“ schrie Tölpel-Hans und sang, daß es weit und breit widerhallte.

Aber die Brüder ritten langsam ihm voraus; sie sprachen kein Wort, sie mußten sich alle die guten Einfälle überlegen, die sie an den Tag bringen wollten, denn das sollte alles recht fein ausspekuliert sein!

„Hei!“ schrie der Tölpel-Hans. „Hier bin ich! Seht mal, was ich auf der Landstraße gefunden habe!“ – und er zeigte ihnen eine tote Krähe, die er gefunden hatte.

„Tölpel!“ sprachen die Brüder. „Was willst du mit der machen?“

„Mit der Krähe? Die will ich der Königstochter schenken!“

„Ja, das tu nur!“ sagten sie, lachten und ritten weiter.

„Hei – hopp! Hier bin ich! Seht doch nur, was ich jetzt gefunden habe, das findet man nicht alle Tage auf der Landstraße!“

Und die Brüder kehrten um, damit sie sähen, was er wohl noch gefunden haben könnte. „Tölpel!“ sagten sie. „Das ist ja ein alter Holzschuh, dem das Oberteil fehlt; wirst du auch den der Königstochter schenken?“

„Wohl werde ich das!“ erwiderte Tölpel-Hans; und die Brüder lachten und ritten davon; sie gewannen einen großen Vorsprung.

„Hei, hopsasa! Hier bin ich!“ rief Tölpel-Hans. „Nein, es wird immer besser! Heißa! Nein! Es ist ganz famos!“

„Was hast du denn jetzt gefunden?“ fragten die Brüder.

„Oh“, sagte Tölpel-Hans, „das ist gar

nicht zu sagen! Wie wird sie erfreut sein, die Königstochter."

„Pfui!" sagten die Brüder. „Das ist ja reiner Schlamm, unmittelbar aus dem Graben."

„Ja, freilich ist es das", sprach Tölpel-Hans, „und zwar von der feinsten Sorte, seht, er läuft einem gar durch die Finger durch!" Und dabei füllte er seine Tasche mit dem Schlamm.

Aber die Brüder sprengten dahin, daß Kies und Funken stoben, deshalb gelangten sie auch eine ganze Stunde früher als Tölpel-Hans an das Stadttor; an diesem bekamen alle Freier sofort nach ihrer Ankunft Nummern und wurden in Reih und Glied geordnet, sechs in jede Reihe, und so eng zusammengedrängt, daß sie die Arme nicht bewegen konnten; das war sehr weise so eingerichtet, denn sie hätten einander wohl sonst das Fell über die Ohren gezogen, bloß weil der eine vor dem anderen stand.

Die ganze Volksmenge des Landes stand rings um das königliche Schloß in dichten Massen zusammengedrängt, bis an die Fenster hinauf, um die Königstochter die Freier empfangen zu sehen; je nachdem einer von diesen in den Saal trat, ging ihm die Rede aus wie ein Licht.

„Das taugt nichts!" sprach die Königstochter. „Fort, hinaus mit ihm!"

Endlich kam die Reihe an denjenigen der Brüder, der das Wörterbuch auswendig wußte, aber er wußte es nicht mehr, er hatte es ganz vergessen in Reihe und Glied; und die Fußdielen knarrten, und die Zimmerdecke war von lauter Spiegelglas, daß er sich selber auf dem Kopfe stehen sah, und an jedem Fenster standen drei Schreiber und ein Oberschreiber, und jeder von diesen schrieb alles nieder, was gesprochen wurde, damit es sofort in die Zeitung käme und für „einen Silbergroschen" an der Straßenecke verkauft werde. Es war entsetzlich, und dabei hatten sie dermaßen in dem Ofen eingeheizt, daß er glühend war.

„Hier ist eine entsetzliche Hitze!" sprach der Freier.

„Jawohl, mein Vater brät aber auch

heute junge Hähne!“ sagte die Königstochter.

„Mäh!“ Da stand er wie ein Mähäh; auf solche Rede war er nicht gefaßt gewesen; kein Wort wußte er zu sagen, obgleich er etwas Witziges hatte sagen wollen. „Mäh!“

„Taugt nichts!“ sprach die Königstochter. „Fort, hinaus mit ihm!“ Und hinaus mußte er. Nun trat der andere Bruder ein.

„Hier ist eine entsetzliche Hitze!“ sagte er.

„Jawohl, wir braten heute junge Hähne!“ bemerkte die Königstochter.

„Wie be – wie?“ sagte er, und die Schreiber schrieben: wie be – wie!

„Taugt nichts!“ sagte die Königstochter. „Fort, hinaus mit ihm!“

Nun kam Tölpel-Hans dran; er ritt auf dem Ziegenbock direkt in den Saal hinein.

„Na, das ist doch eine Mordshitze hier!“ sagte er.

„Jawohl, ich brate aber auch junge Hähne!“ sagte die Königstochter.

„Ei, das ist schön!“ erwiderte Tölpel-Hans. „Dann kann ich wohl eine Krähe mitbraten?“

„Mit dem allergrößten Vergnügen!“ sprach die Königstochter. „Aber haben Sie etwas, worin Sie braten können, denn ich habe weder Topf noch Tiegel!“

„Oh, das habe ich!“ sagte Tölpel-Hans. „Hier ist Kochgeschirr mit zinnernem Bügel“, und so zog er den alten Holzschuh hervor und legte die Krähe hinein.

„Da ist ja eine ganze Mahlzeit“, sagte die Königstochter, „aber wo nehmen wir die Brühe her?“

„Die habe ich in der Tasche!“ sprach Tölpel-Hans. „Ich habe so viel, daß ich sogar etwas davon wegwerfen kann!“ Und nun goß er etwas Schlamm aus der Tasche heraus.

„Das gefällt mir!“ sagte die Königstochter. „Du kannst doch antworten, und du kannst reden, und dich will ich zum Mann haben! Aber weißt du auch, daß jedes Wort, das wir sprechen und gesprochen haben, niedergeschrieben wird und morgen in die Zeitung kommt? An jedem Fenster, siehst du, stehen drei Schreiber und ein alter Oberschreiber, und dieser alte Oberschreiber ist noch der schlimmste, denn er kann nichts begreifen!“ Und das sagte sie nur, um Tölpel-Hans zu ängstigen. Und die Schreiber wieherten und spritzten dabei jeder einen Tintenklecks auf den Fußboden.

„Ah, das ist also die Herrschaft!“ sagte Tölpel-Hans. „Nun, so werde ich dem Oberschreiber das Beste geben!“ Und damit kehrte er seine Taschen um und warf ihm den Schlamm gerade ins Gesicht.

„Das war wirklich fein gemacht!“ sagte die Königstochter. „Das hätte ich nicht tun können, aber ich werde es schon lernen.“ –

Tölpel-Hans wurde König, bekam eine Frau und eine Krone und saß auf einem Thron, und das haben wir ganz naß aus der Zeitung des Oberschreibers und Schreiberinnungsmeisters – und auf die ist nicht zu bauen!